国家技能型紧缺人才培养培训工程

高职高专物流管理专业规划教材

物流企业管理

主　编　谭任绩　李承霖

副主编　包红霞　罗建华

参　编　李卫英　周爱军　战　欧

主　审　邢智强

机 械 工 业 出 版 社

本书是以现代企业管理原理为理论依据，突出技能培养，基于物流企业的主要业务管理进行整体设计，并充分考虑了我国物流业飞速发展对物流企业管理所带来的深刻影响，吸收了国内外物流企业管理方面的最新成果。全书包含物流企业管理概述、物流企业经营管理、物流企业作业管理、物流企业质量管理、物流企业技术管理、物流企业资本运营管理、物流企业成本管理、物流企业文化建设、物流企业人力资源开发与管理以及物流企业信息管理等内容，各章还安排了学习目的、复习思考题、案例与案例思考题。全书做到了内容充实、新颖，围绕技能培养进行理论知识的叙述和相应的管理方法的阐述，结构安排严谨，语言顺畅易懂，是一本很好的高职高专规划教材。

本书对高职高专院校物流管理和交通运输管理等专业的师生非常适用，对从事物流企业管理工作的工作人员以及相关读者也有较高的参考价值。

图书在版编目（CIP）数据

物流企业管理/谭任绩，李承霖主编．—北京：机械工业出版社，2008.8

（高职高专物流管理专业规划教材）

国家技能型紧缺人才培养培训工程

ISBN 978-7-111-24768-5

Ⅰ．物… Ⅱ．①谭… ②李… Ⅲ．物资企业—企业管理—高等学校：技术学校—教材 Ⅳ．F253

中国版本图书馆 CIP 数据核字（2008）第 114255 号

机械工业出版社（北京市百万庄大街 22 号　邮政编码 100037）

策划编辑：孔文梅　徐春涛　　加工编辑：隋兰兰

封面设计：陈　沛　　责任印制：邓　博

北京双青印刷厂印刷

2008 年 8 月第 1 版第 1 次印刷

169mm×239mm · 15 印张 · 290 千字

0 001—4 000 册

标准书号：ISBN 978-7-111-24768-5

定价：22.00 元

销售服务热线电话：（010）68326294

购书热线电话：（010）88379639　88379641　88379643

本社服务邮箱：marketing@mail.machineinfo.gov.cn

投稿热线电话：（010）88379754

编辑热线电话：（010）88379754

投稿邮箱：sbs@mail.machineinfo.gov.cn

序

我国现代物流的发展始于20世纪90年代。在企业供应链运作的全过程中，现代物流管理能够通过对物流资源和活动的有效整合与控制，实现供应链上的供应商、生产商、分销商及最终顾客的整体价值最大化。现代物流管理已经成为企业管理及其决策很重要的一个方面。现代物流业已经成为改善国家整体经济效率和效益不可缺少的一环。我国国民经济和社会发展第十一个五年规划明确提出："大力发展物流管理技术，生产和流通企业要加强物流管理"。

在我国现代物流的发展过程中，物流专业人才一直存在"瓶颈"问题，物流专业人才被列为全国12种紧缺人才之一。高职高专院校承担着为我国物流业培养高技能应用型人才的重大任务。从2004年起，教育部组织全国高职高专物流专业教学专家和企业专家制订全国物流专业紧缺人才培养方案；2005年5月，教育部、劳动和社会保障部、中国物流与采购联合会联合发布了《高等职业教育物流管理专业紧缺人才培养指导方案》（以下简称《指导方案》）。这个《指导方案》的出台，对我国高职高专物流管理专业教育的发展具有重大的指导意义。

为了贯彻《指导方案》的精神和要求，机械工业出版社先后多次组织全国20多所高职高专院校的院长、系主任和骨干教师，结合多年来物流专业教学的实际以及遇到的问题，结合用人单位的需要，进行了研讨和交流。在反复研讨和交流的基础上，20多所高职高专院校形成统一意见，并共同规划、联合组织编写了这套既体现《指导方案》精神和要求，又符合一线教学实际，有利于培养一线物流技术操作和运作管理实用型人才的"高职高专物流管理专业规划教材"。参与这套教材编写的大多是长期从事物流管理、物流教学和物流研究的一线专家、教授和企业管理人员。

本套教材的特点是：① 具有明显的高职高专特色。教材按照高职高专培养高技能应用型人才的教育特点编写，不追求理论的精深和体系的完整，与传统学科式人才培养模式有较大区别，体现了培养高职高专学生能力的教学要求。② 体现了职业性特点。教材选材主要面向企业实际应用，具有较高的实用价值。案例资料均是来自企业的实际素材，实用性、操作性强。本套教材主要适用于高等职业院校、高等专科学校、成人高校和专科层次继续教育等不同层面的物流专业教学使用，也适合广大物流业界人员作为学习参考用书。

由于物流行业发展变化快，再有编者水平的限制，书中难免有不足之处，恳请广大读者提出宝贵意见，以期保持这套教材的时代性和实用性。

国家技能型紧缺人才培养培训工程

高职高专物流管理专业规划教材编审委员会

前　言

物流业的发展程度已经成为反映一个国家和地区经济的综合配套能力与社会化服务程度的标志。物流在我国国民经济发展中所扮演的角色和所发挥的作用集中体现在两个方面：第一，物流是国民经济新的增长点、“第三利润的源泉”和21世纪的“黄金产业”；第二，物流中折射出了一种意识和一种精神，表现为以客户为中心、以“降低客户的经营成本”为目标、以“伙伴式、双赢策略”为境界和以“服务社会、服务国家”为价值取向，这是一种在飞速变化的时代里积极适应、求得发展的意识，更是一种主动出击并且负责任的精神。这种意识和精神正在更新我国企业的意识、重塑我国企业的形象，已经成为促进我国国民经济高速发展的内在动力。

物流企业是物流业的经济细胞。快速发展我国物流业，并使其与国际接轨，融入全球物流一体化，主要依靠物流企业的发展壮大。物流企业的发展壮大既要依靠科学技术，又要依靠科学管理，并且科学管理应优先于科学技术，即“三分靠技术，七分靠管理”。也就是说，发展我国物流业，主要依靠物流企业；发展物流企业，关键是企业管理。

物流企业管理学是物流企业在从事物流活动的管理实践中建立和发展起来的一门新兴学科。本书是以现代企业管理原理为理论依据，突出技能培养，基于物流企业的主要业务管理进行整体设计，并充分考虑了我国物流业飞速发展对物流企业管理所带来的深刻影响，吸收了国内外物流企业管理方面的最新成果。全书包含物流企业管理概述、物流企业经营管理、物流企业作业管理、物流企业质量管理、物流企业技术管理、物流企业资本运营管理、物流企业成本管理、物流企业文化建设、物流企业人力资源开发与管理、物流企业信息管理等内容，各章还安排了学习目的、复习思考题、案例与案例思考题。全书做到了内容充实、新颖，围绕技能培养进行理论知识的叙述和相应的管理方法的阐述，结构安排严谨，语言顺畅易懂，是一本很好的高职高专规划教材。

本书对高职高专院校物流管理和交通运输管理等专业的师生非常适用，对从事物流企业管理工作的工作人员以及相关读者也有较高的参考价值。

全书由谭任绩、李承霖任主编，包红霞、罗建华任副主编。本书的编写凝聚着8位编写者的满腔心血，参加编写的人员及分工如下：湖南交通职业技术学院谭任绩编写第一章、第八章第三节、第九章第五节；江西交通职业技术学院李承霖编写第二章、第五章；天津交通职业技术学院周爱军编写第四章；天津开发区职业技术学院包红霞编写第三章、第七章；湖南交通职业技术学院李卫英编写第六章；云南交通职业技术学院罗建华编写第八章第一、二、四节，第九章第一、二、三、四节；吉林交通职业技术学院战欧编写第十章。全书由谭任绩负责统稿、总纂工作，由湖南交通职业技术学院邢智强主审。

物流学是一门正在发展中的综合性边缘科学，物流企业管理是其重要的组成部分，编写这样的教材所需要涉及的知识的广度和深度都要求较高。本书参考吸收了众多专家学者的研究成果，同时，在编辑出版过程中，编者得到了各方面的鼎力支持，在此一并表示感谢。因为编者水平有限和资料掌握的限制，书中定会有我们所未发现的错误和缺点，恳请读者批评指正，以臻完善。

为方便教学，本书配备电子课件等教学资源。凡选用本书作为教材的教师均可登录机械工业出版社教材服务网 www.cmpedu.com 免费下载。如有问题请致信 cmpgaozhi@sina.com，或致电 010-88379375 联系营销人员。

编　者

目 录

第一章　物流企业管理概述

学习目标

能叙述物流企业的概念、类型、等级和设立的条件，并能陈述物流企业管理基础工作的具体内容；能运用物流企业组织机构设置的原则、责任中心、领导制度和组织机构形式等基础知识，根据实际情况设计出具体物流企业组织机构。

第一节　物流企业概述

引入案例

生产企业需要专业化物流的典故

美国福特汽车公司的创始人——亨利·福特一直梦想成为完全自给自足的行业巨头。为了实现这一梦想，他制订了辛迪加计划，并着手实施这项计划。福特在打造规模庞大的汽车制造产业过程中，为了确保原材料的供给，他投资了煤矿、铁矿、森林和玻璃厂，买地种植制造油漆的大豆，建起了一座橡胶种植园，以满足他的汽车王国对橡胶的巨大需求，在底特律建造了内陆港口和错综复杂的铁路、公路网络。福特还想投资于铁路运输、载货汽车运输、内河运输和远洋运输。这样能使整个原材料供应、汽车制造、产品运输与销售等都纳入他所控制的范围。与此同时，福特发现有些工作在自己系统控制之外的独立专业化公司比福特公司自己的官僚机构干得更好。事实上，随着政治和经济环境的不断变化，福特公司的金融资源都被转移去开发和维持自己的核心能力——汽车制造和销售等，而自己系统控制之外的独立的专业化公司完成了公司业务中除制造和销售之外的大部分工作。

福特在经营策略上的转变足以说明，在社会分工日益专业化的现代经济中，没有哪一家厂商能够完全做到自给自足，只有将企业有限的资源投入到加强自身的核心竞争力上，将不涉及核心竞争力的业务交给专业化公司。例如，将企业的物流业务交给专业化的物流公司，才能够成为赢家。可见，当工商企业足够壮大，业务日趋复杂，这时便产生了对物流服务的强大需求，也就出现了物流企业。

一、物流企业的概念、类型与等级

1．物流企业的定义

企业是通过从事生产、流通和服务等经济活动，为社会提供所需的商品或劳务来实现盈利的目的，进行自主经营、实行独立核算和具有法人资格的经济组织。

根据《物流企业分类与评估指标》（GB/T 19680—2005），物流企业的定义为：物流企业（Logistics Enterprise）是至少从事运输（含运输代理、货物快递）或仓储一种经营业务，并能够按照客户的物流需求对运输、储存、装卸、包装、流通加工和配送等基本功能进行组织和管理，具有与自身业务相适应的信息管理系统，实行独立核算、独立承担民事责任的经济组织。非法人物流经济组织可比照适用。

2．物流企业的类型

《物流企业分类与评估指标》规定了物流企业的三种类型，即运输型、仓储型和综合服务型，以及每种类型的特点和基本要求。

（1）**分类原则**

1）符合物流企业的定义。

2）相近业务合并为同一类型。

3）应将传统单项服务功能与物流服务功能相结合。

（2）**分类方法**　根据物流企业以某项服务功能为主要特征，并向物流服务其他功能延伸的不同状况，划分物流企业类型。

（3）**物流企业类型**

1）运输型物流企业。运输型物流企业应同时符合以下要求：

① 以从事货物运输业务为主，包括货物快递服务或运输代理服务，具备一定规模；

② 可以提供门到门运输、门到站运输、站到门运输、站到站运输服务和其他物流服务；

③ 企业自有一定数量的运输设备；

④ 具备网络化信息服务功能，应用信息系统可对运输货场进行状态的查询和监控。

2）仓储型物流企业。仓储型物流企业应同时符合以下要求：

① 以从事仓储业务为主，为客户提供货物储存、保管和中转等仓储服务，具备一定规模；

② 企业能为客户提供配送服务以及商品经销、流通加工等其他服务；

③ 企业自有一定规模的仓储设施和设备，自有或租用必要的货运车辆；

④ 具备网络化信息服务功能，应用信息系统可对货物进行状态查询、监控。

3）综合服务型物流企业。综合服务型物流企业应同时符合以下要求：

① 从事多种物流服务业务，可以为客户提供运输、货运代理、仓储和配送等多种物流服务，具备一定规模；

② 根据客户的需求，为客户制定整合物流资源的运作方案，为客户提供契约性的综合物流服务；

③ 按照业务的要求，企业自有或租用必要的运输设备、仓储设施及设备；

④ 企业具有一定运营范围的货物集散和分拨网络；

⑤ 企业配置专门的机构和人员，建立完备的客户服务体系，能及时、有效地提供客户服务；

⑥ 具备网络化信息服务功能，应用信息系统可对物流服务全过程进行状态查询和监控。

3．物流企业的等级

为了能够全面、系统地反映物流企业的综合能力，《物流企业分类与评估指标》规定了物流企业的 5 个等级（从 5A 至 1A 依次降低），以及不同类型、不同级别企业的具体指标。评估指标包括三种不同类型企业的经营状况、资产、设备设施、管理及服务、人员素质和信息化水平等 6 个方面的 16～18 项具体内容。运输型、仓储型和综合服务型三种物流企业评估指标分别见表 1-1、表 1-2、表 1-3。

表 1-1　运输型物流企业评估指标

评估指标		级别				
		AAAAA 级	AAAA 级	AAA 级	AA 级	A 级
经营状况	1．年货运营业收入/元*	15 亿以上	3 亿以上	6 000 万以上	1 000 万以上	300 万以上
	2．营业时间*	3 年以上	2 年以上		1 年以上	
资产	3．资产总额/元*	10 亿以上	2 亿以上	4 000 万以上	800 万以上	300 万以上
	4．资产负债率*	不高于 70%				
设备设施	5．自有货运车辆/辆*（或总载重量/t）*	1 500 以上（7 500 以上）	400 以上（2 000 以上）	150 以上（750 以上）	80 以上（400 以上）	30 以上（150 以上）
	6．运营网点/个	50 以上	30 以上	15 以上	10 以上	5 以上
管理及服务	7．管理制度	有健全的经营、财务、统计、安全和技术等机构和相应的管理制度				
	8．质量管理*	通过 ISO9001—2000 质量管理体系认证				
	9．业务辐射面*	国际范围	全国范围	跨省区	省内范围	
	10．顾客投诉率（或顾客满意度）	≤0.05%（≥98%）	≤0.1%（≥95%）		≤0.5%（≥90%）	

（续）

评估指标		级别				
		AAAAA 级	AAAA 级	AAA 级	AA 级	A 级
人员素质	11. 中高层管理人员*	80%以上具有大专以上学历或行业组织物流师认证	60%以上具有大专以上学历或行业组织物流师认证		30%以上具有大专以上学历或行业组织物流师认证	
	12. 业务人员	60%以上具有中等以上学历或专业资格	50%以上具有中等以上学历或专业资格		30%以上具有中等以上学历或专业资格	
信息化水平	13. 网络系统*	货运经营业务信息全部网络化管理			物流经营业务信息部分网络化管理	
	14. 电子单证管理	90%以上	70%以上		50%以上	
	15. 货物跟踪*	90%以上	70%以上		50%以上	
	16. 客户查询*	建立自动查询和人工查询系统			建立人工查询系统	

注：1. 标注*的指标为企业达到评估等级的必备指标项目，其他为参考指标项目。
2. 货运营业收入包括货物运输收入、运输代理收入和货物快递收入。
3. 运营网点是指在经营覆盖范围内，由本企业自行设立、可以承接并完成企业基本业务的分支机构。
4. 顾客投诉率是指在年度周期内客户对不满意业务的投诉总量与企业业务总量的比率。
5. 顾客满意度是指在年度周期内企业对顾客满意情况的调查统计。

表 1-2 仓储型物流企业评估指标

评估指标		级别				
		AAAAA 级	AAAA 级	AAA 级	AA 级	A 级
经营状况	1. 年仓储营业收入/元*	6 亿以上	1.2 亿以上	2 500 万以上	500 万以上	200 万以上
	2. 营业时间*	3 年以上	2 年以上		1 年以上	
资产	3. 资产总额/元*	10 亿以上	2 亿以上	4 000 万以上	800 万以上	200 万以上
	4. 资产负债率*	不高于 70%				
设备设施	5. 自有仓储面积/m^2*	20 万以上	8 万以上	3 万以上	1 万以上	4 000 以上
	6. 自有/租用货运车辆/辆	500 以上	200 以上	100 以上	50 以上	30 以上
	7. 配送客户点/个	400 以上	300 以上	200 以上	100 以上	50 以上
管理及服务	8. 管理制度	有健全的经营、财务、统计、安全和技术等机构和相应的管理制度				
	9. 质量管理*	通过 ISO9001—2000 质量管理体系认证				
	10. 顾客投诉率（或顾客满意度）	≤0.05%（≥98%）	≤0.1%（≥95%）		≤0.5%（≥90%）	
人员素质	11. 中高层管理人员*	80%以上具有大专以上学历或行业组织物流师认证	60%以上具有大专以上学历或行业组织物流师认证		30%以上具有大专以上学历或行业组织物流师认证	
	12. 业务人员	60%以上具有中等以上学历或专业资格	50%以上具有中等以上学历或专业资格		30%以上具有中等以上学历或专业资格	
信息化水平	13. 网络系统*	仓储经营业务信息全部网络化管理			物流经营业务信息部分网络化管理	
	14. 电子单证管理*	90%以上	70%以上		50%以上	
	15. 货物跟踪	90%以上	70%以上		50%以上	
	16. 客户查询*	建立自动查询和人工查询系统			建立人工查询系统	

注：1. 标注*的指标为企业达到评估等级的必备指标项目，其他为参考指标项目。

2. 仓储营业收入指企业完成货物仓储业务和配送业务所取得的收入。

3. 顾客投诉率是指在年度周期内客户对不满意业务的投诉总量与企业业务总量的比率。

4. 顾客满意度是指在年度周期内企业对顾客满意情况的调查统计。

5. 配送客户点是指企业当前的、提供一定时期内配送服务的、具有一定业务规模的、客户所属的固定网点。

6. 租用货运车辆是指企业通过契约合同等方式可进行调配和利用的货运专用车辆。

表 1-3　综合服务型物流企业评估指标

评估指标		级　别				
		AAAAA 级	AAAA 级	AAA 级	AA 级	A 级
经营状况	1. 年综合物流营业收入/元*	15 亿以上	2 亿以上	4 000 万以上	800 万以上	300 万以上
	2. 营业时间*	3 年以上	2 年以上		1 年以上	
资产	3. 资产总额/元*	5 亿以上	1 亿以上	2 000 万以上	600 万以上	200 万以上
	4. 资产负债率*	不高于 75%				
设备设施	5. 自有/租用仓储面积/m^2	10 万以上	3 万以上	1 万以上	3 000 以上	1 000 以上
	6. 自有/租用货运车辆/辆	1 500 以上	500 以上	300 以上	200 以上	100 以上
	7. 运营网点/个*	100 以上	50 以上	30 以上	10 以上	5 以上
管理及服务	8. 管理制度	有健全的经营、财务、统计、安全和技术等机构和相应的管理制度				
	9. 质量管理*	通过 ISO9001—2000 质量管理体系认证				
	10. 业务辐射面*	国际范围	全国范围	跨省区	省内范围	
	11. 物流服务方案与实施*	提供物流规划、资源整合、方案设计、业务流程重组、供应链优化和物流信息化等方面的服务			提供整合物流资源和方案设计等方面的咨询服务	
	12. 顾客投诉率（或顾客满意度）	≤0.05%（≥98%）	≤0.1%（≥95%）		≤0.5%（≥90%）	
人员素质	13. 中高层管理人员*	80%以上具有大专以上学历或行业组织物流师认证	70%以上具有大专以上学历或行业组织物流师认证		50%以上具有大专以上学历或行业组织物流师认证	
	14. 业务人员	60%以上具有中等以上学历或专业资格	50%以上具有中等以上学历或专业资格		40%以上具有中等以上学历或专业资格	
信息化水平	15. 网络系统*	物流经营业务信息全部网络化管理			物流经营业务信息部分网络化管理	
	16. 电子单证管理*	100%	80%以上		60%以上	
	17. 货物跟踪*	90%以上	70%以上		50%以上	
	18. 客户查询*	建立自动查询和人工查询系统			建立人工查询系统	

注：1. 标注*的指标为企业达到评估等级的必备指标项目，其他为参考指标项目。

2. 综合物流营业收入指企业通过物流业务活动所取得的收入，包括运输、储存、装卸、搬运、包装、流通加工和配送等业务取得的收入总额。

3. 运营网点是指在经营覆盖范围内，由本企业自行设立、可以承接并完成企业基本业务的分支机构。

4. 顾客投诉率是指在年度周期内客户对不满意业务的投诉总量与企业业务总量的比率。

5. 顾客满意度是指在年度周期内企业对顾客满意情况的调查统计。

6. 租用货运车辆是指企业通过契约合同等方式可进行调配和利用的货运专用车辆。

7. 租用仓储面积是指企业通过契约合同等方式可进行调配和利用的仓储总面积。

4. 关于物流企业概念、类型的不同观点

（1）**对物流企业概念的不同理解** 关于物流企业概念的理解和解释，除《物流企业分类与评估指标》规定外，还有诸多说法，现举例如下。

说法一：物流作业中的运输、仓储、搬运装卸、配送、加工、包装和经营活动等 7 个环节对于一个物流企业的经济实体来说是非常重要的。如果其从事的经营活动仅仅局限在运输、仓储、搬运装卸和配送这 4 个环节为主，即使搞得再好也多属传统的运输企业范畴，即便是再加上其能较好地向客户传递或提供较详细的货物运输过程中的相关信息，那么这个企业充其量也只不过是一个现代化的运输企业。如果其从事的经营活动是以加工、包装和仓储为主，则属加工企业范畴，即便是该企业信息化程度再高，并且也具备从事货运代理经营活动的能力，那么也只能称其为一个现代化的加工企业。只有在从事运输、仓储、搬运装卸和配送的同时，也从事加工、包装并能向供应链客户迅速传递或提供相关信息的企业，才能称为一个物流企业。

说法二：能够为客户提供阶段性或全程性物流管理服务的，能够为客户提供一体化物流管理解决方案的，能够为客户提供运输管理服务或仓储管理服务的企业都是物流企业。其中包括拥有或不拥有实体储运资产（能力）的物流企业；具备了物流管理服务能力的运输和仓储企业；专门从事多式联运整合营销的企业；专门从事物流解决方案设计的咨询企业；专门从事物流信息支持和管理服务的企业。

（2）**物流企业的其他分类方法** 对任何事物都可以从不同的角度进行分类，对物流企业的分类也是如此。物流企业除按《物流企业分类与评估指标》规定分类外，还可以分别按物流企业所有制和所有制的实现形式、经营规模、业务类型和提供的服务项目对物流企业进行分类。

1）按所有制和所有制的实现形式分类。现有物流企业按所有制分类，共分为两类，一是公有制物流企业，不仅包括国有物流企业和集体所有制物流企业，还包括混合所有制物流企业中的国有与集体成分；二是非公有制物流企业，包括私营物流企业、混合所有制物流企业。现有物流企业按所有制的实现形式分类，共分为国有独资有限责任公司、股份有限公司、有限责任公司、集体所有制企业、股份合作制企业和三资企业等几类。

2）按经营规模分类。现有物流企业按经营规模分类，共分为大型物流企业集团、中型物流企业和小型物流企业。

3）根据业务类型分类。现有物流企业根据其在提供整合服务时各自的主要特点，将物流企业分为 7 种类型，即运输型、仓储型、配送型、速递型、代理服务型、综合服务型以及将来可能出现的其他类型。《物流企业分类与评估指标》就是按业务类型将物流企业分为运输型、仓储型和综合服务型三种类型。

4）按提供的服务项目分类。现有物流企业按提供的服务项目不同分为以下三类：一是功能型物流企业，指以提供相对固定、单纯的功能性物流服务为主的经济组织，该类企业在物流市场上的比重最大。二是综合型物流企业，指能为客户提供一体化物流服务的经济组织。此类企业对所涉及的物流资源进行有效整合，为客户提供物流及供应链问题的解决方案。综合型物流企业往往与大型制造企业、零售企业和商贸企业建立起合作伙伴关系，以契约的方式承接这些企业的物流外包业务，能够为客户提供量身定做的物流服务。三是服务技术型物流企业，指以提供管理咨询和信息服务等物流支持服务的企业。此类企业包括物流软件开发企业、物流信息技术服务企业、物流方案设计和咨询企业等。

《物流企业分类与评估指标》规定的综合服务型物流企业，特别是这类企业中的大、中型企业在物流企业中最具代表性。因此，本书将大、中型综合服务型物流企业作为研究的主要对象。

二、物流企业的基本特征

物流企业的基本特征可以概括为以下几方面。

1．盈利性

物流企业必须以盈利为经营目标，通过市场竞争，以自己经营的成果确保企业的长期生存与发展。

2．流通性

物流企业主要属于流通性行业领域，伴随着商流、资金流和信息流从事实体商品的流通工作。

3．专业性

物流企业的产生过程便能充分地说明其专业性。随着工商企业的发展和企业内部物流需求的增加，有些企业的内部物流部门从企业中游离出来，成为社会性专业化的物流企业；与此同时，在社会经济领域中，出现了提供各种不同物流服务的专业化物流企业。

4．服务性

物流企业的服务表现为两种类型：一是提供简单的、功能专一的或单一的物流服务；二是物流企业面向某个行业或者某种类型的企业开展物流服务。

5．合法性

物流企业的合法性表现在三个方面：一是要求依法成立物流企业；二是物流规范化，指在企业范围内建立了物流企业对外部的各种规范和内部的各种物流规范以及物流从业人员的行为规范等；三是物流法制化，要求物流企业遵循有关的法律法规。

三、物流企业的任务

物流企业的任务是多方面的，而且在不同的历史时期，任务的内容会发生变化。现阶段我国物流企业的任务主要包括以下几个方面。

1）以顾客为中心，建立高效的物流系统，提供优质服务。

2）以经济效益为目标，经济合理地做好购、销、运、存工作。

3）加速商品流转、缩短流通时间，充分发挥商品效用，提高经济效益。

4）减少商品流通损耗，节约资源，提高社会效益。

5）运用物流战略管理方法，主动参与市场竞争，建立国际化物流战略链。

四、物流企业的设立

设立物流企业必须依照现代企业制度，并符合有关法律、法规规定的条件设立。现以设立有限责任物流公司、股份有限物流公司、股份合作制物流企业和外商投资物流企业为例，对物流企业的设立加以说明。

1．设立有限责任物流公司的条件

设立有限责任物流公司，应当具备下列条件。

（1）**股东符合法定人数** 有限责任公司由2个以上、50个以下股东共同出资设立。为适应市场经济的要求，原国有企业按股份制进行改建，应按照设立有限责任公司的条件，须有2个以上投资主体，改建为有限责任公司。如果投资主体只有一个，则应由国家授权投资的机构或国家授权的部门单独设立国有独资的有限责任公司。

（2）**股东出资达到法定资本的最低限额** 公司必须有充足的资金才能正常运营。股东没有出资，公司就不可能设立。股东出资总额必须达到法定资本的最低限额。

1）以生产经营为主的公司人民币50万元。

2）以商品批发为主的公司人民币50万元。

3）以商业零售为主的公司人民币30万元。

4）科技开发、咨询和服务性公司人民币10万元。

特定行业的有限责任公司注册资本最低限额需高于前款所定限额的，由法律、行政法规另行规定（如拍卖业至少需100万元注册资本）。

（3）**股东共同制定章程** 制定有限责任公司章程是设立公司的重要环节，公司章程由全体出资者在自愿协商的基础上制定，经全体出资者同意，股东应当在公司章程上签名、盖章。章程的内容如下。

1）公司的名称和地址。

2）公司的经营范围。

3）公司的注册资本。

4）股东的姓名或者名称。

5）股东的权利和义务。

6）股东的出资方式和出资额。

7）股东转让出资的条件。

8）公司的机构及其生产办法、职权和议事规则。

9）公司的法定代表人。

10）公司解散事宜与清算办法。

11）股东认为需要规定的其他事宜。

国有独资公司的公司章程由国家授权投资的机构或国家授权的部门制定，或由董事会制定，报国家授权的投资机构或部门批准。

（4）**有公司的名称、建立符合有限责任公司要求的组织机构**　设立有限责任公司，除其名称应符合企业法人名称的一般性规定外，还必须在公司名称中标明“有限责任公司”或“有限公司”。建立符合有限责任公司要求的组织机构，是指有限责任公司组织机构的组成、产生和职权等符合《公司法》规定的要求。公司的组织机构一般是指股东会、董事会、监事会、经理或股东会、执行董事、1～2名监事和经理。股东人数较多，公司规模较大的适用前者，反之适用后者。

另外，设立有限责任物流公司还必须要有固定的生产经营场所和必要的生产经营条件。

2. 设立股份有限物流公司的条件

（1）**发起人符合法定人数**　设立股份有限物流公司，应有5人以上为发起人，其中必须有过半数的发起人在中国境内有住所。国有企业改建为股份制有限公司的，发起人可少于5人。发起人的责任如下。

1）按规定认购其应认购的股份，在交付全部出资后，应选举董事会和监事会。

2）承担公司的筹办事务。

3）公司不能成立时，对设立行为所产生的债务和费用负连带责任。

4）公司不能成立时，对认股人已缴纳的股款，负返还股款并加算银行同期存款利息的连带责任。

5）公司不能成立时，由于发起人的过失致使公司利益受到损害时，应对公司承担赔偿责任。

（2）**发起人认缴的和社会公开募集的股本达到法定资产的最低限额**　股份有限公司的设立，可采取由发起人认购公司发行的全部股份的发起设立方式，也可采取由发起人认购公司应发行股份的35%、其余部分向社会公开募集的募集设立方式。国有企业改建为股份有限公司的，应采取募集设立方式。股份有限公司的注册资本（指在公司登记机关登记的实收股本总额）的最低额为人民币1 000万元。

（3）**发起人制定公司章程并经创立大会通过** 公司章程应包括以下内容。

1）公司的名称和地址。

2）公司的经营范围。

3）公司的设立方式。

4）公司的股份总额、每股金额和注册资本。

5）发起人的姓名或者名称、认购的股份数。

6）股东的权利和义务。

7）董事会的组成、职权、任期和议事规则。

8）公司的法定代表人。

9）监事会的组成、职权、任期和议事规则。

10）公司利润的分配方法。

11）公司解散事宜与清算办法。

12）公司通知和公告办法。

13）股东大会认为需要规定的其他事项。

公司发行的股款缴足后，必须经法定的验资机构验资并出具证明。发起人应在30天内主持召开公司创立大会。创立大会由认购人组成，发起人应在创立大会召开15天前，将会议日期通知各认股人或者予以公告。创立大会应有代表股份总额1/2以上的认股人出席。创立大会行使以下职权：① 审议发起人关于公司筹办情况的报告；② 通过公司章程；③ 选举董事会成员和监事会成员；④ 对公司的设立费用进行审核；⑤ 对发起人用于抵补股款的财产作价进行审核。

发生不可抗力或经营条件发生重大变化直接影响公司设立的，可作出不设立公司的决议；创立大会对上述所列事项作出的决议，必须经出席会议的认股人所持表决权的半数以上通过。创立大会结束30天，由董事会向公司登记机关申请设立登记，领取营业执照。股份有限公司在设立公司的同时设立分公司，应当就所设立分公司向公司登记机关申请登记，领取营业执照。在公司设立后设立分公司的，应由公司法定代表人向公司登记机关申请登记，领取营业执照。

另外，设立股份有限物流公司在股份发行和筹办事项方面应符合有关法律规定。

3．设立股份合作制物流企业的条件

（1）**股份合作制物流企业的特点** 股份合作制物流企业是以合作制为基础，实行以劳动合作与资本合作相结合，按劳分配与按股分红相结合，职工共同劳动、共同占有生产资料、利益共享、风险共担、股权平等和民主管理的企业法人组织。股份分个人股和法人股两种。全体职工股东持股总额不低于企业股本总额的51%；企业以外个人持股总额不超过企业股本总额的10%，法人持股总额不超过企业股

本总额的39%；在全体股东中，职工股东不少于8人，非股东在职职工不超过企业在职职工总额的10%。

（2）**股份合作制物流企业应具备的条件**

1）投资主体必须是2个（含2个）以上。

2）注册资金最低要求3万元，特定的行业按相关规定。

3）最大股东的出资比例不得超过80%，法人股股东出资比例不得超过49%（含）。

4）有固定的生产经营场所和必要的生产经营条件。

（3）**企业章程**　企业章程内容如下。

1）股东的出资方式和出资限额。

2）股东和非股东在职职工的权利和义务。

3）企业的组织结构及其产生的办法、职权和议事规则。

4）财务管理制度和利润分配方法。

（4）**申请人应提交的材料清单**

1）申请报告。

2）全体股东（投资人）或组建负责人（外商投资企业），法定代表人签署或企业法人盖章的名称预先核准申请书。

3）全体股东（投资人）指定代表或者共同委托代理人的证明（委托书）。

4）全体股东（投资人）组建公司的协议书。

5）加盖登记机关印章的企业法人营业执照复印件或其他法人资格证明文件（自然人身份证复印件）或投资方的合作开业证明（外商投资企业）。

6）项目建议书及其批复（如土地批租，提供土地出让合同）。

7）主管部门或审批机关的批准文件。

8）董事会决议。

9）其他。

4. 申请设立外商投资物流企业的条件

（1）**设立外商投资物流企业的条件**　设立外商投资物流企业必须具备如下条件。

1）投资者应至少有一方具有经营国际贸易或国际货物运输或国际货物运输代理的良好业绩和运营经验，符合上述条件的投资者应为中方投资者或外方投资者中的第一大股东。

2）拟设立从事第三方物流业务外商投资物流企业的投资者应至少有一方具有经营交通运输或物流的良好业绩和运营经验，符合上述条件的投资者应为中方投资者或外方投资者中的第一大股东。

3）设立的外商投资物流企业注册资本不得低于500万美元。

4）境外投资者股份比例不得超过 50%，有固定的营业场所，有从事经营业务所必需的营业设施。

（2）**外商投资物流企业的经营业务** 外商投资物流企业经批准可经营下列部分或全部业务。

1）国际流通物流业务：进出口业务及相关服务，包括自营或代理货物的进口和出口业务，接受委托为出口加工企业提供代理进出口业务；提供海运、空运和陆运进出口货物的国际货物运输代理业务。

2）第三方物流业务：道路普通货物的运输、仓储、装卸、加工、包装和配送及相关信息处理服务和有关咨询业务；国内货运代理业务；利用计算机网络管理与运作物流业务。

外商投资物流企业拟从事道路普通货物的运输业务及利用计算机网络管理与运作物流业务的，须经有关部门依据现行法律法规批准。

案例

物流企业提供物流服务实现三赢

某皮鞋厂年产皮鞋 60 000 双（平均每季度 15 000 双），每年需要原料牛皮 120t（平均每月消耗 10t，平均每双皮鞋消耗牛皮 2kg），假定该厂每吨牛皮原料的平均购入价为每吨 10 000 元，每双鞋售 100 元，而银行贷款年利率为 8%，那么企业的生产经营在原料采购方案中有如下三种选择。

方案 A：年初向银行一次性贷款 120 万元（年息 96 000 元），一次性地购回牛皮原料 120t 入仓库，找专人保管发料，全年慢慢地进行生产性消费。

方案 B：年初向银行一次性贷款 10 万元（年息 8 000 元），购买 1 月份所需生产性消费牛皮原料 10t，2 月份采购款来自 1 月份部分销售回笼款，其他各月生产安排，依此类推。

方案 C：与专业物流公司签订业务外包协议，企业不向银行贷款；第一个月由物流公司垫支原料款，分 4 批购货 10t（约每周 2.5t，或每天配送 225kg，逢周五周六不送货，化整为零的配给制），取消企业仓库及仓库的管理环节，由陆续回笼的产品销售款，冲抵牛皮原料的购货款（物流公司小批量、多频率地供货，采用 JIT 模式），彻底取消仓库及仓库管理。该物流公司可以对若干个皮鞋厂所需的牛皮原料，采用专业化的配给供货以获取规模效益。

本案例充分说明，通过物流企业提供物流服务可以实现三赢，表现如下。

1）皮鞋厂通过与专业物流公司合作，可以减少资金占用、库存和仓库管理环节。

2）物流公司可以对若干个皮鞋厂所需的牛皮原料承担任务，采用专业化的配给供货，降低成本，获取规模效益。

3）从地区经济的发展来看，有利于促进本地物流专业化发展，有利于区域经济资源高效配置。

第二节　物流企业的组织机构与领导制度

物流企业的组织机构与领导制度涉及的内容很多，重点是物流企业管理系统、物流企业组织机构的形式、物流企业的责任中心和物流企业的领导制度等。

一、物流企业管理

现代管理学认为，管理是通过计划、组织、指挥、协调和控制等职能有效地作用于管理对象，以达到预定目的的人类活动。

同理，物流企业管理是指按照社会化大生产的客观规律，依据管理原理与方法，对商品流通领域中的物流活动进行计划、组织、指挥、控制与协调等，以期实现企业经营目标的一系列过程。

二、物流企业管理系统

物流企业管理系统内部的各要素组成垂直与水平的密切联系，呈现出“金字塔”式的形态。在水平方向，可以划分为领导层、职能层和基层三个水平分系统，在纵的方向，可以按照业务性质的不同划分为若干个垂直分系统，如计划、物流生产作业、财务、劳动工资和物资供应等。各个分系统（水平、垂直）彼此密切协调、互相配合，使整个企业管理构成一个有机的体系。

物流企业各管理层由于其所处的位置不同，工作特性、工作重点和工作素质上的要求也就有所不同。表 1-4 所列为物流企业各管理层工作特性的简略说明。

表 1-4　物流企业各管理层的工作特性

要　求	领 导 层	职 能 层	基　层
1. 计划工作	主要工作	适当的	在其作业范围内的
2. 管理实务	对下层的职责进行考查	主要的工作内容	具体执行
3. 时间范围	较长时间	年度内的	短期内的
4. 活动范围	企业内外	职能责任内的	具体的分工范围
5. 活动性质	创造性的	受上级的指导	高度的组织纪律
6. 复杂程度	非常复杂	不太复杂	简单易行
7. 工作量计算	困难	不太困难	可以具体计算
8. 活动成果	规划、决策	实施计划	具体的生产成果
9. 智力要求	高标准	精通本职工作	有效地完成分内工作
10. 涉及人数	少数人	适当的人数	多数人

三、物流企业组织机构的形式

有效控制是现代物流的保证。因此，目前我国大型物流公司大多采取直线职能制组织形式。在这种模式中，只有一个指挥中心，其他都是操作点；只有一个利润中心，其他都是成本中心。但随着物流企业的规模不断扩大，业务不断复杂，物流企业的组织形式逐渐向事业部制组织形式，甚至子公司制分权型组织形式的方向发展。

1．直线职能制组织形式

直线职能制组织形式在管理实践中得到比较广泛的运用，我国大中型物流企业较多采用这种组织形式，如图 1-1 所示。

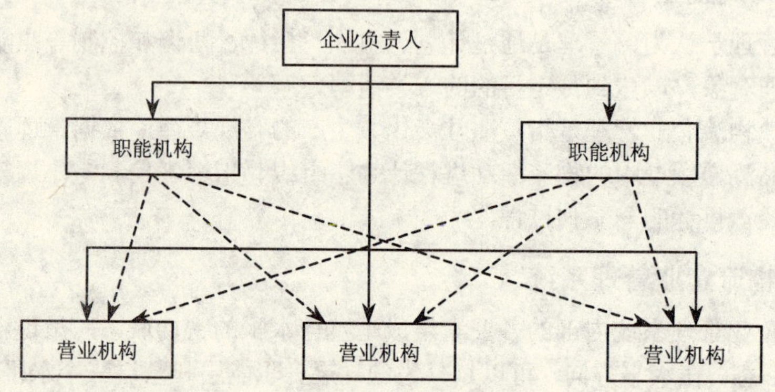

图 1-1　直线职能制组织形式

直线职能制组织形式的特点：各管理层的行政负责人自上而下进行垂直领导，并设职能机构或职能人员协助行政负责人工作；但职能机构或人员作为行政负责人的参谋，不能对下级下达指示命令，只能进行业务指导；下级行政负责人只接受上一级行政负责人的领导。

直线职能制组织形式的优点：既有利于统一指挥，又实现了专业管理；直线职能制组织形式的缺点：各职能机构横向联系较差。

2．事业部制组织形式

在我国大中型物流企业中，有部分企业采用了事业部制组织形式，事业部制组织形式如图 1-2 所示。

事业部制组织形式的特点：适用于既要与强大的对手竞争，又要对市场变化及时采取对策的大型企业，是一种“集中决策、分散经营”的管理组织结构形式。在这种组织形式中，总公司是决策中心，事业部是利润中心，基层是成本中心。

事业部制组织形式的优点：总公司把经营活动分为许多事业部，事业部自主经营；总公司高层领导摆脱了日常行政事务，能集中精力研究企业的战略性问题和资产管理；分公司作为利润中心，又能充分发挥积极性、增强责任感和培养经营管理人才。事业部制组织形式的缺点：各事业部都是利润中心，相互竞争、协调困难，甚至可能发生内耗，影响总公司的整体利益；各事业部各有一套工作机构，在一定程度上造成了管理人员的浪费。

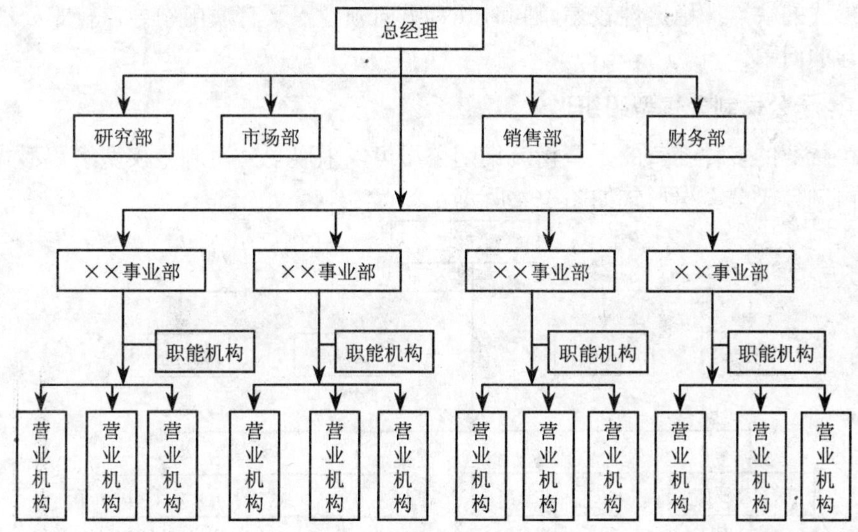

图 1-2　事业部制组织形式

3．**矩阵结构组织形式**

物流企业在有较重要的新项目的开发和投资项目规划等集中性短期任务时，会采取矩阵型组织结构形式。从直线职能制的纵向职能系统抽调专业人员组成临时或较长期的专门小组，由小组进行横向系统联系，协同各有关部门的活动，并有权指挥小组成员。小组成员接受双重领导，而以横向为主，任务完成后便各自回到原单位。矩阵结构组织形式如图 1-3 所示。

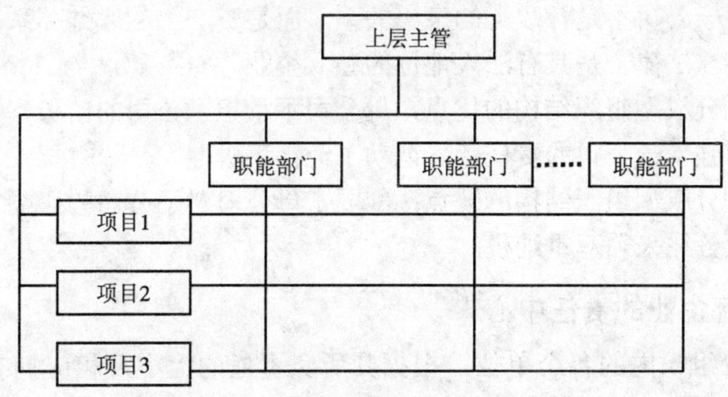

图 1-3　矩阵结构组织形式

矩阵结构组织形式的特点：既有按直线划分的垂直领导系统，又有按项目划分的横向领导系统。

矩阵结构组织形式的优点：任务基本上是独立执行，灵活性强；易于将有各种专长的人员结合起来完成任务；加强了组织各职能部门之间的协作。矩阵结构组织形式的缺点：稳定性较差，同时既有纵向领导，又有横向领导，较难处理双重领导的问题。

4．子公司制分权型组织形式

跨行业的多种经营的大型物流集团公司可以采取子公司制分权型组织形式。子公司制分权型组织形式如图 1-4 所示。

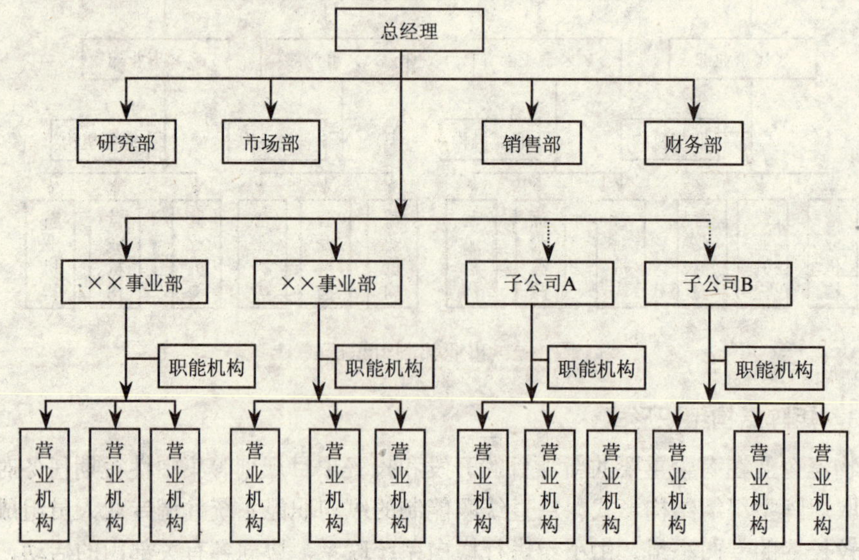

图 1-4 子公司制分权型组织形式

子公司制分权型组织结构形式的特点：一种较事业部制更为彻底的分权结构；母公司和子公司不是行政上的隶属关系，而是资产上的联结关系；子公司同事业部不同，在法律上是具有法人地位的独立企业。

子公司制分权型组织结构的优点：母公司不承担子公司的债务责任，降低了责任风险；增强了子公司的责任感，调动了经营积极性。

子公司制分权型组织结构的缺点：削弱了母公司对子公司的影响力；母子公司相互间的业务往来须双重纳税。

四、物流企业的责任中心

物流企业组织内的各个单位，根据其所负责任的大小及相应拥有的权利范围，特别是按照考核评价其工作绩效的不同标准，可以划分为 4 种不同的责任中心。

1．成本和费用责任中心

成本和费用责任中心是指那些只考核评价其所发生的费用，而不考核评价收入的组织单位。这些单位通常处于物流企业内部管理的最低层次，其单位领导人只对成本或费用开支负责，对原材料、劳动力、资金和技术等投入资源上的花费进行控制，以便将实际开支限定在预算范围内。

根据作为控制标准的预算费用是否具有确定依据，可以将成本和费用责任中心进一步划分为成本中心和费用中心两类。采用成本中心体制的组织单位在投入与产出之间具有明确的关系，可以客观地确定为提供一定的产出成果所必需的合理花费水平。例如，物流企业的运输车队。采用费用中心体制下的组织单位的合理费用水平取决于管理人员对一定时期内完成某项任务重要性的判断，其费用投入是由该部门领导及上司根据相对主观的经验“斟酌决定”的。

2．收入责任中心

收入责任中心是指那些只衡量产出但不直接同投入进行比较，因而主要考评其从产出中取得的收入，以及为取得这些收入所花费的直接费用的组织单位。

3．利润中心

利润中心是指同时考核成本和收入，并通过两者对比后的利润来衡量其效率和效果的组织单位。

根据产品销售价格和原材料等供应价格的确定是否基于市场，可以将利润中心进一步划分为真实利润中心和模拟利润中心两种。

真实利润中心是指制造和销售活动都集中在一个单位内完成，并对外依据市场价格进行交易的组织单位，如经营某产品系列的事业部。

模拟利润中心是指投入端和产出端的交易至少有一个是在企业内部各责任中心单位间进行的，交易价格采取企业内部转移价格形式的组织单位。

4．投资责任中心

投资责任中心是指那些除考核其成本、收入和利润外，还要考核其资金和资产使用效果的组织单位。

按投资中心所负责的范围不同，可以将投资中心进一步划分为投资使用中心和投资决策中心两种。

投资使用中心是指无权控制资产配置，只对资产的使用负责的经营单位。它通常适用于采取利润中心的经营单位。

投资决策中心是指不仅对资产使用负责，同时还对形成资产配置的资金投放或资本投放负责的经营单位。

从对物流企业各类责任中心的分析可知，从成本费用中心或收入中心到利润中心和投资中心，其职责权限的范围是依次扩大并逐层包容的。投资中心的管理人员要对成本、收入、利润和资金使用承担全部的责任，相应地就有权控制资产的质量和规模，并且可以自主地将其投入到收益最高的营业中去。鉴于任何投资收益都是营业收益与资金使用情况的综合函数，因此，除了资产配置替换和处理的责任以外，投资中心可将营业收益方面的职责权限下放给利润中心，要求其有效地利用所配置的资产，向市场或内部模拟市场提供盈利性的产品和服务。

五、物流企业的领导制度

1．全民所有制物流企业实行的经理负责制

全民所有制物流企业通常适合采取厂长（经理）负责制。

《中华人民共和国全民所有制工业企业法》中规定："企业实行厂长（经理）负责制"，并且明确了企业中行政、党、工会三者的地位和作用，划出了他们各自的职责以及相应的权利。

厂长（经理）负责制，是指厂长（经理）作为企业的行政领导人，受国家委托，对企业的生产指挥和经营管理全权负责。在企业的生产经营活动中，厂长（经理）有决定企业的生产经营决策权、指挥权、行政干部任免权、内部分配权和奖惩权，做到决策与执行、管理与用人的统一。厂长（经理）在企业中处于中心地位，对企业的物质文明和精神文明的建设负有全面责任。企业中的党组织是中国共产党的基层组织，对党和国家的方针、政策在本企业的贯彻执行实行保证监督，行使保证监督职能。企业的工会是职工的群众组织，企业的工会委员会是职工代表大会的常设工作机构，负责其日常工作。

物流企业的中心任务就是发展生产，搞好经营，提高经济效益。因此，企业中的党、政、工都应围绕这个中心任务和共同目标，做到各施其事、各尽其责，发挥各自的作用，形成一个有机的整体，办好全民所有制物流企业。

2．集体所有制物流企业实行的经理负责制

集体所有制物流企业经理对企业职工代表大会负责，是企业的法定代表人。现行法规规定，集体所有制物流企业经理由职工代表大会选举或招聘产生，同时，凡由集体企业联合经济组织投资开办的集体企业，其经理可由该联合经济组织任免；投资主体多元化的集体企业，其中国家投资比例达到一定比例的，其经理可由上级管理机构按国家有关规定任免。

集体所有制物流企业经理有以下职责：贯彻执行党和国家的方针、政策，遵守国家的法律、法规，执行职工代表大会的决议；组织职工完成企业经营任务和各项经济技术指标，推进企业技术进步，提高企业效益，增强企业发展能力；严

格遵守财经纪律，坚持民主理财，定期向职工公布财务账目；保护企业的合法权益和职工在企业内的正当权利；办好职工生活福利和逐步开展职工养老和失业等保险；组织落实安全卫生措施，实现安全文明经营；定期向本企业职工代表大会报告工作，听取意见，并接受监督；法律、法规和企业章程规定的其他职责。

3．董事会领导下的公司经理负责制

股份制物流企业、大型和特大型的国有独资物流企业以及大多数国家控股的大型物流企业最适合采取董事会领导下的公司经理负责制。

设立董事会是现代企业制度的一种领导形式。按照规定，董事会是企业的最高权力机构。股份制企业的决策机构是董事会。有限责任公司的董事会成员为3～13人，成员中应有职工民主选举产生的职工代表。股份有限公司的董事会成员为5～19人。

董事会对股东大会负责，行使以下职权：负责召集股东大会，并向股东大会报告工作；执行股东大会的决议；制定公司的经营战略和投资方案；制定公司的年度财务预算方案和决算方案；制定公司的利润分配方案和弥补亏损方案；制定公司增加或减少注册资本的方案以及发行公司债券的方案；拟订公司分立、合并、变更公司形式和解散的方案；决定公司内部管理机构的设置；聘任或解聘公司经理，根据经理的提名，聘任或者解聘公司副经理和财务负责人，决定其报酬事项；制定公司的基本管理制度。

董事会设董事长 1 人，可以设副董事长 1～2 人，协助董事长工作。董事长不能履行职权时，由董事长指定的副董事长代行其职权。董事长和副董事长由董事会以全体董事的过半数选举产生。

董事长为公司的法定代表人，行使以下职权：主持股东大会和召集、主持董事会会议；检查董事会决议的实施情况；签署公司股票和公司债券的发行；公司根据需要，可以由董事会授权董事长在董事会闭会期间，行使董事会的部分职权。

董事会每年度至少召开 2 次会议，每次会议应于会议召开 10 天以前通知全体董事。

董事（监事、经理）应承担以下责任：遵循公司章程，忠实履行职务，维护公司利益，不得利用在公司的地位和职权为自己谋取私利；不得将公司资产以其个人名义或以其他个人名义开立账户存储；不得挪用公司资金，或将公司资金贷给他人；不得自营或为他人经营与其所任职公司同类的业务或从事损害本公司利益的活动。除公司章程规定或股东会同意外，不得同本公司订立合同或进行交易；除依照法律规定或经股东会同意外，不得泄露公司秘密。董事在执行公司职务时，违反法律、行政法规或公司章程，致使公司遭受严重损失的，对公司负赔偿责任。董事任期由公司章程规定，每届任期不得超过 3 年，任期届满，连选可连任。董事在任期届满前，股东大会不得无故解除其职务。

股东人数较少和规模较小的有限责任公司可不设立董事会，只设一名执行董事。执行董事是公司的法定代表人，并可兼任公司经理。

第三节　物流企业管理基础工作

物流企业中的信息管理工作、人力资源管理工作和质量管理工作等都超出了企业管理基础工作的范围，本书中将用单独的章节进行介绍。本章仅介绍物流企业管理基础工作中的标准化工作、制度化工作、定额工作和计量工作等内容。

一、物流企业管理基础工作的重要性

物流企业管理基础工作中，标准化工作和制度化工作是重点，定额工作和计量工作是基础工作的基础。因此，物流企业制度化和标准化工作的重要性能充分说明物流企业管理基础工作的重要性。

1. 物流企业实施标准化工作的重要性

标准化工作是针对重复性的活动而开展的。物流企业的生产经营活动有相当的部分是重复性的活动，即采用同样的方法，在同样的条件下重复进行同样的活动，从而获得同样的结果。物流企业适合采取标准化工作。

没有实施标准化工作的物流企业，在遇到问题时，管理者第一反应往往就是追究某人的责任。这是一种“对人不对事”的方式，长此以往，就会促使人们在问题面前首先考虑到的是要逃避责任、保护自己，而不是如何去解决问题。实施标准化工作的物流企业遇到了问题，他们关注的是找出产生问题的原因，针对所发现的原因来制定解决问题的对策。如果对策是有效的，则通过标准化将它固定下来，成为新的工作方式，从而彻底消除同类问题再次发生的根源。这是一种“对事不对人”的管理方式。

由此可见，物流企业实施标准化工作除能起到提高工作效率、积累经验和将管理者从日常管理实务中解脱出来等极其明显的作用外，特别是能形成“对事不对人”的正确的管理方式。我国目前的物流企业大都已进入提高素质的发展阶段，迫切地需要实施标准化工作。

2. 物流企业实施制度化工作的重要性

企业实施制度化工作，最主要的作用在于维护正常的游戏规则，保证公平竞争和优胜劣汰的工作环境。因为没有实施制度化工作，就意味着权力可以滥用；而权力在滥用的时候，就会破坏游戏规则。就如同人们在市场当中，投资也好、

消费也好，是根据某种预期进行的。如果政府官员任意行使权力，就会搅乱人们的预期，这样大家对未来很不确定，那么大家更多追求短期利益，而不考虑长远利益。

我国目前的物流企业大都呈现出了从个人化企业到制度化企业转型的特点，企业决策和运作也从随意性转向正规化、从独断性转向民主化。物流企业实施制度化工作的条件已经具备，这就要求我国物流企业的制度更完善、更稳定。

3．物流企业实施制度化、标准化工作的具体办法

物流企业全面深入地实施制度化、标准化工作，除在企业中搞好制度化、标准化的教育和培训工作，促进人们对于制度化、标准化工作的重视，培养人们在工作中自觉、主动地运用制度化、标准化外，目前更重要的是应该实施 ISO9000 质量体系标准和建立质量管理体系，并在条件成熟时进行质量认证，将质量管理的制度化、标准化工作落到实处，从而带动整个企业的制度化、标准化工作全面深入地开展。

二、物流企业规章制度

物流企业规章制度是对生产技术经济活动所制定的各种规则、程序、章程和办法的总称，是物流企业全体职工在各项活动中共同遵守的规范和准则。建立一套科学、健全的规章制度是组织现代化大生产的客观要求，也是塑造企业精神和企业文化的具体体现，因而是物流企业管理的一项极其重要的基础工作。

1．物流企业规章制度的内容

物流企业的规章制度主要包括责任制度和专业管理制度两大类。

（1）**责任制度** 它是企业规章的核心。建立健全规章制度就是明确规定企业内部各岗位的工作任务，各级部门、各类人员的工作职责和权限，做到人人有专责、事事有人负责，消除一切无人负责或多头负责的现象。责任制度中，最主要的是岗位责任制，包括工人岗位责任制和管理人员岗位责任制两类。工人岗位责任制，规定着该岗位干什么、如何干、什么时间干，按什么路线干、干到什么标准，以发挥主观能动性，避免消极随意行为。管理人员岗位责任制一般包括基本职责、考核标准和业务流程。

（2）**专业管理制度** 它是按照企业经营活动的客观规律，科学地对各项管理工作的范围、内容、程序和方法等所作的规定，是企业领导人和管理者有效组织和指挥各项经营活动，执行各项管理职能的必要手段。专业管理制度繁多，主要有计划、生产、质量、技术、物质、劳动人事、职工教育、成本、安全技术和劳动保护等方面的管理制度。

2．物流企业规章制度的制定、执行与修订

（1）**制定**　规章制度的制定要注意掌握三条原则：科学性，即要符合社会化大生产的客观规律，体现合理的分工与协作；协调性，即要从企业的全局出发，注意各项制度间横向接口与协调，规章制度的草拟工作往往出自各职能业务部门之手，不能只站在局部位置上图本部门方便，让其他部的工作围着自己转。因此在职能业务部门草拟工作完成后，一定要与有关部门协调，避免片面性；群众性，即在规章制度的草拟与讨论过程中，凡是需要群众自觉执行的部分应广泛征求意见，使之具有良好的群众基础。

（2）**执行与修订**　运用规章制度进行管理是控制职能适用的体现，必须辅助监督和激励职能的实施。规章制度的实施不能光靠“管、卡、压”的办法，要结合思想教育和经济责任制一道去进行。当企业外部环境和内部条件发生重大变革，或由于企业规模膨胀引起企业组织结构模式、企业领导体制发生重大变化时，原有制度中将有许多内容已变得不适应，就必须对原有规章制度进行修订、补充或重新制定。

三、标准化工作

标准化工作就是对物流企业的各项技术标准和管理标准的制定、执行和管理工作。

标准化工作促使物流企业的生产、技术、营销、财务、人事活动和各项管理工作达到合理化、规范化和高效化，是实行科学管理的基础，是建立良好的生产和工作秩序的必要条件。

1．技术标准

技术标准是对技术活动中，需要统一协调的事项制定的技术准则，是从事社会化大生产的技术活动必须遵守的技术依据。制定技术标准的对象可以是物质的，例如，对材料、设备和商品等；也可以是非物质的，例如，对安全操作和设计工作流程等软件制定的标准。技术标准一般包括以下几方面的内容。

（1）**质量标准**　质量标准是对商品检验方法、包装、储存、运输和使用所作的技术规定。

（2）**作业方法标准**　作业方法标准是对从事生产技术作业的方法所作的统一的技术规定。包括操作方法、作业与服务的程序和要求等。

（3）**安全卫生和环境保护标准**　安全卫生和环境保护标准主要规定商品应达到的安全要求、卫生要求和环保要求，以保护人身安全与健康。

（4）**技术基础标准**　技术基础标准包括通用科学技术语言标准和技术文件制作标准等。

2．管理标准

管理标准是物流企业为实施管理职能，把一些重复出现的管理业务，按客观要求规定其标准的工作程序和工作方法，用制度把它规定下来，作为行动的准则，并明确有关职能机构、岗位和个人的工作职责、工作要求和信息相互传递关系，使各项管理活动实现规范化和程序化，提高管理工作效率。

实行管理业务标准化一般都可以用管理流程图来表示。一个完整的管理流程图一般包括 5 个部分。

1）反映某项管理业务的总体流程图。

2）反映某部门进行某项业务的工作流程图。

3）反映某一岗位的业务工作图。

4）反映信息传递过程的信息流程图。

5）无法用图表达清楚时，辅以简要的文字说明。

四、定额工作

定额工作是指物流企业各类技术经济定额的制定、执行和管理工作。它是进行科学管理和组织社会化大生产的必要手段；是实行内部计划管理的基础；是开展劳动竞赛，贯彻按劳分配，提高劳动生产率的杠杆；是推动内部经济责任制，开展全面经济核算的工具。

1．定额的种类

物流企业为了实现其管理职能和经济目标，需要哪些定额，要根据企业的技术要求、生产组织方式及其他条件而定。一般包括下述内容。

（1）**劳动定额**　劳动定额是在一定的技术组织条件下，完成一定量的劳务所规定的劳动消耗量标准，这是物流企业最为重要的定额之一。

（2）**储备定额**　储备定额是为保证经营持续不断地进行所规定的物资储存数量的标准。一般有经常储备、保险储备和季节储备等。

（3）**设备利用定额**　设备利用定额是指单位设备生产效率和利用程度的标准，如单位设备的生产定额等。

（4）**资金定额**　资金定额是为保证经营正常进行所必需的最低资金占用量，如储备资金定额等。

（5）**费用定额**　费用定额是物流企业为了加强对管理费、销售费和财务费合理支出的控制，人为地将总费用“切块”落实到有关责任单位和个人，作为控制标准，并加以考核，如办公费、差旅费、招待费和利息支出等。

2．定额的制定和修改

定额的制定要尽可能做到准确、及时和全面。定额水平是整个定额工作的中心问题。它是一定时期内，在一定的物质技术、组织条件下的管理水平、生产技术水平和职工思想觉悟水平的综合反映。定额能否起到积极的作用，关键在于定额水平是否先进合理，过高或过低的水平都不能起到积极的作用。

物流企业在制定定额时，一定要从实际出发，把定额定在先进合理的水平上，即一要先进，二要合理。大多数人通过诚实的工作可以达到或超过，少数人通过努力也可以达到。定额制定后，一般应保持一定时期的稳定。但是当企业技术水平和管理水平提高后，定额应进行合理地修订，以保证定额的先进性。

3. 定额的贯彻与执行

定额一经制定，必须严格执行与考核。为了搞好定额的贯彻执行，必须做到以下几点。

1）凡是应当使用定额的部门和个人，必须使用和严格执行定额。

2）采取技术组织措施，为职工实现和超过定额创造条件。

3）进行技术培训与交流，提升完成定额的能力。

4）加强职工思想政治工作，鼓励职工团结互助、改革创新，创造先进的定额水平。

5）做好定额完成情况的统计与考核工作，搞好核算与奖励，并纳入经济责任制的推行和考核过程中。

五、计量工作

计量工作是指计量检定、测试和化验分析等方面的计量技术和管理工作。它是用科学的方法和手段，对经营活动中的质和量的数值进行测定，为物流企业的经营管理提供准确数据。原始记录和统计所获数据的准确性，在很大程度上来自于计量工作，没有真实的原始记录，标准化和定额工作也搞不好。

计量工作的基本要求是保证量值的统一和准确。具体地说，要做到以下几点。

1）根据经营管理的特点和需要，有计划地配齐配好计量检测手段，逐步实现检验手段和计量技术现代化。

2）对使用中的计量器具，按照检定周期进行检定，及时进行修理与调整。

3）提高工艺过程和商品质量的检测率，如物资进出等。

4）建立必要的计量检定制度，完善信息计量传递系统。

案例

世界五大物流企业的业务结构简介

一个成功的物流企业必须具备较大的运营规模，建立有效的地区覆盖，具有强大的指挥和控制中心，兼备高水准的综合技术、财务资源和经营策略。分析世界十大物流企业的业务结构，会对我国物流企业有所启示。

1. **UPS**（联邦包裹）

业务概况：UPS 是全球最大的速递机构，是全球最大的包裹递送公司，同时也是世界上一家主要的专业运输和物流服务提供商。每个工作日，该公司为 180 万家客户送邮包，收件人数目高达 600 万。该公司的主要业务是在美国国内并遍及其他 200 多个国家和地区。该公司已经建立规模庞大和可信度高的全球运输基础设施，开发出全面、富有竞争力并且有担保的服务组合，并不断利用先进技术支持这些服务。该公司提供物流服务，其中包括一体化的供应链管理。

业务分布：UPS 的业务收入按照地区和运输方式来划分呈现出不同的分布特点。从地区来看，美国国内业务占总收入的 89%，欧洲及亚洲业务占 11%；从运输方式来看，国内陆上运输占 54%，国内空运占 19%，国内延迟运输占 10%，对外运输占 9%，非包裹业务占 4%。

2. **FedEX**（联邦快运）

业务概况：FedEX 公司的前身为 FDX 公司，是一家环球运输、物流、电子商务和供应链管理服务供应商。该公司通过各子公司的独立网络，向客户提供一体化的业务解决方案。其子公司包括 FedEX Express（经营速递业务）、FedEX Ground（经营包装与地面送货服务）、FedEX Custom Critical（经营高速运输投递服务）、FedEX Global（经营综合性的物流、技术和运输服务）以及 Viking Freight（美国西部的小型运输公司）。

业务分布：从地区来看，美国国内业务占总收入的 76%，国际业务占 24%；从运输方式来看，空运业务占总收入的 83%，公路占 11%，其他占 6%。

3. **德国邮政世界网**（Deutsche Post World Net）

业务概况：德国邮政是德国的国家邮政局，是欧洲地区领先的物流公司，并着眼于成为世界第一。近期更换了品牌（改名为 Dertsche Post World Net 简称 DPWN）。一方面为挂牌买卖作准备，另一方面也是意识到了其业务的全球化特点以及电子商务日益重要的影响。DPWN 划分为 4 个自主运营的部门，即邮政、物流、速递和金融服务。

邮政部由邮政、市场直销和出版物发放业务组成，建有最高水准的作业网络，由遍及德国的 83 家标准化分拣中心组成，并越来越重视高成长的市场直销业务。速递部门通过 Euro Express Germany 和 Euro Express Europe 的全球邮政和国际邮政业务部门提供覆盖欧洲的快递业务；通过与 DHL（德国邮政世界网拥有其 25%的股权）的合作提供全球业务。

业务构成及分布：从净收入来看，DPWN 的四大业务——邮政、快递、物流和金融分别占 49%、21%、18%和 12%。特别是对于物流业务在地域上的分布来说（从净收入看），德国、法国、意大利和欧洲其他国家分别占 23%、17%、

8%和23%，斯堪的纳维亚、美洲和大洋洲分别占12%、11%和6%。

4. **Maersk/A.P.Moeller**（马尔恩克）

Maersk Sealand是世界上最大的航运公司，拥有250艘船舶，其中包括集装箱船舶、散货船舶和特殊用途的船舶、油轮等，该集团还拥有大量的装卸码头，并提供物流服务。Moeller的附属公司同时还在挪威、委内瑞拉和其他国家进行石油和天然气的钻探。另外，该集团还从事船舶和联运集装箱的制造、药品生产，并经营一家国内航空公司Maersk Air和提供信息服务，还拥有丹麦第二大连锁超级市场。

5. **Nippon Express**（日通）

日本通运的业务主要分为汽车运输、空运、仓库及其他，分别占44%、16%、15%及25%。从地域上看，其经营收入的93%来自日本。其客户主要分布在电子、化学、汽车、零售和科技行业。

复习思考题

1. 按照《物流企业分类与评估指标》，如何定义物流企业，物流企业分哪几种类型？

2. 物流企业有哪些基本特征？其任务又有哪些？

3. 物流企业可以采取的组织机构形式主要有哪几种？它们各有什么优缺点？

4. 物流企业管理基础工作的内容主要有哪些？

5. 物流企业实施标准化工作和制度化工作的作用分别有哪些？

6. 世界五大物流企业中，哪个国家的物流企业占据主导地位？

7. 世界五大物流企业中，以哪种业务为主要背景的公司居多？

8. 世界五大物流企业中是否绝大部分是资产密集型企业，是否大多拥有物流设施和网络？

第二章　物流企业经营管理

学习目标

能对物流企业市场经营环境进行分析；能根据实际情况设计出市场调查表并开展市场调查和市场预测工作；能进行物流企业市场细分并选择物流企业的目标市场；能陈述物流企业经营战略的内容、类型以及物流企业经营决策的基本概念、内容、类型和程序，并根据实际情况选择合适方法开展物流企业经营决策。

第一节　物流企业经营环境与市场分析

现代管理强调“经营和决策”优于生产，明确指出管理的重心在经营，经营的中心是决策，决策的依据是预测，预测的前提是市场调查。本节介绍物流企业市场经营环境分析、物流企业市场调查、物流企业市场预测、物流企业市场细分与目标市场选择等内容。

一、物流企业经营环境分析

物流企业经营环境是指与物流企业经营活动有关的各种外界条件和因素，一般可以分为外部一般环境与外部特殊环境。

1．物流企业经营环境分析对经营决策的影响

环境分析对物流企业的经营决策极其重要，具体体现在以下三个方面。

（1）**可以提高物流企业经营决策的正确性**　外部环境研究可以为物流企业经营决策提供大量的能够客观反映环境特点及其变化趋势的信息，从而确保企业作出切实可行的经营决策。

（2）**可以提高物流企业经营决策的及时性**　物流企业通过环境研究，可以使企业在机会刚刚出现或威胁尚未到来之时就能发现，从而作出决策，采取措施，及时利用机会和避开威胁。

（3）**可以提高物流企业经营决策的稳定性**　环境研究可以帮助企业认识环境变化的规律，预测环境发展的前景，从而使企业的经营决策适应变化的环境特点，

这样就保证了经营决策的相对稳定性。

2．物流企业外部一般环境的内容

物流企业外部一般环境，是在一定时空内存在于社会中的各类企业均会面对的环境，其内容庞杂，大致可归纳为政治、社会文化、经济、技术和自然等5个方面。

（1）**政治环境** 政治环境包括国家政治体制、政治的稳定性、国际关系和法制体系等。

（2）**经济环境** 经济环境是指国家经济的总体状况，主要包括国民生产总值及其增长速度、市场规模、要素市场的完善程度、经济政策、货币和物价总水平等。

（3）**社会文化环境** 社会文化环境包括一个国家或地区的居民教育程度和文化水平、宗教信仰、风俗习惯、审美观点和价值观念等。文化水平会影响居民的需求层次，宗教信仰和风俗习惯会限制或禁止某些活动的进行，价值观念会影响居民对企业目标、组织活动以及组织存在本身的认可与否，审美观点则会影响人们对组织活动内容、活动方式以及活动成果的态度。

（4）**技术环境** 新技术的运用都会使物流企业的物流环节效率得以提高，物流运作加速完成，物流基础设施得以优化利用，物流工具更加现代化、智能化，管理水平快速提高。

（5）**自然环境** 自然环境是指一个国家或地区的客观环境因素，主要有自然资源、气候、地质、地形和地理位置。

3．物流企业外部特殊环境的内容

物流企业不仅在一般环境中生存，更是在物流行业中从事经营活动，行业环境的特点直接影响着物流企业的竞争能力。物流企业经营外部特殊环境包括现有竞争对手、潜在竞争对手、替代品生产企业、供应者以及用户。

（1）**现有竞争对手** 现有竞争对手指在物流行业中的物流企业。对现有竞争对手主要分析物流企业的数量、分布与活动情况、规模、资金、技术力量及主要的竞争对手等基本情况及其发展动向。

（2）**潜在竞争对手** 新的物流企业加入会给物流行业注入新的活力，促进市场竞争，也会给原有的物流企业造成压力，威胁它们的市场地位。新的物流企业进入物流行业的可能性大小，既取决于由行业特点决定的进入难易程度，又取决于现有企业可能作出的反应。

（3）**替代品生产企业** 物流企业所提供的物流服务，具有较强的可替代性，企业应重视替代品生产企业分析。

（4）**用户** 物流企业为工商企业及其他组织提供物流服务。物流企业要掌握工商企业及其他组织的总需求、需求结构、用户购买力以及用户的价格谈判能力。

（5）**供应商**　物流企业需要向市场采购物流设施与设备，特别是从事物流运输的物流企业需要采购大量的燃料和润滑料，物流企业应重视供应商。

二、物流企业市场调查

物流企业市场调查是指运用科学的方法，系统地收集、记录、整理和分析有关物流市场的信息资料，从而了解物流市场的现状及发展变化的趋势，为市场预测和经营决策提供科学依据的过程。

物流企业市场调查遵循准确性原则、全面性原则、时间性原则、适用性原则和经济性原则，对包括相关区域内的物流公司、制造业、流通企业和社会中介（如银行、咨询公司和媒体等）进行调查。

1. 物流企业市场调查的内容与目标

物流企业市场调查的内容不仅包括传统的定量调查、定性调查、媒体和广告调查、用户和供应商调查，更重要的是对顾客满意度调查。

物流企业通过市场调查可以达到了解顾客需求、制定服务标准、衡量满意度、识别发展趋势和与竞争对手进行比较的目标。

2. 物流企业市场调查的步骤和方法

（1）**物流企业市场调查的步骤**　一般来说，物流企业市场调查可分为4个步骤进行，即调查前的准备工作、正式调查、综合整理分析和提出调查报告。

（2）**物流企业市场调查的方式**　一般而言，市场调查方式有普查、重点调查、典型调查、抽样调查和统计报表制度等。每种方式都有其独特的功能和局限性，物流企业需要根据调查的目的、任务和被调查对象的特点，选择合适的调查方式。

1）普查。普查是专门组织的一次性全面调查，涉及的面广、工作量大，需要较多的人力、物力和财力。物流企业进行普查时一定要取得地方政府的支持与协助。

2）抽样调查。抽样调查是按照随机的原则，从总体中抽取一部分单位作为样本来进行观察，并根据观察结果，从数量上推断总体指标。抽样调查与其他调查方式比较，具有节省人力、物力、财力和提高资料时效性的优点。

3）重点调查。重点调查是在调查对象中选择一部分对全局具有决定性作用的重点单位所进行的调查。重点调查适用于调查任务只要求掌握调查总体的基本情况，调查标志比较单一，并集中于少数单位，这些少数单位的标志的数量之和在总体上又占绝对优势的情况。

4）典型调查。典型调查是在调查对象中有意识地选择个别或少数有代表性的典型单位，进行深入周密的调查研究。尤其当进行物流定量分析时，往往采取典型调查方式。

（3）**物流企业市场调查的方法** 物流企业市场调查的方法具体表现为数据资料的搜集方法。一般而言，数据资料分为两种，一种是未做任何加工整理的原始资料，也称初级资料；另一种是他人已调查整理过的资料，也称为次级资料或文案资料。

初级资料搜集的方法包括询问法、观察法和报告法等。其中询问法应用最广泛。

次级资料往往是已经公开出版或发表的资料，对这类资料的搜集一般称做文案调查。文案调查通常按以下步骤进行。

1）根据研究的目的内容选择所需资料的类型。

2）寻找资料来源。

3）对次级资料的查找。

4）对查找的资料进行整理、筛选、补充。

（4）**物流企业市场调查表格设计要求** 物流企业在进行市场调查时，要使用一定的调查表或问卷来搜集资料。市场调查表格设计是物流企业市场调查的重要一环，其设计质量会直接影响到调查内容，关系到能否得到正确的答案。因此，物流企业市场调查表格设计时，一方面要设计好要求回答的问题，另一方面调查表要满足一定的要求。

物流企业市场调查的表格中询问问题的类型主要有填空题、选择题、序列题、对比题、评判题和自由回答题。

设计调查表格时要体现如下 4 个方面的要求。

1）必要性。调查表的拟定与设计是为了取得满意的调查成果，所提的问题应直接为目的服务，无关紧要的问题不应列入。

2）可行性。调查表的设计应注意适合被调查者的身份和水平，尽量避免提出一些被调查者难以回答的问题。

3）准确性。所提问题力求明确，应避免词意含混、模棱两可的问题；也避免带有引导性或暗示性的问题，以免造成调查的偏差。

4）艺术性。表格设计应讲究艺术，提问要有趣味，注意回答者的心理或社会影响。

三、物流企业市场预测

物流企业市场预测是物流企业根据已经得到了的研究对象的现状和历史信息资料，运用一定的方法和数学模型找出规律，根据这个发展变化规律来推测得出对象未来的发展变化趋势，为企业制订计划目标和经营决策提供客观依据的活动。

1．物流企业市场预测的过程

预测的全过程是一个闭环回路，如图 2-1 所示。

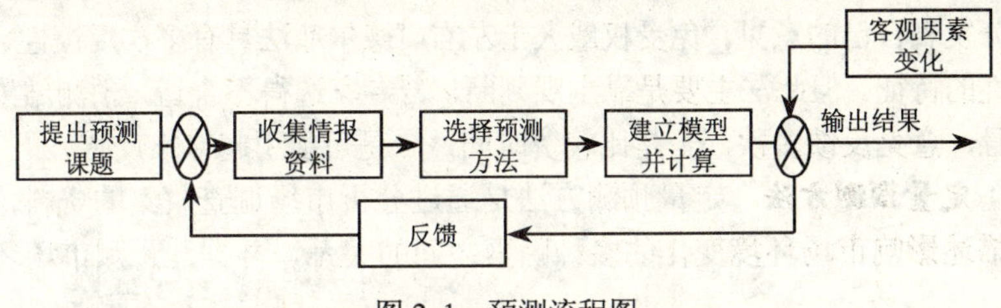

图 2-1　预测流程图

1）提出预测课题，规定目标和任务，这是预测的起点。

2）收集和分析同预测课题有关的情报资料，对众多、庞杂的信息进行过滤和筛选，并对信息的准确性进行必要的验证。

3）根据现有资料运用主观判断，选择预测方法。

4）轮廓性的初步预测。建立模型，进行各种预测计算。

5）将初步结果征询专家意见，根据他们的看法对原结果加以修正补充，即集思广益进行立体式的集体判断。

6）正式确定预测结果，并在适当的时机公布或送交决策机构。

7）随客观环境和情况的变化及时检验预测结果，充分利用反馈环节加以修正。

2. 市场预测方法

（1）**定性预测方法**　定性预测方法是根据个人的知识、经验和主观判断，对环境的未来发展趋势作出估计。定性预测方法的具体方法有综合判断法、专家预测法和用户期望法等。

1）综合判断法。这种方法是组织若干了解环境情况的人员，要求他们根据对客观情况的分析和自己的经验，对市场的未来状况作出各自的估计，然后将每个人的预测值进行综合，得出预测结果。这种方法的优点是能综合不同个人的知识，充分吸收他们的意见，得出的预测结果比较全面；其缺点是可能受到预测者了解情况的限制。

2）用户期望法。有些规模较大的物流企业，其服务对象较少，这时，只要根据这些用户对企业未来的服务需要，就可以预测企业未来的各种相关活动。

3）专家预测法。专家预测法又称德尔菲法，是采用通信方式将所需预测的问题征询专家的意见，经过多次信息交换，逐步取得比较一致的预测结果。

德尔菲法的基本程序是：由企业外的见多识广、具有专长的市场专家作市场预测。首先确定预测课题，再请专家（10～50 人）背靠背地对需要预测的问题提出意见，主持人将各人的意见综合整理后又反馈给每个人，使他们有机会比较一下他人的不同意见，并发表自己的看法，再寄给主持人。主持人综合整理后再次反馈给每个人，如此重复四五次后，一般可得出一个比较一致的意见。德尔菲法可使每位专家充分发表自己的意见，免受权威人士左右。德尔菲法具有多次反馈性、收敛性和匿名性的特征。但此法主要是靠主观判断，若专家选得不合适，预测结果难保准确；而且，意见反馈多次，一是比较费时间，二是可能引起专家反感。

（2）**定量预测方法**　定量预测方法是通过分析市场调查收集的资料，用数学模型来描述影响市场环境变化的多种因素之间的关系，并据此预测市场环境的发展趋势。

定量预测方法又可分为时间序列预测和因果关系分析两种。时间序列预测包括移动平均、加权移动平均和指数平滑法等；因果关系分析的常用方法有回归分析和基数叠加等。

1）时间序列预测法。时间序列预测法是分析反映事物在历史上各个时期状况的资料，找出事物随时间而变化的规律，然后据此预测事物的未来发展趋势。时间序列预测法的具体预测方法有如下几种。

① 移动平均法。这种方法是通过不断引进新数据来修改平均值，以消除变动的偶然因素影响，得出事物发展的主导趋势。该方法实质上是对时间序列的修匀。数学模型为

$$M_{t+1}=\frac{D_t+D_{t-1}+D_{t-2}+\cdots+D_{t-n}}{n} \tag{2-1}$$

式中　t —— 资料的时间期数（年、季、月、周），$t \geqslant n$；

M_{t+1} —— $t+1$ 期预测值；

D —— 实际值；

n —— 预测资料期（移动平均的时段长）。

关于 n 值的选择，主要取决于预测的目的和实际数据的特点。如果只是想了解事物变化的大致趋势，实际数据上下波动不大，那么 n 可取得小一些，可在 5～10 之间；反之，如果要求预测值比较精确，实际数据上下波动较大，那么 n 可取得大一点，可在 10～30 之间。

② 加权移动平均法。所谓加权移动平均法，就是在计算平均值时，对不同时期实际值不予同等对待，根据实际值距预测期的远近，分别赋予它们一个不同的权数。近期数据对预测值的影响较大，其权数应大些；反之，远期数据的影响相对较小，其权数可小一些。数学模型为

$$M_{t+1}=W_tD_t+W_{t-1}D_{t-1}+W_{t-2}D_{t-2}+\cdots+W_{t-n}D_{t-n} \tag{2-2}$$

式中　W—— 资料各期的权数，$W_t>W_{t-1}>W_{t-2}>\cdots>W_{t-n}$，且$\sum W=1$，$0 \leqslant W \leqslant 1$；

D—— 实际值。

这种预测方法对权数的选择很重要，一般规律是对近期数据采用的权数较大，远期数据采用的权数较小。至于大到什么程度及小到什么程度合适，完全取

决于预测者对时间序列的全面了解和分析。因此，权数的确定常常带有经验性，一般都是采用多算几个不同权数的方法加以比较，择优选定。

③ 指数平滑法。指数平滑法是在移动平均法的基础上发展起来的一种时间序列预测方法。其特点是以前期的实际值和前期的预测值为根据，经过修匀得出本期的预测值。指数平滑法实质上是一种加权平均法，只不过它的权数是由实际值与预测值的误差来确定，而且它在整个时间序列中是有规律排列的。数学模型为

$$M_{t+1} = \alpha D_t + (1-\alpha)\ M_t \tag{2-3}$$

式中 M_{t+1}——第 t+1 期的预测值；

D_t——第 t 期的实际值；

M_t——第 t 期的预测值；

α——平滑系数（$0 \leqslant \alpha \leqslant 1$）。

α的作用就是修正误差，使预测值更接近实际值。例如，当α=0.3 时，表示30%的误差需要修正；当α=0.9 时，表示 90%的误差需要修正。用指数平滑法进行预测，α的取值将直接影响预测的精确度。合理地选取α值，应区别以下情况：当时间序列的前期数据对近期发展影响不大，或者时间序列的波动较大，不具备长期的稳定趋势时，应取对近期数据依赖程度较大的α值，一般取 0.3～0.5 或更大些；当时间序列变动缓慢，或虽有不规则的起伏，但长期趋势较稳定时，可取较小的α值，一般取 0.05～0.3。在估计α值时，最好能通过试算来决定。

2）回归分析法。回归分析是通过对历史资料的统计和分析，寻求变量之间相互依存关系的规律的一种数理统计方法。若只涉及两个变量用一元回归，涉及两个以上变量则用多元回归。下面简要介绍一元线性回归分析法。一元线性回归的基本公式为

$$y = a + bx \tag{2-4}$$

式中 y——因变量；

x——自变量；

a——截距；

b——斜率。

a 与 b 可通过下式求得

$$b = \frac{n(\sum xy) - (\sum x)\ (\sum y)}{n(\sum x^2) - (\sum x)^2}$$

$$a = \frac{\sum y - b\sum x}{n}，或 a = \overline{y} - b\overline{x}$$

例[2-1] 某物流企业所属运输公司 9 年完成的周转量如表 2-1 所示，预测

2005 年的周转量。

表 2-1 某物流企业所属运输公司 1996～2004 年完成的周转量

年份	序号 x	周转量（万吨公里）y	xy	x^2
1996	1	350	350	1
1997	2	400	800	4
1998	3	440	1 320	9
1999	4	475	1 900	16
2000	5	510	2 550	25
2001	6	550	3 300	36
2002	7	568	3 970	49
2003	8	590	4 720	64
2004	9	640	5 760	81
合计∑	45	4 523	24 670	285

$$b=\frac{n(\sum xy)-(\sum x)(\sum y)}{n(\sum x^2)-(\sum x)^2}=\frac{9\times24670-45\times4523}{9\times285-45^2}=34.25$$

$$a=\frac{\sum y-b\sum x}{n}=\frac{4523-34.25\times45}{9}=331.3$$

所以，回归方程为：

$$y=331.3+34.25x$$

2005 年的周转量，回归方程中 x 的编号应为 10，将 x=10 代入回归方程，得：y= 331.3+34.25×10 万吨公里=673.8 万吨公里

四、物流企业市场细分与目标市场选择

1．物流市场细分的概念和作用

（1）**物流市场细分的概念**　物流市场细分指物流企业按照某种标准，将物流市场上的客户划分成若干个客户群，细分为一个个小的市场，也称“子市场”或“细分市场”。然后针对这些不同的细分市场，采取相应的市场营销组合策略，使物流企业营销的产品更符合各个不同特点客户的需要，从而在各个细分的小市场上扩大市场占有率，提高产品的竞争能力。

（2）**物流市场细分的作用**　物流企业对物流市场进行细分，可以取得如下作用。

1）有利于物流企业挖掘和开拓市场，确定适宜的目标市场。通过市场细分，物流企业可以认识到每个细分市场上物流需求的差异、物流需求被满足的程度以

及物流市场的竞争状况，结合企业的资源状况，从而形成并确立适宜自身发展和壮大的目标市场。

2）有利于物流企业合理使用资源，与竞争对手相抗衡。任何企业的资源都是有限的，如何使用有限的资源进行有效组合为顾客提供服务，关系到物流企业经营的成败。通过市场细分可以发现目标顾客的需求特征，从而采取有针对性的营销策略，可以有效地与竞争对手抗衡，并在竞争中取胜。

3）有利于物流企业提高经营效益。由于物流企业面对的是某一个或少数几个细分市场，可以及时地捕捉需求信息，根据物流需求的变化随时调整市场营销战略和策略。这样既可以节省营销费用，又可以提高市场占有率，取得较好的经营效益。

2．物流市场细分的原则和标准

（1）***物流市场细分的原则*** 物流企业要使细分后的市场对企业有用，必须遵循以下原则。

1）可衡量性。物流细分市场的规模及其购买力是可以估量的，也就是说在这个细分市场可获得足够的有关客户特性的资料。如果某个细分市场的资料无法获得，那就无法进行估量，也就不能把它纳入本企业的市场细分范围。在实际物流活动中，有些市场捉摸不定、难以衡量，就不能对它进行细分。

2）可进入性。细分后的市场应该是物流企业能够进入并能占有一定的份额；否则，市场细分便丧失了现实意义。

3）效益性。物流企业所选定的市场部分的规模必须足以使企业有利可图。如果物流市场的规模很小（但要排除连带服务的影响），不能给企业带来足够的经济效益，一般就不值得细分了。

4）稳定性。细分市场必须在一定时期内保持相对稳定，以便使物流企业制定较长期的营销策略，从而有效地开拓并占领目标市场，获得预期的经济效益。

5）可行性。一方面，物流企业所依据的细分标准必须符合法规、法令等；另一方面，物流企业要有足够的能力开发和服务细分市场。

（2）***物流市场细分的标准*** 物流企业市场细分的基础是客观存在需求的差异性。物流市场同其他各类市场一样，差异性很多，究竟按哪些标准进行细分没有一个绝对正确的方法或固定不变的模式。根据物流市场的特点，可以从以下几方面对其进行细分。

1）客户行业。以客户行业为标准细分物流市场就是按照客户所在的不同行业来细分市场。由于客户所在的行业不同，其产品构成也存在很大差异，客户对物流需求也各不相同。从宏观上看，客户行业细分主要可分为农业、制造业、商贸业和服务业等物流细分市场。

2）客户规模。以客户规模为标准细分物流市场，就是按照客户对物流需求规模的大小来细分市场。由于物流需求客户的规模大小不同，需要提供的服务也存在着很大差异，一般可将客户分为大客户、中等客户和小客户三类客户群。

3）物品属性。以物品属性为标准细分物流市场，就是根据客户所需物流活动中物品的属性或特征来细分市场。从物品属性细分物流市场主要可分为生产资料、生活资料和其他资料物流市场。

4）地理区域。以地理区域为标准细分物流市场，就是根据客户所需物流的地理区域的不同来细分市场，一般可分为区域物流、跨区域物流和国际物流。区域物流指在一定时空内，具有某种相似需求物流的一定区域（这里区域应根据物流企业的大小而增减）。跨区域物流指在不同的区域内进行物流活动（跨区域不一定是指全国，其大小也根据企业自身而定）。国际物流指国与国之间跨国的物流。

5）服务方式。以服务方式为标准细分物流市场，就是根据客户所需物流服务诸功能的实施和管理的要求不同而加以细分的市场。按服务方式细分，物流市场可以有单一方式物流服务和综合方式物流服务。单一方式物流服务就是需求方只需要某一种方式的物流服务（如只需运输服务或仓储服务）。综合方式物流服务就是需求方需要两种以上或多种功能组合成的物流服务。

以上是对物流市场细分的简单概括，需要注意的是物流市场的细分还可以从多个方面、不同的角度进行细分。而且上述几种细分方式中，对每个细分的子市场，物流企业还可以根据实际情况再进行细分。

3. 物流目标市场的选择

物流企业在市场细分化的基础上，可以根据企业的本身条件和外在因素，选择和确定目标市场。

（1）**物流企业选择目标市场的依据** 物流企业在按各种标准将市场细分后，要对各个细分市场的发展潜力、增长率、竞争状况以及企业所拥有的资源能力、竞争优势等进行评估，从中选择物流目标市场。选择的过程就是评估的过程。一般地讲，物流企业在选择物流目标市场时需要依据以下基本条件。

1）要有一定的物流规模。如果没有一定的物流需求规模，物流企业就不能体现在行业中的优势，该市场也就构不成现实的市场和企业的目标市场。

2）要有物流发展潜力。它是指物流市场上有尚待满足的需求，有良好的发展前景，以保证物流企业的稳定发展。

3）要有足够的吸引力。物流企业必须充分估计竞争者的数量和服务质量、物流需求欲望的强弱和专业能力、各类辅助手段的完善程度和质量等因素对长期获利率所造成的机会和威胁，以便作出明智的抉择。

4）要符合物流企业的目标和实力。理想的目标市场还必须结合企业的目标与实力来考虑。有些分市场虽然规模适合，也具有吸引力，如果不符合企业自身发展目标，就只能放弃。

（2）**选择目标市场的策略**　企业选择目标市场的策略可归纳为5种情形，如图2-2所示。

	M_1	M_2	M_3
P_1	☆		
P_2			
P_3			

a）

	M_1	M_2	M_3
P_1			
P_2	☆	☆	☆
P_3			

b）

	M_1	M_2	M_3
P_1		☆	
P_2		☆	
P_3		☆	

c）

	M_1	M_2	M_3
P_1			☆
P_2	☆		
P_3		☆	

d）

	M_1	M_2	M_3
P_1	☆	☆	☆
P_2	☆	☆	☆
P_3	☆	☆	☆

e）

图2-2　选择目标市场的5种策略图

a）产品—市场集中型　b）产品专业化型　c）市场专业化型　d）选择专业化型　e）全面进入型

1）产品—市场集中化型。产品—市场集中化型是指物流企业的目标市场无论是从市场角度，还是从产品角度，都是集中于一个市场层面上，企业只提供一种形式的物流服务供应单一的顾客群。这种模式一般适用于小物流企业或初次进入市场的物流企业。

2）产品专业化型。产品专业化型是指物流企业提供一种形式的物流服务，满足各类顾客群的需要。该模式有利于企业摆脱对个别市场的依赖，降低风险，同时有利于发挥生产技能，在某一服务领域树立较好的声誉。

3）市场专业化型。市场专业化型是指物流企业向同一顾客群供应不同种类的物流服务。这一模式有助于发展和利用与顾客之间的关系，降低交易成本，树立良好形象。

4）选择专业化型。选择专业化型是指物流企业决定有选择地进入几个不同的细分市场，为不同的顾客提供各种不同的物流服务。这是一种多元化经营模式，可以较好地分散企业的经营风险。但是，采用这种模式应当十分慎重，必须以几个细分市场均有相当的吸引力为前提。

5）全面进入型。全面进入型是指物流企业决定全方位地进入各个细分市场，为所有顾客群提供他们所需要的不同种类的系列物流服务。这是实力雄厚的大型物流企业为在市场上取得领导权甚至控制地位而通常采用的模式。

物流企业在运用上述5种策略时，一般总是首先进入最有吸引力的细分市场。只是在条件和机会成熟时，才会逐步扩大目标市场范围，进入其他细分市场。

（3）**目标市场营销策略**　物流企业应当根据所选定的目标市场来采取相应的营销策略。目标市场营销策略有4种类型。

1）无差异营销策略。无差异营销策略就是把整个市场看做是一个毫无差别的同质大市场，并对市场的各部分同等看待，通过求大同、存小异，求得共同发展。对采用这一种策略的物流企业来说，它是把物流购买者看成是具有相同需求的整体，力图吸引所有的物流需求者；其所设计的物流和营销方案是针对广大的现实和潜在的购买者。无差异营销策略将市场看成一个整体，不作细分，把整体市场作为目标市场。

2）差异营销策略。差异营销策略就是把整个市场分成若干个细分市场，选择两个或两个以上的细分市场作为目标市场，分别设计不同服务形式的物流和营销方案。该策略是建立在客户需求具有异质性的基础上，物流企业对不同细分市场设计不同的物流活动，采取多品种经营，同时采取不同的促销方式。

3）集中营销策略。集中营销策略就是把整个市场划分为若干个细分部分后，只选择一个或极少个细分市场作为自己将要为之服务的目标市场，集中精力搞专业化开发和经营。它所追求的不是在较大的市场上占有较小的市场份额，而是力争在较小的市场上占有较大的市场份额。对一些资源有限、实力不够雄厚和新进入市场的物流企业来说，采用这一策略是为了更深入地了解细分市场的需要，实现专业化经营，在局部市场创造出独一无二的优势。

4）一对一营销策略。这种营销策略就是一对一客户化定制营销。由于一对一客户化定制营销成本的下降，它已与细分市场的费用成本相差不大，越来越多的公司将转向客户化定制营销，物流服务也可如此。

（4）**物流企业市场定位** 物流企业通过细分市场确定了所要覆盖的市场面后，还要制定和实施市场定位策略。

1）物流企业市场定位的概念与指导思想。市场定位由美国学者艾•里斯提出，他认为市场定位（又称产品定位）是指企业根据消费者（或客户）对某种产品的某些特征或属性的重视程度，给本企业的产品规定一定的市场地位。市场定位与产品差异化有密切关系，市场定位是以产品为出发点，通过为自己的产品创立鲜明的个性，从而塑造出独特的市场形象来实现的。市场定位就是要为产品在潜在消费者的头脑中，确定一个合适的位置。因此，产品差异化是实现市场定位的手段。

物流企业市场定位是指物流企业通过自身的物流服务创立鲜明的个性，塑造出与众不同的市场形象，使之在顾客心目中占据一定的位置，从而更好地抓住客户，赢得客户。

物流企业市场定位要体现以“客户为中心”的物流服务精神、以“降低客户的经营成本”为根本的物流服务目标、以“伙伴式、双赢策略”为标准的物流服务模式和以“服务社会、服务国家”为价值取向的物流服务宗旨等指导思想。

2）物流企业市场定位的方法

① 根据具体的产品特色定位。在具体定位时，可以把构成产品内在特色的许多因素作为定位的依据，如产品质量、档次、价格和特色等。例如，中海北方物流有限公司组建的同时拥有普货、冷藏货班列和冠名为“中国海运一号”的五定班列，有效实现了物流企业的定位。

② 根据所提供的利益和解决问题的方法定位。例如，物流行业中部分物流企业以“满足客户需要、做到客户想要的、发现客户将要的”服务理念的人性化专业物流服务，有效地实现了物流企业的定位。

③ 根据产品的专门用途定位。为老产品找到一种新用途，是为该产品创造新的市场定位的好方法。例如，物流的概念未传入我国之前，类似物流的行业在我国已经存在。其中包括流通业、仓储业、交通运输和邮政业等。但是进一步完善市场经济之后，就需要我们对这些老行业以物流为背景，根据产品的专门用途重新进行定位。

④ 根据使用者的类型定位。这是指把产品指引给适当的潜在使用者，根据使用者的心理与行为特征，及特定消费模式塑造出恰当的形象。例如，中海北方物流把物流同农业生产联系到一起，为物流产业获得了适宜的形象：中海人以先进的现代物流理念，率先在国内物流界推出了以“现代化物流产业服务于现代农业”的经营方针。中海在海南和大连采用“公司+农户”的方式建成投产了数万亩的现代化水果蔬菜种植基地，并通过集团强大的海上实力开通了国内精品航线——海上绿色通道，反季节水果蔬菜汇集到两地物流配送基地，精加工配送给超市，使物流产业同大众贴近。

⑤ 根据竞争定位。这是指根据竞争者的特色与市场位置，结合企业自身发展的需要，将本企业的产品或定位于与其相似的另一类竞争产品的档次，或定位于与竞争直接有关的不同属性或利益。

以上定位方法往往是相互关联的，物流企业在进行市场定位时可在综合考虑各方面因素的基础上，将各种方法结合起来使用。

第二节　物流企业经营战略

一、物流企业经营战略概述

物流企业经营战略是指在竞争的环境中，为实现企业的长期经营目标，在对企业外部环境和内部条件进行全面估量与分析的基础上，从企业生存和发展全局出发而作出的较长时期的总体性谋划和活动纲领。它是物流企业经营思想和经营方针的集中体现，是确定规划和计划的基础。

企业经营战略对企业经营活动和各项工作所起的作用具体表现在促使企业顺利发展、提高生产经营的目的性、增强企业活力和提高企业管理人员的素质几个方面。

物流企业经营战略具有以下特征。

1）全局性。物流企业经营战略是以企业全局为对象，根据企业总体发展需要而制定的，它规定了企业的总体行动，追求企业发展的总体效果，因而企业经营战略具有全局性。

2）长远性。物流企业经营战略是在环境分析和科学预测的基础上，展望未来，对较长时期内（5 年以上）如何生存和发展进行通盘规划，为物流企业谋求长期发展的目标与对策，因而企业经营战略具有长远性。

3）竞争性。物流企业经营战略一方面要面对复杂多变的环境，另一方面要面对激烈的竞争对手，因而企业经营战略具有竞争性。

4）纲领性。物流企业经营战略规定的是企业总体的长远的发展目标、发展方向、发展重点及所采取的基本行动方针、重大措施和基本步骤。这些都是原则性和概括性的规定，具有行动纲领的意义，在经过分解落实后，才能变成具体的行动计划，因而企业经营战略具有纲领性。

5）风险性。物流企业经营战略从当前的情况出发，对未来的行动作出预计和决策，而未来企业外部环境是不断变化的，具有很大的随机性。这必然影响和冲击着业已确定的经营战略，企业经营战略将面临一定的风险和威胁。

6）相对稳定性。物流企业经营战略规定了企业较长时期的发展目标，具有长远性。只要战略实施的环境未发生重大变化，企业经营战略中所确定的战略目标、战略方针、战略重点和战略步骤等就应保持相对稳定。

二、物流企业经营战略的内容

物流企业经营战略作为一个战略系统主要由 4 个方面构成。

1．战略思想

战略思想是企业经营战略的基本点，是指导企业进行经营战略决策的行动准则。经营战略思想由制定和实施经营战略的基本思路和观念构成，如系统思想、竞争思想和创新思想等。物流企业经营战略思想的具体化，就形成企业的战略方针、战略目标和战略重点，因而它贯穿于企业全部经营战略之中，是企业经营战略的灵魂。

2．战略目标

战略目标是物流企业经过经营战略的实施并经受风险，预期达到的总体经营成果指标。企业确定了战略目标，也就确定了企业的发展方向、经营范围和经营规模等。

3．战略方针

战略方针是为实现战略目标而制定的行为规范和政策性决策。在企业发展的不同时期，企业的战略方针不同。企业不同时期的战略方针体现了企业的战略重点，是一定时期企业活动的行动纲领。

战略方针的确定要进行可行性分析和研究，主要考虑：① 环境制约的风险和机会；② 企业的优势和劣势；③ 企业的经营能力和经营方式（如单一经营和多角化经营，企业联合等）。

4．战略规划

战略规划是为实施企业的经营战略而制定的影响企业全局和未来的重要措施和基本步骤。战略规划是战略目标的具体化，是战略方针的措施化。它既是企业经营战略的一个重要组成部分，又是指导战略实施的纲领性文件。

三、物流企业经营战略的类型

关于物流企业经营战略的类型，许多学者从不同角度，在分析物流企业实际经营战略的基础之上，形成了很多不同的观点。下面就按不同的划分标准来分析物流企业经营战略的类型。

1．按照竞争态势划分物流企业经营战略

（1）**退却型战略** 退却型战略又称紧缩型战略，是指战略水平低于企业原有水平的战略。在这种战略中，虽然战略水平低于原有水平，但是企业的这种退却具有战略性的思考。退却型的战略有两种类型：① 积极退却战略，这种战略一般是以退为进的战略，企业利用生产量上的暂时退却来苦练内功、养精蓄锐，以便将来东山再起；② 消极退却战略，这种战略是由于市场衰退或企业在市场竞争中处于非常不利的位置，企业及时从原有领域中退出来，以便寻找新的出路。

（2）**防御型战略** 防御型战略又称维持型战略，是指战略水平与企业原有水平基本持平的战略。采用这种战略的企业，一般是在产品或服务的市场需求增长达到饱和状态，市场容量不可能再增加，甚至马上会出现衰退。企业既没有力量在原有领域里继续扩张，又没有实力进入新的领域，企业只能依靠防御性战略防止其他企业的进攻，以保持企业已有的生产和市场规模。

（3）**进攻型战略** 进攻型战略又称发展型战略，是指发展目标大大高于企业现有水平的战略。采用这种战略的企业，通常不满足于企业的现状，努力寻找一切可能的机会和途径扩大企业的经营规模。企业采用这种战略要求企业有较雄厚的实力或较繁荣的市场，即企业的市场有不断扩大的趋势和潜力。进攻型战略主要有 5 种类型：① 单一产品或服务进攻战略；② 复合多样化进攻战略；③ 同心多样化进攻战略；④ 纵向一体化进攻战略；⑤ 横向一体化进攻战略。

2．依照企业产品或服务和市场的组合状况划分物流企业经营战略

影响物流企业经营战略的要素有 4 种，即现产产品或服务、新产品或服务、现有市场和新市场。这 4 种要素有 4 种组合，形成 4 种不同的企业经营战略，如表 2-2 所示。

表 2-2 产品或服务——市场组合战略 2×2 矩阵表

产品或服务 / 市场	现产产品或服务	新产品或服务
现有市场	市场渗透策略	产品或服务发展策略
新市场	市场开拓策略	多角化经营策略

（1）**市场渗透战略** 市场渗透战略是指物流企业依靠扩大现产产品或服务在现有市场上的投放以达到发展目的的战略。采用这种战略的企业一般不增加在产品或服务更新上的投入，而通过广告方式增加消费者对企业产品或服务的了解或降低价格、加强售后服务等，使原有的消费群体中更多地购买本企业的产品或服务，扩大企业在现有市场上的市场占有率。

（2）**市场开拓战略** 市场开拓战略是指物流企业利用现产产品或服务寻求新的市场以达到发展目的战略。这种战略的主要思路是企业保持现有市场上的占有率，依赖新的市场来发展，所以并不是找到新的市场后把现有市场放弃。

（3）**产品或服务发展战略** 产品或服务发展战略是指物流企业开发出新产品或服务投放到现有市场上以达到发展目的的战略。如果企业依靠现产产品很难在现有的市场上继续找到发展的机会，开拓新的市场又有比较大的难度，或企业具有较强的产品开发能力，企业就可以利用产品或服务开发战略。产品开发战略有两种思路：① 改进新产品或服务，对现产产品进行较大改进，增加新的性能和功能，使现有顾客继续购买新产品或服务；② 开发系列新产品或服务，如果某一产品或服务在市场上打开销路和占领市场后，可以用同一品牌推出系列产品或服务继续满足原来的消费者。

（4）**多角化经营战略** 多角化经营战略是指物流企业开发出新产品或服务投放到新的市场以达到发展目的的战略。由于新的产品或服务可能区别于企业现产产品或服务，在新的市场面对的又完全是一个新的顾客群体，采用这种战略的企业就可能在两个完全不同的领域中进行经营。当企业把经营的触角伸展到多个不同的领域时就称为多角化经营。采用多角化经营战略，要求企业有在多个不同领域同时进行经营的实力，所以一般只有比较大型的企业才能这样做。

3．依照战略中心不同划分物流企业经营战略

（1）**差异化战略** 差异化战略是指物流企业通过对产品或服务进行一些改进，使之与竞争对手的产品或服务存在一定差异，从而稳定地吸引一些顾客，达到提高市场占有率目的的战略。企业追求产品或服务的差异化，能有效满足消费者不同的需求。企业实现产品或服务的差异化可通过改进质量、包装、品牌、售后服务、企业声誉和形象等途径。

（2）**低成本战略** 低成本战略是指物流企业通过改进生产过程，扩大企业生

产规模和降低各种生产要素的消耗，以降低成本，用低成本来击败竞争对手达到发展目的的战略。低成本战略的战略思路是当企业的产品成本低于竞争对手时，在同样的价格水平下，企业的盈利能力超过竞争对手；如果各企业的利润水平相同，则本企业的产品价格可以低于竞争对手的价格，在产品或服务同质的前提下，更多的顾客将被本企业吸引过来，所以企业能在竞争中处于非常有利的地位。

（3）**重点战略** 重点战略是指物流企业把全部力量都集中在某一特定的市场或产品上的战略。采用这种战略的企业往往实力比较弱小，不能把力量分散到其他方面，只有全力投入特定市场或产品才可能形成集中的优势，从而形成竞争优势。

4．依照战略涉及的产品销售范围划分物流企业经营战略

（1）**全领域发展战略** 全领域发展战略是指把物流企业投放到一个很大的市场整体中进行销售的战略。采用此战略的企业不需要对市场进行细分，只要有消费者的地方都是其产品需要服务的地方。这种战略只适用于实力雄厚的大型物流企业。

（2）**局部领域发展战略** 局部领域发展战略是指物流企业在市场细分的基础上，把产品或服务投放到一个或几个子市场中进行销售的战略。采用局部领域发展战略的物流企业基于这样一种思路：与其在一个很大的市场中有一个很小的市场占有率，不如在一个很小的市场中获得一个较大的市场占有率，可以形成企业的优势，有利于企业的发展。

5．依照企业经营的职能划分物流企业经营战略

（1）**产品或服务战略** 采取产品或服务战略的物流企业认为企业的经营首先必须有产品或服务。企业未来如何发展，关键在于产品或服务。如果企业有能满足市场需要的产品或服务，或未来开发符合市场需求的产品或服务，那么企业就会有发展前途。产品战略包括老产品或服务整顿战略、新产品开发战略、产品质量战略和产品品种战略。

（2）**市场战略** 采取市场战略的物流企业认为企业的经营以市场为依托，因为市场决定着企业的销售和利润，所以在企业经营战略中必须把稳定和开拓市场作为市场战略的重要内容。市场战略分析中的主要内容包括市场分析、市场定位和市场扩张。

（3）**技术战略** 采取技术战略的物流企业认为企业的发展要求技术的不断进步，技术战略就是规划在企业的发展中要通过何种方式达到技术进步的目标。具体内容如下。

1）技术结构战略。企业一开始的技术水平不一定很高，而中间技术和初级技术占有很大的比重，技术进步就必须不断增加高级技术在企业技术成分中的含量，技术结构战略就是对这一过程进行谋划。

2）技术改造战略。企业以现有技术为基础，企业技术的进步不可能完全依赖新技术的投入，更主要的是对现有技术的改造，这一过程需要技术改造战略来谋划。

3）技术创新战略。企业要想达到技术领先的地位，必须集中企业的技术力量，加大技术投入，不断创造出新的技术。

4）技术引进战略。技术资源是可以共享的，把别人创造的新技术及时引入企业中来，也是企业技术进步的重要手段。

5）人才战略。现代企业的竞争归根结底是人才的竞争，现代技术的使用依赖高水平的人才，企业需要制定出人才战略来规划如何进行人才开发和提高人的各种素质。

第三节 物流企业经营决策

企业管理的重点在于经营，经营的关键在于决策。在企业生产经营系统的建立和运行过程中，存在着大量需要决策的问题。决策是一个提出问题、分析问题和解决问题的系统过程。经营决策的正确与否直接影响到企业的经济效益。

一、物流企业经营决策的概述

1. 经营决策的基本概念

所谓决策是指企业决策者在拥有大量信息和个人丰富经验的基础上，确定未来行动目标，并借助一定的决策手段、方法和技巧，对影响决策的因素进行分析研究后，从两个以上实现目标的可行方案中选择一个合理方案的工作过程。

物流企业经营决策是指物流企业为实现其特定的经营目标，在调查分析企业外部环境、竞争对手和自身条件的基础上，制定的一系列可行方案，通过比较分析和综合评价，从中选出一个令人满意方案的分析决定过程。

2. 经营决策的内容

经营决策活动贯穿于企业生产经营管理的全过程。物流企业经营决策的内容也很丰富，主要包括有关经营战略的决策、有关产品和技术开发的决策、有关生产活动的决策、有关成本和价格的决策、有关人事方面的决策和有关市场销售的决策等。

3. 经营决策的类型

企业经营决策包括的内容很多。根据企业经营决策所处的地位、所用的方法、决策的条件和管理层次的不同，可以划分为各种不同的类型，如表 2-3 所示。

表 2-3 经营决策的类型表

序 号	分类标准	经营决策的类型
1	按决策本身的性质分类	战略决策
		管理决策
		业务决策
2	按决策者所处的管理层次分类	高层决策
		中层决策
		基层决策
3	按问题出现的重复程度分类	程序性决策
		非程序性决策
4	按决策目标与所用的方法分类	计量决策
		非计量决策
5	按决策问题所处的条件分类	确定型决策
		风险型决策
		非确定型决策

4. 企业经营决策的程序

决策是一个提出问题、分析问题和解决问题的系统分析过程。要提高决策的科学性和时效性，就必须遵循正确的决策程序。其基本程序包括以下几个方面。

（1）**调查研究经营形势与环境，制定经营目标，明确经营问题** 在作出决策之前，首先要对市场进行深入细致的调查研究，对企业所处的外部环境和内部条件有充分的了解，从而客观地分析企业所面临的发展机会和威胁以及企业的优势与劣势。这些都要求企业建立有效的管理信息系统，迅速、准确地搜集与企业生产经营活动有关的一切信息。通过对这些信息的处理，制定经营目标，明确经营问题。

（2）**拟定可行方案** 企业要在已确定的经营目标下，根据对信息资料的分析研究，拟定出两个或两个以上可供选择的可行方案。这个过程是发现和探索的过程，也是淘汰、修订和选择反复进行的过程。拟定可行方案是决策的关键，它是一个复杂的创新过程。

（3）**对可行方案进行评价和优选** 这是决策程序中的关键步骤。它是在对各个可行方案进行分析、比较和评价的基础上，由决策者通过总体权衡之后作出科学的决策，选择出一个最令人满意的方案。

（4）**实施方案并进行追踪决策** 决策的实施和追踪是决策全过程中不可缺少的程序，要运用跟踪和反馈原则。为了在实施中取得令人满意的效果，须经过以下几个步骤：① 使决策执行者都了解决策的内容、目的和意义；② 要健全机构和组织力量，不适应时要进行相应的调整；③ 要指挥行动、跟踪变化、及时反馈和协调关系；④ 要注意总体效应，及时总结经验教训，做好追踪决策，保留原决策优点，而舍弃其缺点。

经营决策的程序如图 2-3 所示。

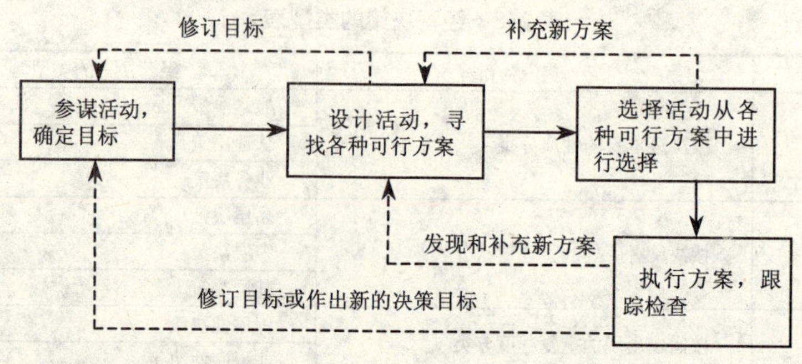

图 2-3　决策程序示意图

二、物流企业经营决策的方法

随着决策实践和决策理论的发展，发展了许多决策的方法。以下介绍两大类 6 种决策方法。

1. 主观决策法

主观决策法是运用有关专业知识、经验和能力，在经营决策的各个阶段，提出决策意见，并作出相应的评价和选择的决策方法。主观决策常用的方法有以下几种。

（1）**专家意见法（德尔菲法）**　具体内容见物流企业市场预测的相关内容。

（2）**头脑风暴法与反头脑风暴法**　头脑风暴法又称畅谈会法。这种方法的特点是邀集专家，针对一定范围的问题，敞开思想、畅所欲言。同时有 4 条规矩：① 鼓励每一个人独立思考和开阔思路，不要重复别人的意见；② 意见和建议越多越好，不受限制，也不怕冲突；③ 对别人的意见不要反驳，也不要批评，也不要下结论；④ 可以补充和发展相同的意见。这种方法旨在于鼓励创新并集思广益。反头脑风暴法正好与头脑风暴法相反，同意的肯定意见一概不提，而专门找矛盾、挑毛病，群起而攻之。这两种方法运用得当，可以起到互补的作用。

（3）**创造工程方法**　这种方法追求的是针对一个问题提出创新性的方法或方案。创造工程方法把创新过程看做是一种有秩序、有步骤的工程。它把创新过程分为三个阶段和十多个步骤。第一阶段是确定问题阶段，包括主动搜索、发现问题、认识环境、取得资料和确定问题等步骤；第二阶段是创新思想阶段，通过主动多发性想象和自发聚合等步骤形成创造性设想；第三阶段是提出设想和付诸实施阶段，把设想形成方案，并接受实践检验。

2. 计量决策法

计量决策法是建立在数学公式计算基础上的一种决策方法，是运用统计学、运筹学和电子计算机等科学技术，把决策的变量（影响因素）与目标，用数学关系表示出来，求出方案的损益值，然后选择出满意的方案。这种决策可以分为确定型、风险型和不确定型三种。现分别介绍如下。

（1）**确定型决策方法** 确定型决策是指在客观条件完全确定的情况下作出的决策；是在影响决策的因素、条件和发展前景比较清晰明确，并且容易作出判断，根据决策目标可以选择最佳方案的一种决策方法。确定型决策方法有线性规划、排队论、组合论、盈亏平衡分析、存储论和投资回收期法等具体方法。下面主要介绍盈亏平衡分析。

盈亏平衡分析是经营决策的重要工具。盈亏平衡分析也称“量—本—利分析决策法”，是根据对产品的产量（业务量、销售量、销售额）、成本和利润三者关系进行综合分析，用来预测利润、成本和生产规模的一种方法。它是指通过盈亏平衡图或计算公式，对产品或服务的变动成本和固定成本的分析，确定生产经营收入和支出相等时的销售收入额（或称销售数量）。这一销售收入额（或销售数量）也称盈亏平衡点或保本点。求盈亏平衡点有两种方法：一是图示法；二是公式计算法。

1）盈亏平衡图示法。盈亏平衡图法是用图表示销售收入、成本与利润之间的关系。其中销售收入线与成本线的交点即盈亏平衡点。此点表示销售收入与总费用相等，是保本点。销售量超过保本点，表明企业有盈利；低于保本点，表明企业出现亏损。下面举例说明盈亏平衡图的画法。

例[2-2] 某公司年运输周转量 300 万吨公里，平均每万吨公里的单价是 6 000 元，变动成本每万吨公里是 2 000 元，固定成本 100 万元，做盈亏平衡图。

具体做法是：在直角坐标系上，用横轴表示销售数量或周转量，用纵轴表示收入或成本金额；然后根据已知条件画出固定成本线、总费用线和收入线。固定成本 100 万元，固定成本线 *AD* 为平行于横轴的一条直线。做总费用线，当不销售时，消耗固定成本 100 万元，即 *A* 点；当周转量是 300 万吨公里时，消耗总费用 100 万元+300 万元×0.2=160 万元，即 *C* 点，连接 *AC* 即是总费用线。做收入线，当不销售时，收入为零，即 *O* 点；当周转量为 300 万吨公里时，收入为 300 万元×0.6=180 万元，即 *B* 点，连接 *OB* 即是收入线。总费用线 *AC* 和收入线 *OB* 的交点 *E* 就是盈亏平衡点，即保本点，如图 2-4 所示。

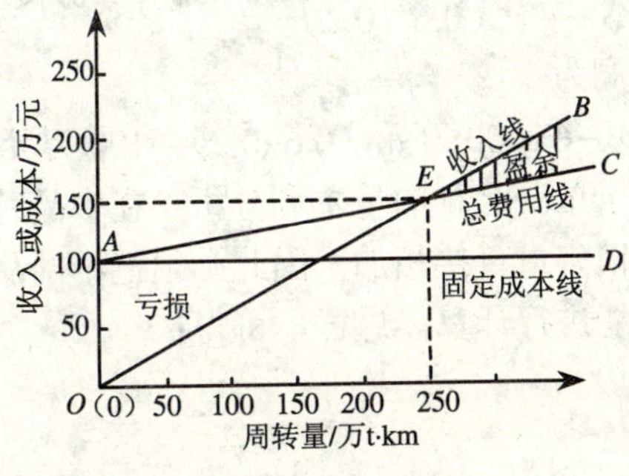

图 2-4 盈亏平衡图

2）公式计算法。

$$利润=产量\times单价-产量\times单位变动成本-固定成本$$
$$=产量（单价-单位变动成本）-固定成本$$

$$P=I-Z=X（S-V）-C \qquad (2-5)$$

式中 P——利润；

I——销售额；

Z——生产总费用；

C——固定成本；

X——销售量；

S——销售单价；

V——单位变动成本。

在上式中，当 P=0 时，企业不亏不盈时，则有：

$$X（S-V）=C$$

将此时的 X 记为 X_0，则：

$$X_0=\frac{C}{S-V}$$

式中 X_0——盈亏平衡点的销售量；

$S-V$——单位边际贡献。

由公式可以看出：

如果固定成本增加，那么盈亏平衡点的销售额也要增加；

如果变动成本增加，销售收入不变，那么盈亏平衡点的销售额也要增加；

如果销售收入增加，固定成本与变动成本不变，那么盈亏平衡点的销售额就要降低。

上例中，盈亏平衡点的销售量为：

$$X_0=\frac{C}{S-V}=\left(\frac{100}{0.6-0.2}\right)万t\cdot km=250万t\cdot km$$

公司可获得的年利润为：

$$P=X（S-V）-C=300万元（0.6-0.2）-100万元=20万元$$

销售量公式只适用于单一品种的量本利分析；在多品种的情况下，由于不能将不同品种的产品实物销售量直接相加，因此必须把不同品种的产品实物销售量转化成为销售额后，才能进行计算。这样，可得：

$$I_0=\frac{C}{1-\frac{V}{S}} \qquad (2-6)$$

式中　I_0——盈亏平衡点的销售额；

$1-\frac{V}{S}$——单位边际贡献率。

上例中，盈亏平衡点的销售额为：

$$I_0=\frac{C}{1-\frac{V}{S}}=\left(\frac{100}{1-\frac{0.2}{0.6}}\right)\text{万元}=15\text{万元}$$

如果边际贡献率大于零，则表示企业生产这种产品除可收回变动成本外，还有一部分收入可用以补偿已经支付的固定成本。因此，产品单价即使低于成本，但只要大于变动成本，企业生产该产品还是有意义的。

（2）**风险型决策方法**　风险型决策又称随机决策，指决策面临客观存在着不以人的意志为转移的两种以上的自然状态，而且未来事件可能出现的自然状态是不确定的，但各种自然状态可能发生的概率可以预测的条件下所作的决策。

风险型决策的过程是先分别计算出每个方案在各自然状态下的条件损益值，然后根据预测得到的概率计算出各方案的期望值，最后经过比较各方案的期望值来进行决策。

一个完整的风险型决策必须具备以下几个要素。

1）决策者想达到的明确目标。

2）可供选择的两个以上的行动方案。

3）可估计、测算出的每个方案的收益和损失情况。

4）能够预测出影响决策目标的决策者无法控制的各种因素、情况以及他们发生的可能性（概率）。

风险型决策主要有决策收益表法和决策树法等。

① 决策收益表法。决策收益表法是风险型决策的一种比较直观的方法。它是以支付矩阵为依据，分别计算可行方案的期望值（期望收益或期望损失值），选择其中期望值最优（期望收益值最大或期望损失值最小）的方案为最佳方案。

其步骤为：首先要分别计算各个方案在不同自然状态下的收益值，然后以各自然状态发生概率的大小作为权数进行加权平均，从而计算出各方案的期望值，最后由决策者选择一个满意方案。

例[2-3]　某物流公司准备成立配送中心，欲购置一部分汽车，根据市场调研，需求量统计资料如表 2-4 所示。据测算每部车平均日出车纯收入 80 元，车辆呆滞平均每日每辆损失 48 元，问该公司应购置多少辆汽车？

要求采用期望值准则，对方案进行分析。

解：方法一，依据期望值准则，求最大收益值法。

根据资料列期望收益表 2-4。

假设：i —— 未来事件可能出现的自然状态，i=1，2，…，n；

j —— 可供选择的进货方案，j=1，2，…，m；

$M_{j,\ i}$ —— j 方案在 i 自然状态下的条件收益；

p_i —— 自然状态发生的概率。

表 2-4 期望收益表

自然状态 i / 概率 p / 购车方案 j	需求量/辆				期望收益值/元
	100	110	120	130	
	0.2	0.4	0.3	0.1	
A_1 购 100 辆汽车	8 000	8 000	8 000	8 000	8 000
A_2 购 110 辆汽车	7 520	8 800	8 800	8 800	8 544
A_3 购 120 辆汽车	7 040	8 320	9 600	9 600	8 576
A_4 购 130 辆汽车	6 560	7 840	9 120	10 400	8 224

比较期望值准则的收益期望值 A_3 购 120 辆汽车方案时收益期望值最大，为 8 576 元，该方案最优。

方法二，依据期望值准则，求最小损失值法。

损失包括两部分：一是由于所购汽车数量过少而失去盈利的机会损失；二是由于所购汽车数量过多而造成呆滞损失。根据资料列期望损失值如表 2-5 所示。

表 2-5 期望损失值表

自然状态 i / 概率 p / 购车方案 j	需求量/辆				期望损失值/元
	100	110	120	130	
	0.2	0.4	0.3	0.1	
B_1 购 100 辆汽车	0	800	1 600	2 400	1 040
B_2 购 110 辆汽车	480	0	800	1 600	496
B_3 购 120 辆汽车	960	480	0	800	464
B_4 购 130 辆汽车	1 440	960	480	0	816

表内数字的计算也可利用表 2-4 中的数值，将每列内的最大收益值减去列内其他各个数字之差得到。

根据表 2-5 计算各方案的损失期望值。计算式如下：

（B_1）方案：（800×0.4+1 600×0.3+2 400×0.1）元=1 040 元

（B_2）方案：（480×0.2+800×0.3+1 600×0.1）元=496 元

（B_3）方案：（960×0.2+480×0.4+800×0.1）元=464 元

（B_4）方案：（1 440×0.2+960×0.4+480×0.3）元=816 元

（B_3）方案为 464 元，损失期望值最小，所以该方案最优。

② 决策树法。决策树法是风险型决策常用的一种决策方法，它利用了概率论的原理，并且利用一种树形图作为分析工具。其基本原理是用决策点代表决策问题，用方案分枝代表可供选择的方案，用概率分枝代表方案可能出现的各种结果，经过对各种方案各种结果条件下损益值的计算比较，为决策者提供依据。决策树的基本图形及其所包含的符号的含义，如图 2-5 所示。

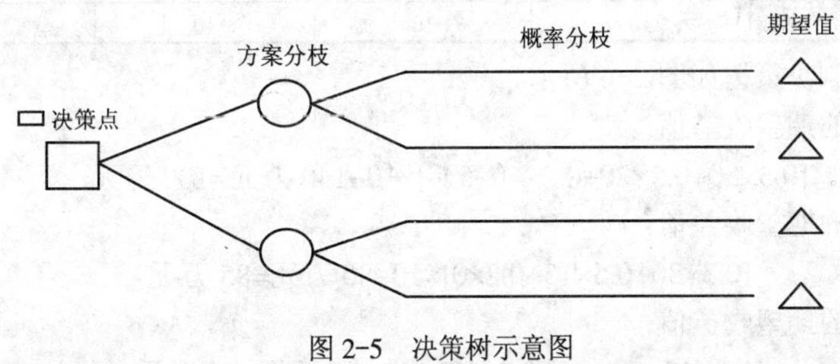

图 2-5　决策树示意图

决策树由以下 4 方面要素构成。

决策点。决策点表明决策的结果，图示为方块。

方案枝。从决策点引出的若干枝条，每个方案枝代表一个方案，图示为线状。

状态结点。状态结点表示各种自然状态能够获得收益的机会，图示为圆圈。

概率枝。从状态结点引出的若干枝条，每个概率枝代一种自然状态，图示为线状。

运用决策树法进行决策的基本步骤：首先绘制决策树图形；然后计算各方案的期望值；最后剪枝作出决策。

画决策树。决策树是决策者对某个决策问题未来发生情况的可能性和可能结果所作预测在图上的反映。据此，画决策树的过程就是对未来可能发生的各种情况周密思考，一步一步深入分析的过程。画决策树的方法一般是从左向右，从树根向树梢方向进行。

计算各结点的期望值。期望值的计算方法与期望值准则介绍的方法相同，就是将每种自然状态的收益值分别乘以各自概率枝上的概率，最后将这些值相加。计算期望值应从决策树的右边向左逆向进行。

剪修枝作出决策。对比各个方案期望值的大小，进行修枝选优。在方案枝上将期望值小的方案画“≠”符号予以舍弃，保留期望值最大的一个方案枝，这个方案就是最优方案。如果决策问题属于多阶段的，则应从右向左逐步修枝。

例[2-4]　某物流公司对现有市场进行了广泛的调查和预测，预计在未来 10 年物流行业呈增长趋势，决定建一个物流中心，投资收益期为 10 年，年收益及其他有关资料如表 2-6 所示。

表 2-6　某公司有关资料表　　　　（单位：万元）

自然状态 i / 概率 p / 购车方案 j	增长趋势高	增长趋势次高	增长趋势略高	投资额
	0.3	0.5	0.2	
选新地点建大物流中心	50	20	−5	140
选新地点建中物流中心	30	15	0	80
选新地点建小物流中心	10	10	10	30

解：绘制决策树如图 2-6 所示。

结点 1 的期望收益值：

$$[0.3\times50+0.5\times20+0.2\times(-5)]\times10-140\text{ 万元}=100\text{ 万元}$$

结点 2 的期望收益值：

$$[0.3\times30+0.5\times15+0.2\times0]\times10-80\text{ 万元}=85\text{ 万元}$$

结点 3 的期望收益值：

$$[0.3\times10+0.5\times10+0.2\times10]\times10-30\text{ 万元}=70\text{ 万元}$$

三个方案通过比较，方案 1 的期望值最高。因此，应选择选新地点建大物流中心的方案，剪掉其他两个方案。

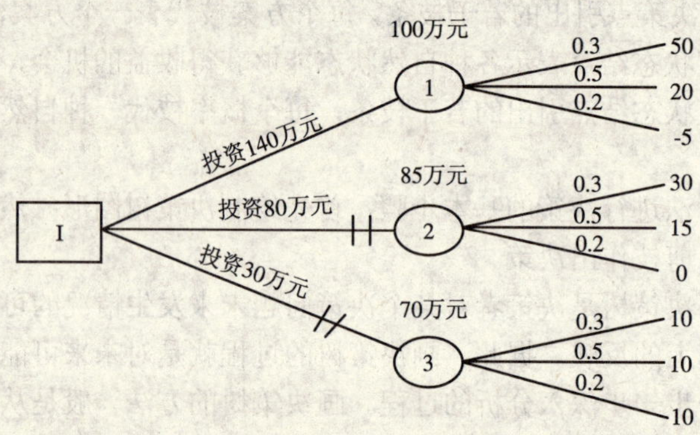

图 2-6　决策树

（3）**不确定型决策分析方法**　不确定型决策是指决策所面临的自然状况难以确定而且各种自然状况发生的概率也无法预测的条件下作出决策。此类决策由于客观自然状况和决策结果的不可预知，所以具有极大的风险性和主观随意性，完全凭决策者的判断和机遇而定。在相同的数据资料下，不同的决策者可以有完全不同的选择。

下面就例[2-5]所给资料介绍 4 种较为常用的不确定型决策方法。

例[2-5]　某物流公司与某建设单位签订合同，承包运输甲地至乙地物资若干吨，承包期两年。车辆由乙地返回甲地的货运量缺乏可靠的测算。大致估计往返行程利用率可能有 4 种情况，即 80%，70%，60%，50%。4 种情况可能出现的概率无法测算出来。该企业现有营运车辆任务已经饱和，承运这批物资必须增加车辆。增加车辆有 4 个方案：A_1 购置新车；A_2 购置旧车；A_3 以利润分成方式包用其他运输单位的车辆；A_4 以定额租金的形式租入车辆。4 个方案两年的损益值如表 2-7 所示。

表 2-7 损益值表 （单位：万元）

自然状况 / 损益值 / 方案	行程利用率			
	80%	70%	60%	50%
A_1	60	40	–15	–35
A_2	80	35	–30	–70
A_3	35	22	5	–10
A_4	40	25	9	–5

1）悲观法（小中取大准则）。悲观准则又称小中取大准则。它的出发点是决策者对决策结果从不利的情况出发，找出最坏的可能，再从中选取在不利的情况下最好的方案。这种准则是从损失最小的角度选择行动方案，是比较保守的决策方法。

其选择过程是：首先从每一个方案中选择一个最小的收益值，然后再从这些最小的收益值所代表的方案中选择一个收益值最大的方案为备选方案，即小中取大。

根据资料，各方案的最小收益值分别是：

A_1（–35），A_2（–70），A_3（–10），A_4（–5）。

因为 A_4 是最小收益值中最大者，所以应采用方案 A_4。

2）乐观法（大中取大准则）。这种决策的原则正好与上述悲观法决策相反，它的出发点是决策者对决策结果持乐观态度，认为自己从不失败，选择的方案总是最好的。这种准则从效益最大化的角度选择方案，选取最大收益中的最大值所相应的方案为决策方案。这种方案也称“大中取大”法。采用这种方法往往需要决策者具有魄力和敢于承担风险的勇气。

仍用上例，各方案的最大收益值分别是：

A_1（60），A_2（80），A_3（35），A_4（40）。

因为 A_2 是最小收益值中最大者，所以应采用方案 A_2。

3）折中法（乐观系数准则）。折中准则的特点不像悲观法那样保守，也不像乐观法那样冒险，而是从中找出一个折中的标准。

折中法的决策过程是：先要求决策者根据历史数据的分析和经验判断的方法确定一个乐观系数，用 a 表示。a=0 时为悲观的准则，a=1 时为乐观的准则。这

里取 $0 \leqslant a \leqslant 1$。

折中收益值=a（最大收益值）+（$1-a$）（最小收益值）

本例设 a=0.7，则有：

$$E(A_1)=0.7\times 60\text{ 万元}+(1-0.7)\times(-35)\text{ 万元}=31.5\text{ 万元}$$

$$E(A_2)=0.7\times 80\text{ 万元}+(1-0.7)\times(-70)\text{ 万元}=35.0\text{ 万元}$$

$$E(A_3)=0.7\times 35\text{ 万元}+(1-0.7)\times(-10)\text{ 万元}=21.5\text{ 万元}$$

$$E(A_4)=0.7\times 40\text{ 万元}+(1-0.7)\times(-5)\text{ 万元}=26.5\text{ 万元}$$

比较各方案的期望收益值，选择期望收益值最大的 A_2 为决策方案。

4）最小遗憾值法（大中取小准则）。遗憾准则的特点是当某一种自然状态出现时，决策者选择的准则很明确，应选择收益值最大的方案为最优方案。如果决策者当初并未采取这方案，这时就会感到“后悔”，遗憾当初未选择最大值的方案。为了避免将来遗憾，因此采用大中取小的方法。

现仍以上例说明应用这个准则的步骤。

① 先确定各自然状态下的最大收益值，然后用各自然状态下的最大收益值减去每行的值得到遗憾值，列出遗憾矩阵表如表 2-8 所示。

表 2-8 遗憾矩阵表 （单位：万元）

自然状况 / 损益值 / 方案	行程利用率				最大遗憾值
	80%	70%	60%	50%	
A_1	20	0	24	30	30
A_2	0	5	39	65	65
A_3	45	18	4	5	45
A_4	40	15	9	0	40

② 从遗憾矩阵表中选出每一方案的最大遗憾值，并从 4 个最大遗憾值中选一个最小的。所以选方案 A_1。

以上 4 种准则作为不确定型决策优选方案的依据。实践证明，对于同一决策问题，由于方案的评选标准的不同，会得出不同的结论。因此，在实际工作中，究竟应采取那种方法进行不确定型决策，要依决策者的判断力而定，它带有相当程度的主观随意性。

三、物流企业经营计划

物流企业经营计划是按照经营决策所确定的方案，对企业生产经营活动及其所需的各种资源，从时间和空间上作出具体统筹安排的工作。经营计划是确定企业经济活动整体的经营目标、战略和布局的计划，是企业全部经济活动的总纲，是综合性的计划。

1．编制物流企业经营计划的原则

（1）**完整性和系统性原则**　物流企业的经营计划是由许多不同形式的计划组成，而各计划编制时的依据是不同的且影响因素也不同，使各计划间会产生矛盾和不协调，这就要求企业对整体目标分解时，注意各项计划间的协调和配合，形成一个有机整体。

（2）**关键性原则**　在企业总体经营目标中，有突出的关键性的主要问题，编制物流企业经营计划时要关注关键性的主要问题。

（3）**强制性和弹性原则**　强制性是指企业所制订的经营计划必须严格执行，不能轻易改变或废除；弹性是指当企业经营的内外环境发生变化时，经营计划能根据环境变化作出调整和修订，有应变能力。

（4）**连续性原则**　企业的生产经营活动是连续不断的，前期计划的执行情况和分析是编制当期和后期计划的依据。因此，近期计划的编制要为后期计划提供条件，短期计划的编制要能体现长期计划的目标和要求。

2．物流企业经营计划的种类

一般可以从计划的期限、作用、内容和对象几个方面，从不同的角度划分物流企业经营计划的种类。

按计划的期限可分为长期、中期和短期计划。长期计划指5年以上的远景规划，属于战略性计划；短期计划也称年度计划，是企业在年度内的行动纲领，是一种营运计划；中期计划是介于这两者之间，使长期计划的任务与短期的业务计划更好地结合起来，是一种发展计划。

按计划的作用分为战略性计划和战术性计划。一般长期计划属于战略性计划，短期计划属于战术性计划。

按计划的内容可分为生产技术经济计划和作业计划。生产技术经济计划包括生产技术财务计划和经营结构计划；作业计划是生产技术经济计划的具体执行计划。

按计划的对象可分为综合经营计划和单项计划。综合经营计划是以企业全部生产经营活动为对象编制的计划；单项计划是以某一要解决的特定问题为对象编制的计划。

以下介绍长期计划、中期计划和短期计划的具体内容和特点。

（1）**长期计划**　长期计划一般也称长期规划，其内容包含决定企业总体战略目标的要求，体现企业发展方向和企业基本政策、策略，以及今后获取、使用分配资源的准则；其内容范围可遍及企业各方面的活动，如利润、资金运用、组织、定价、员工关系、生产、营销、财务、公共关系、广告、研究发展、管理人员招聘和培训等；其特点属于重点及目标性质的规划，只含较粗略的大目标数字；其计划时间长度应取决于计划内容的复杂程度及性质。

（2）**中期计划** 中期计划一般称发展计划，由长期计划衍生而来，其时间通常为3～5年；此计划也有目标政策及策略，不过它们衍生于长期计划，是长期计划的继续和具体化。中期计划的特点是有详细的计划内容，具有综合性以及协调平衡作用；中期计划的内容依据企业各职能部门所制订的详细计划，着重于各计划之间的配合协调，使原松弛的策略计划获得严密的内容；中期计划，依据长期计划要求，各年分别制订计划以适应内外环境条件的变化，一般应用滚动计划法编制。

（3）**年度计划** 年度计划一般称执行计划，是将长期计划、中期计划的目标及战略，分解成年度的经营目标。年度计划不仅仅含有数字，最重要的是应含有工作目标、方法、进度、负责人和经费等实质内容；年度计划时间以一个预算年度为期间，纯属一种作业性计划；年度计划包括更具体的绩效目标，如营业计划、生产计划、采购计划、研究发展计划、人力发展计划、合作经营计划和财务计划。

3．经营计划的编制与控制

我国部分大型物流企业的长期计划只含较粗略的大目标数字，而无细节措施；而以中期计划为中心，以年度计划为执行计划，要求认真编制年度计划。

（1）**经营计划编制的要求**

1）要认真贯彻国家有关方针政策。

2）通过市场调查和预测，充分考虑企业的优势，发展有特色和有竞争能力的产品或服务，若有条件应当积极地进入国际市场。

3）衔接长期、中期计划对计划年度提出的任务。

4）分析企业内外各种数据资料，以及它们对企业产生的影响。

（2）**经营计划编制程序** 经营计划编制程序由于物流企业的性质特点不同而不完全相同，一个具有一定规模的物流企业可以根据需要按下面的程序编制经营计划。

1）总公司计划，包括营销、生产、采购、研究、人力、公关和财务计划等部分。

2）分公司计划，其内容同总公司计划基本一致。

3）利润成本中心分别以事业部制订计划。

4）职能部门分别制订计划。

5）地区分别制订计划。

6）对产品或服务分别制订计划。

（3）**经营计划的执行和控制** 要保证年度计划的实现，必须认真做好计划的执行与控制工作。

1）经营计划的执行。做好计划的执行工作，最重要的是落实以下两项具体工作：① 把经营计划总目标层层落实下去，做到层层有对策计划。② 经常对计划执行情况进行修订和调整。

对计划进行修订和调整，一般采用滚动式计划法或应变计划法，以下具体介绍滚动式计划法。

滚动式计划法，又称预测、计划、实际差异循环法。由于长期经营计划的计划期较长，对影响经济发展的所有因素很难准确预测，在计划执行过程中难免会出现一些新情况和新问题。采用滚动式计划编制长期计划就可以根据经营环境的发展和变化情况，定期对计划进行调整和修订。制订计划时采取近细远粗的方法，逐年逐期往前推进，连续编制，并根据执行情况逐年对计划进行修订，使长期计划更切合实际情况，并与短期计划紧密衔接，充分发挥长期计划的指导作用，使计划既保持严肃性，又具有适应性和现实性（其程序如图 2-7 所示）。滚动式计划具有阶段性、延伸性和灵活性的特点。

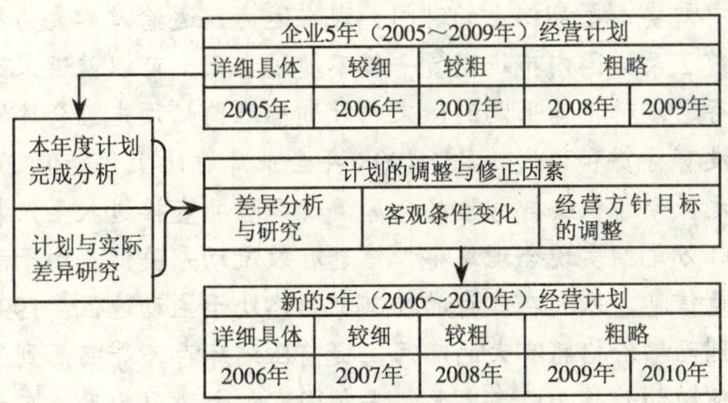

图 2-7　滚动计划方法示意图

2）经营计划的控制。要保证计划的实施，必须在计划执行过程中加强控制，也就是按预定的目标、标准来控制和检查计划的执行情况，及时发现偏差，迅速予以解决。控制包括事前控制和事后控制。

为此，首先要制定各种科学的标准，如定额、限额、技术标准和计划指标等；其次要健全企业的信息反馈系统，加强信息管理。

案例

东大集团的物流经营决策

东大集团的前身为张店化工厂，建厂 40 年来，原材料运输一直由公司车队承担。车队 26 名员工，18 辆大货车，附加一个修理厂，运转费用不菲，效率却不高。司机上班拖拖拉拉，不想出车就推说车子有毛病；跑一趟上海按说五六天能打个来回，但哪辆车跑一趟都得十七八天。都知道司机借机跑私活，一趟能赚回台彩电，想追究，法子想了不少，成效就是寥寥。公司决定向内部招标拍卖，18 辆车卖了 12 辆，收回 75 万元，14 名司机中标，其余车辆报废，人员分流。拍卖车辆想承担公司运输任务，吨公里运价先是与公司以前平均运价持平；过渡两个月后降低二分，与市场价持平；紧接着又比市场价降低三分钱。车成了自己的，每辆车运行里程比拍卖前多出两倍。公司半年节约运输费用 184 万元，加上人员工资、运输规费和车辆维修费一概不用负担，合计节约费用 354 万元。

拍卖车辆逐渐进入报废期，公司开始将运输推向社会，先是面向社会公开竞价招标，年节约运费 390 万元；然后又对运量相对集中的几条线路公开招标买断，吨公里运价由 0.44 元降到 0.2 元，前后节支 1 431 万元。

东大是大型化工企业，使用原材料多达 2 万多种，库存占用资金 5 228 万元。由于具备了运输环节的优化控制这个前提，企业开始向物流管理的下一个目标——合理库存挺进。过去由于运力、运输效率有限，原料采购须提前一星期；产品到客户手中需要一星期以上的时间。现在运力、运输效率大为提高，原材料购进最多须提前 2 天，国内市场送货一般不超过 2 天。可以就近采购的物资，坚决保持“零库存”；对不易采购的，采购计划批准前必须先经仓库保管员审核签字，确认库里没有存货和替代物品。1998 年企业库存比上年降低 2/3，减少资金占用 1 800 万元。今年仅去掉危险品仓库，让危险品直接进入生产装置，就减少资金占用 2 200 万元。实现合理库存，信息有效流动是关键。由于能及时掌握国内外市场的大量信息，东大在库存的控制上始终处于主动地位。1998 年二季度，由于东大预测到丙烯价格将有大的回落，提前压缩库存，等回落到最低点又大量购进，仅此一项增加效益 100 多万元。去年国家加大打私力度，东大分析到国内化工原料市场将有大的波动，于是加大产品库存，待价格上扬后集中促销，一举增收 200 万元。

信息的有效流动对采购环节优化控制产生了深刻影响。由于众多原材料的供求信息、最低价格通过互联网等渠道，在企业有关部门间实现了快捷采集传递。东大还建立起供应公司，采购由暗箱操作走向彻底透明。仅 1998 年采购成本就降低了 1 910 万元。生产部门提报的采购计划最迟半天就能得到落实。

市场竞争不断加剧，生产越来越趋多品种、小批量，营销区越来越宽。随之而来的是，采购成本和仓储费用在企业全部成本中所占比例越来越高（东大已超 80%），但众多企业忽视的恰恰是这一块，特别是国有企业，采购、运输和仓储不计成本，一概包揽。难怪这一领域被管理学家称为“黑色地带”。

东大在向人们展现管理创新无穷潜力的同时，也向国企提出一个强化管理的全新课题，那就是依托社会化、专业化的服务体系，克服“大而全”和“小而全”

的通病，降低成本，提高水平和市场竞争力。

东大的实践证明，需求产生一切，推行物流管理以前，东大所在地——张店区没有一家专业化的化工储运企业。但运输走向社会短短一两年时间，在企业巨大运量的刺激带动下，张店及周边一批专业化工储运公司迅速崛起（耐人寻味的是，私营企业占了绝大比例），且在激烈的竞争中日渐走向成熟，专业优势发挥得越来越明显。

复习思考题

1．物流企业受物流行业哪 5 种环境的影响？
2．物流企业市场调查分为哪 4 个步骤？
3．何谓专家预测法？如何运用专家调查法进行市场预测？
4．物流企业目标市场营销策略有哪 4 种类型？
5．物流企业经营战略的内容由哪 4 个方面构成？
6．依照战略中心的不同划分，物流企业经营战略有哪几种？
7．确定型决策、风险型决策和非确定型决策有何区别？
8．简述物流企业经营决策的程序。
9．滚动计划有何基本特点？
10．东大集团的物流管理实践对你有什么启示？

业务题

1．运输公司的运输周转量如表 2-9 所示，计算 3 个月和 5 个月的移动平均预测值。

表 2-9　运输公司的运输周转量表

月　份	周转量/千吨·公里	月　份	周转量/千吨·公里
1	127	7	215
2	134	8	232
3	176	9	238
4	165	10	322
5	159	11	389
6	179	12	368

2．企业 1～6 月份的营运收入如表 2-10 所示，用加权移动平均法预测各月的营运收入（W_1=0.5，W_2=0.25，W_3=0.25）。

表 2-10　某企业 1～6 月份的营运收入表

月　份	1	2	3	4	5	6
营运收入/万元	44	50	45	60	55	70

3．某物流公司前 5 年的销售额分别为 480 万元、530 万元、570 万元、540 万元和 580 万元。用回归预测技术预测第 6 年的销售额。

4．某物流公司拟计划建设一个物流中心，方案如下。

（1）若建大物流中心，需投资 300 万元，使用 10 年。据估计，在趋势好的情况下每年可获利润 100 万元；在趋势差的情况下每年将损失 20 万元。

（2）若建小物流中心，需投资 140 万元，使用 10 年。在趋势好的情况下每年可获利润 40 万元；在趋势差的情况下每年仍可收益 30 万元。若先建小物流中心，趋势好，三年后将考虑是否扩建。如果扩建，又需投资 200 万元，使用 7 年，每年获利润 95 万元。

由市场预测可知，趋势好的概率为 0.7，趋势差的概率为 0.3。试用决策树决策。

第三章　物流企业作业管理

学习目标

能陈述物流企业作业管理的目的、要求、机构、职能和内容；能开展供应链管理环境下生产计划的编制和计划的控制工作；在理解物流企业运输的概念和职能，叙述运输方式的基础上，能开展运输管理；在理解物流企业仓储管理的任务、原则、作用和库存控制基本方法的基础上，能开展物流企业仓储管理；在理解物流企业配送中心的概念、功能、基本作业和配送中心模式的基础上，能开展物流企业配送管理。

第一节　物流企业作业管理概述

物流企业作业管理是从供应链的整体出发，进行全面的优化控制，跳出以某个企业物料需求为中心的生产管理界限，充分了解用户需求并与供应商在经营上协调一致，实现信息的共享与集成，以顾客化的需求驱动顾客化的生产计划，获得柔性敏捷的市场响应能力。

一、物流企业作业管理的目的和要求

物流企业作业管理是对整个企业生产作业系统的设计、运行等过程的管理。它包括作业计划的编制与控制，以及物流企业的运输、仓储与配送等环节的管理。其管理的目的和要求如下。

1）保证实现企业的经营目标。物流企业的作业环节要求高效运行，全面完成企业的服务、质量、数量和成本等各项指标要求，以实现企业的总体经营目标。

2）有效利用企业的资源。通过合理组织企业的资源配置，制订合理的作业计划，不断降低消耗，降低物流成本，加快物流周转速度，减少资金占用，以不断提高企业的经济效益和竞争能力。

3）适应市场环境的迅速变化，提供独具特色的物流服务。为适应市场环境的不断变化，物流企业的生产作业环节要努力提高生产作业系统的应变能力，使企业根据市场需求的变化不断推出新的服务项目，从而形成独特的竞争优势。

二、物流企业作业管理的机构与职能

物流企业的作业系统涉及企业的生产计划、组织、运输、仓储、包装、装卸搬运以及信息处理等业务的专职机构，是整个企业经营管理体系的重要构成部分。

物流企业的作业管理职能主要包括计划、组织与控制三个方面。计划方面主要是预测市场需求，确定提供产品或服务的种类与数量、编制作业计划等；组织方面主要是解决如何合理组织本企业的劳动者、劳动资料、劳动对象和信息等生产要素，使有限的资源得到充分而合理的利用；控制方面解决如何保证作业系统按计划运行，包括进度控制、质量控制、物资消耗与库存控制及成本控制等。

三、物流企业作业管理的内容

物流企业生产作业管理的内容主要涉及4个方面：供应、生产计划、物流环节和需求。物流企业作业管理是以同步化和集成化生产计划为指导，以各种技术为支持，围绕供应、生产作业、物流环节和满足需求来实现的。

1．供应管理

所谓供应管理，就是为了保质、保量、经济和及时地供应生产经营所需各种物品，对采购、储存和供料等一系列供应过程进行计划、组织、协调与控制，以确保企业经营目标的实现。供应是物流企业作业管理的起始点，其主要内容包括三方面：一是供应管理的业务活动，即计划、采购、储存以及供料等；二是供应管理的支持性活动，即供应环节中的人员管理、资金管理和信息管理等；三是供应管理的拓展性活动，即供应商管理。

2．生产计划管理

物流企业的生产计划管理包括生产计划编制和生产控制两方面。

（1）**生产计划编制** 物流企业作为供应链管理下的核心单位，与其上游和下游许多企业具有密切的战略伙伴关系。为此，在制订生产计划的过程中，要处理好以下三方面的问题。

1）柔性约束问题。在供应链管理下，承诺是物流企业对合作伙伴的保证，只有在这基础上企业间才能具有基本的信任，合作伙伴也因此获得了相对稳定的需求信息。然而，由于承诺的下达在时间上超前于承诺本身付诸实施的时间，尽管承诺方一般都尽力使承诺与未来的实际情况接近，但是误差却难以避免。这样，物流企业编制生产计划时应体现柔性约束。

2）生产进度信息共享问题。生产进度信息是企业检查生产计划执行状况的重要依据，也是滚动制订生产计划过程中用于修正原有计划和制订新计划的重要信息。在供应链管理环境下，生产进度计划属于可共享的信息。供应链企业可以借助现代网络技术，使实时的生产进度信息能为合作方所共享。供应链上游企业修正原有计划时应该考虑到下游企业的生产状况，而下游企业了解到上游企业的生产进度后，会适当调节生产计划，使供应链上的各个环节紧密地衔接在一起，避免企业与企业之间出现供需脱节的现象，从而保证供应链上的整体利益。因此，物流企业编制生产计划时应充分共享供应链上的生产进度信息。

3）生产能力相匹配问题。企业完成一份订单不能脱离上游企业的支持，因此，在编制生产计划时要尽可能借助外部资源，有必要考虑如何利用上游企业的生产能力。在供应链管理下，上下游企业间稳定的供应关系形成后，上游企业从自身利益出发，更希望所有与之相关的下游企业在同一时期的总需求与自身的生产能力相匹配，并通过合同和协议等形式反映出来。这样，作为下游企业的物流企业在编制生产计划时就必须考虑到自身的生产能力与上游企业的要求相匹配。

（2）**生产控制** 物流企业的生产协调控制包括以下 4 个方面的内容。

1）生产进度控制。物流企业的生产进度控制是供应链环境下的进度控制。与传统生产模式的进度控制不同，许多环节是协作完成的和转包的业务，与传统的企业内部的进度控制比较，其控制的难度更大，必须建立一种有效的跟踪机制进行生产进度信息的跟踪和反馈。因此必须研究解决供应链企业之间的信息跟踪机制和快速反应机制。

2）供应链的生产节奏控制。供应链的同步化计划需要解决供应链企业之间的生产同步化问题，只有各供应链企业之间以及企业内部各部门之间保持步调一致时，供应链的同步化才能实现。供应链形成的准时生产系统，要求上游企业准时为下游企业提供必需的零部件。如果供应链中任何一个企业不能准时交货，都会导致供应链不稳定或中断，导致供应链对用户的响应性下降。因此，物流企业作为供应链中的核心单位，其生产节奏控制对供应链的敏捷性有十分重要的作用。

3）提前期管理。供应链环境下的生产控制中，提前期管理是实现快速响应用户需求的有效途径。缩小提前期，提高交货期的准时性是保证供应链获得柔性和敏捷性的关键。因此，建立有效的供应链提前期的管理模式和交货期的设置系统是物流企业生产控制中值得研究的问题。

4）库存控制管理。在供应链管理模式下，实施多级、多点和多方管理库存的策略，对提高供应链环境下的库存管理水平和降低制造成本有着重要意义。基于 JIT 的供应与采购、供应商库存管理和联合库存管理等都是供应链库存管理的新方法，对降低库存都有重要作用。因此，建立供应链管理环境下的库存控制体系和运作模式对提高供应链的库存管理水平有重要作用，是物流企业生产控制的重要手段。

3. 物流环节的管理

这里主要是指物品流动环节的管理，主要内容包括以下几方面。

（1）**运输管理** 运输管理即运输方式及服务方式的选择、运输路线的选择和车辆调度与组织等。

（2）**储存管理** 储存管理即原料、半成品和成品的储存策略、储存统计、库存控制和商品养护等。

（3）**装卸搬运管理** 装卸搬运管理即装卸搬运系统的设计、设备规划与配置和作业组织等。

（4）**包装管理** 包装管理即包装容器和包装材料的选择与设计、包装技术和方法的改进、包装系列化、标准化和自动化等。

（5）**流通加工管理** 流通加工管理即加工场所的选定、加工机械的配置、加工技术与方法的研究和改进；加工作业流程的制定与优化。

（6）**配送管理** 配送管理即配送中心选址及优化布局、配送机械的合理配置与调度、配送作业流程的制定与优化。

（7）**物流信息管理** 物流信息管理主要是指对反映物流活动内容的信息、物流要求的信息、物流作用的信息和物流特点的信息所进行的搜集、加工、处理、存储和传输等。信息管理在物流管理中的作用越来越重要。

（8）**客户服务管理** 客户服务管理例如调查和分析顾客对物流活动的反映，决定顾客所需要的服务水平和服务项目等。

4. 需求预测

任何企业都以满足市场需求为目的，物流企业也不例外，它同样以满足市场需求为最终目的。而满足需求往往是从需求预测开始。需求预测一般分为季节性需求、周期性需求、趋向性需求和随机性需求预测。

季节性需求主要是指需求量随季节的转换而发生较大的变化。物流市场中，有些物流需求具有明显的季节特征，例如农产品物流需求。

周期性需求主要是指需求量随时间的推移而呈现周期性的变化。对物流市场需求的周期性影响主要来自于经济发展的周期、国际环境的改变以及政治变革等。

趋向性需求主要是指需求量随时间的推移而朝着某一个方向有规律地运动，没有出现较大的剧烈波动，它具有较为明确的发展方向和稳定的变化幅度。

随机性需求主要是指需求量由于需求的偶然变动而呈现无规则的变化趋势。一般在随机性需求中，各期的需求量差别较大。

各种需求的预测方法参见第二章市场预测的相关内容。而随机性需求预测一般是将总需求中的那些已经知道原因的需求因素剔除以后（如剔除季节性需求、周期性需求和趋向性需求等），剩下的无法解释的那部分作为随机性需求。

第二节　物流企业的生产计划与控制

物流企业的生产计划是在供应链环境下的生产计划，是一种以顾客化的需求驱动顾客化的生产计划。其编制方法是基于传统企业生产计划编制方法的基础上，强调充分了解用户需求，保证与供应商在经营上协调一致，信息共享与集成。因此，本节先介绍传统企业生产计划的编制，以此为基础，再介绍在供应链环境下的生产计划的特殊性。

一、传统企业的生产计划编制

传统企业生产计划的编制包括生产计划指标的确定、产品生产进度的安排和生产作业计划的编制与控制。

1．生产计划指标的确定

生产计划的主要指标有产品品种指标、产品质量指标、产品产量指标和产值指标（包括商品产值、总产值和净产值）。以实物表现的产品数量指标是各项指标计算的基础，各项产值指标是企业生产成果的综合反映。企业编制生产计划时，应先安排产品品种、质量与产量，然后再计算产值，防止不落实的产值指标。

在以销定产的情况下，编制生产计划不仅要考虑企业的生产能力和物资的供应情况，还要考虑市场需求情况和经济存货量。做到既能满足需要不脱销，又不积压过多，讲求经济效益。为此生产计划指标的确定包括以下几个步骤。

步骤一：调查研究，摸清企业生产的外部条件，即了解社会对企业产品的需求情况和物资供应情况。

步骤二：企业内部各种生产条件的分析，即对企业上期生产计划及其他计划的完成情况、已签订合同和销售预测情况、职工的思想状况和劳动状况、职工人数和各工种比例构成、机械设备的数量、比例构成及完好情况、生产技术准备工作情况、各种物资的库存情况和在制品数量等进行分析。

步骤三：试算平衡，确定生产计划指标，即进行企业与外部的协调平衡（供、产、销的平衡）、企业内部的平衡（人、财、物的平衡）和各项指标之间的平衡。

2．产品生产进度的安排

企业编制生产计划时，要将全年的生产任务具体分配到各个季度和各个月份，确定出计划年度内产量增加的动态和不同时期产品生产的先后次序。这是生产计划工作的一项重要内容。在不同生产类型企业中，产品生产进度的安排是各不相同的。

（1）**大批大量生产企业产品生产进度的安排** 大批大量生产企业产品生产进度的安排主要是指确定全年任务的每季、每月的平均日产量。其安排方式有平均分配、分期（季）递增、小幅度（月）连续增长和抛物线递增分配等。

（2）**多品种成批生产企业产品生产进度的安排** 多品种成批生产企业产品生产进度的安排不仅要解决产量的分配，而且要考虑产品品种的搭配。品种搭配是安排产品生产进度的关键。对于经常生产而批量较大的主要产品尽可能采取细水长流的方式；对于批量较小的产品，在保证完成品种指标与履行合同的前提下，尽可能组织同类型产品集中生产，以减少同时生产的品种数；对于新产品、精密产品和需要关键设备、关键工种的产品，应尽量均匀分布，分期分批交错安排；对新老产品上下场要有一定交叉时间，避免齐上齐下；对计划年度第 4 季度的生产任务应留有余地，特别是 12 月份应更少些，并为下年度生产技术准备工作创造条件。

（3）**单件小批生产企业产品生产进度的安排** 一般按订货合同组织生产。先安排已明确了的生产任务，尚未明确的生产任务按概略计算单位（吨、台等）作初步安排，粗略地分配各季和各月的任务，待各项订货具体落实后再加以具体化。在品种上也应合理搭配，使设备和劳动力保持均衡负荷。

3．生产作业计划与控制

生产作业计划就是把生产计划中规定的月度生产任务以及临时的生产任务，按月、旬、周、日、轮班以至小时，具体、合理地分配到每个车间、工段、班组以致每个工作地和个人，并按日历顺序安排生产进度。生产作业计划是联系企业各个生产环节、组织日常生产活动、建立正常生产秩序、保证均衡生产、取得良好经济效果和调动职工积极性的重要手段。

（1）**生产作业计划的编制方法** 生产作业计划的编制，按生产类型的不同，可采用下列不同的编制方法。

1）在制品定额法。这种方法主要适用于大批大量生产类型。它是运用在制品定额与预计的期初在制品结存量进行比较，使期末在制品数量保持在定额水平上，按反工艺顺序，从产品出产的最后一个车间开始，逐个往前推算确定各车间的生产任务（投入量和生产量）。

2）提前期法。这种方法适用于成批生产类型。它是将预先制定的提前期转化为提前量，据此按反工艺顺序推算出各车间在计划期应达到的投入和出产累计号数，然后减去各车间在上期已投入和出产的累计号数，求得各车间本计划期应该完成的投入量和出产量。

3）生产周期法。这种方法适用于单件小批生产类型。它是根据各项订货的交货期要求和预先制定生产周期标准，通过制定各种产品的生产周期进度表和编制全厂各种产品投入和产出综合进度计划表，来规定各车间投入和产出任务。

4）订货点法。订货点法适用于各种生产类型企业中的自制通用件和标准件车间的生产任务。它是按订货点来确定计划任务。这种方法的关键在于确定一个合适的订货点。（在本章第四节中详细介绍）

（2）**生产作业控制**　生产作业控制是指在生产作业计划执行过程中，对有关产品生产的数量和进度方面的控制。它主要包括投产前控制、生产过程控制以及生产调度工作等内容。

1）投产前控制。投产前控制是指控制投产，这是生产作业控制的首要环节。应着重抓好投产前的生产准备工作，即要以生产作业计划为依据，检查控制投产前的各项准备工作，将这些工作逐项落实才能投产。检查控制投产前准备工作的内容主要包括检查原材料及其他各项物资的准备情况；检查生产设备的准备情况；检查劳动力的准备情况；检查技术文件的准备情况等。

2）生产过程控制。生产过程控制是指对原材料投入生产到制成成品入库为止的全过程所进行的控制。这既要从时间上又要从数量上来控制生产进度。它对于按时按量投入生产和出产产品、保证生产过程中各个环节的紧密衔接和做到均衡生产是十分有效的手段。

从时间上来控制生产进度，一般包括投入进度控制、出产进度控制和工序进度控制。投入进度控制是指对各种原材料、半成品投入日期和投入数量的控制，要求做到按计划投入。出产进度控制是指对产品的出产日期、出产数量、出产均衡性以及出产品种等的控制。工序进度控制是指对产品在生产过程中经过的每道加工工序的进度所进行的控制。

生产进度的数量控制是指从某一“时点（日）”各生产环节结存在制品、半成品的品种和数量大小的变化来掌握和控制生产进度。这样既能通过控制在制品和半成品的数量掌握生产进度，又能管好在制品和半成品。

3）生产调度工作。生产调度工作是指对执行生产作业计划过程中可能出现的偏差及时了解、掌握、预防和处理，保证整个生产活动协调进行。主要内容包括控制生产进度和在制品流转；督促做好生产准备和生产服务工作；检查生产作业计划的执行情况、物资供应及设备运行状况；组织各部门和各生产环节之间的衔接配合；做好生产完成情况的检查、记录和统计分析工作等。

二、供应链管理环境下物流企业生产计划与控制

1. 供应链管理环境下对生产计划和控制的要求

供应链是一个跨越多厂家和多部门的网络化组织，一个有效的供应链企业计划系统必须保证企业能快速响应市场需求。有效的供应链计划和控制系统集成企业所有的计划和决策业务，包括需求预测、库存计划、资源配置、设备管理、渠

道优化、生产作业计划和物料需求与采购计划等。供应链是由不同的企业组成的企业网络，有紧密型的联合体成员、有协作型的伙伴企业和有动态联盟型的战略伙伴。作为供应链的整体，应以核心企业为龙头，把各个参与供应链的企业有效地组织起来，优化整个供应链的资源，以最低的成本和最快的速度生产最好的产品，最快地满足用户需求，以达到快速响应市场和用户需求的目的。这是供应链环境下对生产计划和控制的最基本的要求。

2. 供应链管理环境下生产计划的制订

在供应链管理下，企业的生产计划编制过程有了较大的变动，在传统企业的生产计划制订的基础上增添了新的特点。

（1）**具有纵向和横向的信息集成过程** 这里的纵向是指供应链由下游向上游的信息集成，而横向是指生产相同或类似产品的企业之间的信息共享。

（2）**丰富了能力平衡在计划中的作用** 在通常的概念中，能力平衡只是一种分析生产任务与生产能力之间差距的手段，再根据能力平衡的结果对计划进行修正。在供应链管理下制订生产计划过程中，能力平衡发挥了以下作用。

1）为修正主生产计划和投入产出计划提供依据，这也是能力平衡的传统作用。

2）能力平衡是进行外包决策和零部件（原材料）急件外购的决策依据。

3）在主生产计划和投入产出计划中所使用的上游企业能力数据，反映了其在合作中所愿意承担的生产负荷，可以为供应链管理的高效运作提供保证。

4）在信息技术的支持下，对本企业和上游企业能力状态的实时更新使生产计划具有较高的可行性。

（3）**计划的循环过程突破了企业的限制** 在企业独立运行生产计划系统时，一般有三个信息流的闭环，而且都在企业内部。

1）主生产计划→粗能力平衡→主生产计划。

2）投入产出计划→能力需求分析（细能力平衡）→投入产出计划。

3）投入产出计划→车间作业计划→生产进度状态→投入产出计划。

在供应链管理下生产计划的信息流跨越了企业，从而增添了以下新的内容。

1）主生产计划→供应链企业粗能力平衡→主生产计划。

2）主生产计划→外包工程计划→外包工程进度→主生产计划。

3）外包工程计划→ 主生产计划→ 供应链企业生产能力平衡→ 外包工程计划。

4）投入产出计划→供应链企业能力需求分析→投入产出计划。

5）投入产出计划→上游企业生产进度分析→投入产出计划。

6）投入产出计划→车间作业计划→生产进度状态→投入产出计划。

需要说明的是，以上各循环中的信息流都只是各自循环所必需的信息流的一部分，但可对计划的某个方面起决定性的作用。

3．供应链管理环境下生产计划与控制总体模型及其特点

供应链管理环境下的生产计划与控制总体模型，如图 3-1 所示。

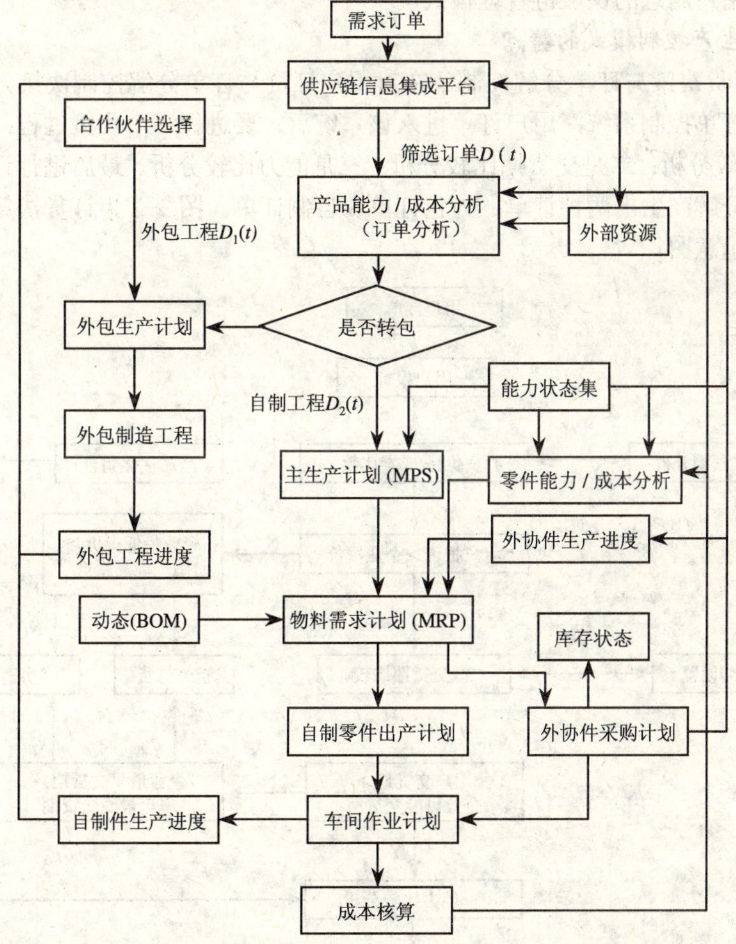

图 3-1 供应链环境下的集成生产计划与控制总体模型

（1）**生产计划的特点**

1）本模型在 MRPⅡ系统中提出了基于业务外包和资源外用的生产决策策略和算法模型，使生产计划与控制系统更适应以顾客需求为导向的多变的市场环境的需要。生产计划控制系统更具灵活性与柔性，更能适应订货型企业（MTO 企业）的需要。

2）本模型把成本分析纳入了生产作业计划决策过程中，真正体现以成本为

核心的生产经营思想。而传统的MRPⅡ系统中虽然有成本核算模块，但仅仅是用于事后结算和分析，并没有真正起到成本计划与控制的作用，这是对MRPⅡ系统的一个改进。

3）该模型的生产计划与控制系统充分体现了供应链的管理思想，即基于价值增值与用户满意的供应链管理模式。

（2）**生产控制模式的特点**

1）订货决策与订单分解控制。在对用户订货与订单分解控制决策方面，模型设立了订单控制系统，用户订单进入该系统后，要进行三个决策过程：一是价格/成本比较分析；二是交货期比较分析；三是能力比较分析。最后进行订单的分解决策，分解产生出两种订单：外包订单和自制订单。图3-2为订货决策与订单分解控制示意图。

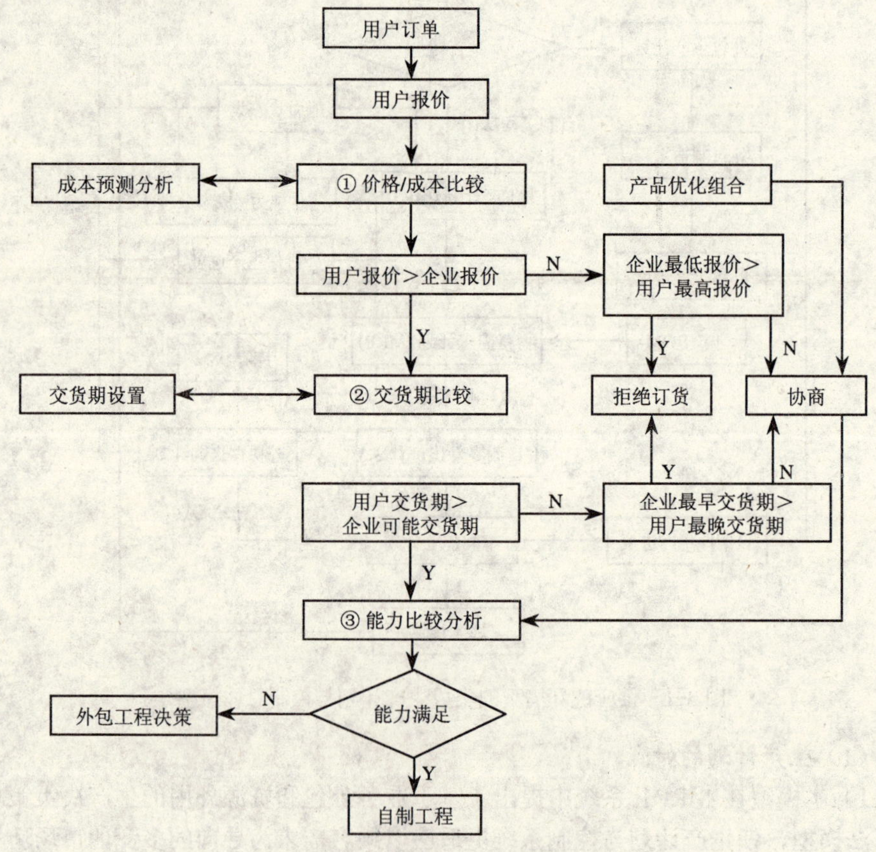

图3-2　订货决策与订单分解流程图

2）面向对象的、分布式和协调生产作业控制模式。从宏观上讲，企业既是信息流、物流和资金流的始点，也是三者的终点。企业对象由产品、设备、材料、人员、订单、发票和合同等各种对象组成。企业之间最重要的联系纽带是“订单”，企业内部及企业间的一切经营活动都是围绕着订单而运作。通过订单驱动其他企业活动，如采购部门围绕采购订单而动，制造部门围绕制造订单而动，装配部门围绕装配订单而运作，这就是供应链的订单驱动原理。

面向对象的生产作业控制模式从订单概念的形成开始，就考虑了物流系统各目标之间的关系，形成面向订单对象的控制系统。订单在控制过程中，主要完成以下任务：一是对整个供应链过程（产供销）进行面向订单的监督和协调检查；二是规划一个订单工程的计划完成日期和完成工作量指标；三是对订单工程对象的运行状态进行跟踪监控；四是分析订单工程的完成情况，与计划进行比较分析；五是根据顾客的需求变化和订单工程的完成情况提出切实可行的改进措施。

4. 供应链环境下生产系统的协调机制

（1）**供应链的协调控制机制**　要实现供应链的同步化运作，需要建立一种供应链的协调机制。协调供应链的目的在于使信息能无缝地、顺畅地在供应链中传递，减少因信息失真而导致过量生产和过量库存现象的发生，使整个供应链能根据顾客的需求而步调一致，也就是使供应链获得同步化响应市场需求的变化。

供应链的协调机制有两种划分方法。根据协调的职能可划分为两类：一类是不同职能活动之间的协调与集成，如生产—供应协调、生产—销售协调、库存—销售协调等协调关系；另一类是根据同一职能不同层次活动的协调，如多个工厂之间的生产协调。根据协调的内容划分，供应链的协调可划分为信息协调和非信息协调。

（2）**供应链的信息跟踪机制**　供应链各个代理之间的关系是服务与被服务的关系，服务信号的跟踪和反馈机制可使企业生产与供应关系同步进行，消除不确定性对供应链的影响。因此，应该在供应链系统中建立服务跟踪机制，以降低不确定性对供应链同步化的影响。

供应链的服务跟踪机制提供供应链两方面的协调辅助：信息协调和非信息协调。信息协调主要通过企业之间生产进度的跟踪与反馈来协调各个企业的生产进度，保证按时完成用户的订单，及时交货；非信息协调主要指完善供应链运作的实物供需条件，采用 JIT 生产与采购、运输调度等。

供应链企业在生产系统中使用跟踪机制的根本目的是保证对下游企业的服务质量。在企业集成化管理的条件下，跟踪机制才能够发挥其最大的作用。跟踪机制在企业内部表现为客户（上游企业）的相关信息在企业生产系统中的渗透。其中，客户的需求信息（订单）成为贯穿企业生产系统的一条线索，成为生产计划、生产控制、物资供应相互衔接和协调的手段。

第三节 物流企业运输管理

运输是物流企业（特别是运输型物流企业）的主要功能要素之一。运输技术是物流技术的重要组成部分，而且占据中心地位，物流企业应重视运输管理工作。

一、物流企业货物运输的运作形式

在物流企业的货物运输的运作过程中，因所运货物的类型或批量不同，其具体运作形式也会不同。常见货物运输的运作形式有：包裹运输、零担运输、整车运输、散货运输、超大货物运输、危险货物运输和项目货物运输等几种运作形式。

1．包裹运输

包裹运输具有门到门运输的特点，通常客户只需将包裹送到包裹公司遍及各地的营业点，填写一张委托单，就可将包裹运到指定的地点，通常各包裹公司对包裹的重量及体积有一定限制。包裹运输服务除普通包裹运输服务外，还包括快递服务。快递服务对包裹一般也有一定要求，但随着快递行业竞争加剧，各公司为吸引客户，对包裹的大小要求有所放松，提供的业务种类也越来越多，包括门/桌到门/桌、加快服务、专人专递和预约服务等。

2．零担运输

零担运输的货物较包裹运输的货物体积和重量更大，通常重量从几十公斤到几百公斤不等。这些货物体积较大，通常需要专门的搬运装卸工具来搬运，但货物的数量往往不足以装满一载货汽车，与整车运输相比，其货物特点是小批量、单位价值高和时效性较强。物流企业常将多个零担托运人的货物拼在一起进行运输。

3．集中托运

集中托运是指将几个托运人从同一发运地发往同一目的地的几个收货人、单独托运的小件货物集中起来进行托运。

4．整车运输

当须运输的货物数量较大，可以装满一载货汽车（或火车车厢、集装箱和飞机机舱）时，就可以采用整车运输的运作方式。一般而言，整车运输的单位运输成本比零担运输要低。

5．散货运输

散货是没有具体形状和特定包装的货物。散货可以使用载货汽车、火车、船舶和管道等多种方式进行运输。在运输过程中，散货的搬运需使用专用设备，如气泵、挖斗和传送带。散货的体积因包装或容器而变化，在运输过程中，是否能最大程度地利用货舱，节约成本，取决于其具体包装和容器。

6．项目货物运输

项目货物运输是专门为完成一个大项目需要的所有货物所进行的运输。例如，为建设水电站运输的发电设备和为建设炼油厂运输的管道设备等。项目货物运输所涉及的货物种类繁多并常常涉及国际运输，其运输线路、方式、单据和运输关系方也繁多复杂，并且承运人通常派专人对该类货物进行专项管理。

7．超大货物运输

超大货物是指重量或体积超过正常标准的货物。精心选择运输工具和路线是成功运输超大货物的关键，有时可能还需要与途经的公路、铁路管理部门进行协商。

8．危险品运输

危险品是可能对运输设备、其他货物、人与环境造成潜在危害的货物。例如，易爆、易燃物品、剧毒品、放射性物品及需控温的有机过氧化物等。无论用何种方式进行运输，都需要注意各种限制条件。通常，危险品运输需要使用专用设备，采用特殊的运输包装。在运输过程中，首要考虑的是运输安全问题。

二、物流企业运输管理

物流企业运输管理是一项复杂、细致和富有挑战性的工作。其关键是遵循其固有的规模经济原则和距离经济原则的基础上，认真做好货运业务的组织管理工作和车辆运行的组织管理工作，实施合理运输。

1．物流企业运输管理的原则

物流企业运输管理应遵循的两条基本原则是规模经济原则和距离经济原则。

（1）**规模经济原则**　规模经济的特点是随着装运规模的增长，使每单位重量的运输成本下降。例如，整车装运（即车辆满载装运）的每磅成本低于零担装运（即利用部分车辆能力进行装运)。铁路或水路之类运输能力较大的运输工具其每单位重量的费用要低于诸如汽车或飞机之类运输能力较小的运输工具。运输规模经济之所以存在，是因为有关的固定费用可以按整批货物的重量分摊。有关的固定费用包括运输订单的行政管理费用、运输工具投资以及装卸费用等。规模经济使得货物的批量运输显得合理。

（2）**距离经济原则**　距离经济的特点是每单位距离的运输成本随运输距离的增加而减少。距离经济的合理性类似于规模经济，尤其体现在运输装卸费用上的分摊。距离越长，可使固定费用分摊后的值越小，导致每单位距离支付的总费用很小。

2．物流企业运输管理的内容

物流企业运输管理涉及的内容比较多，核心内容主要包括货运业务组织管理和车辆运行组织管理两个方面，其中货运业务组织管理包括包裹运输业务组织管理、零担运输业务组织管理、整车运输业务组织管理、散货运输业务组织管理、超大货物运输业务组织管理、危险货物运输业务组织管理和项目货物运输业务组织管理等内容，而且每项具体业务的组织管理工作又具体分为站务工作管理、货物装卸管理、运输单据管理及商务事故的协调处理等内容。具体内容请参考《物流运输组织与管理》一书。

3．物流运输合理化

（1）**物流运输合理化的意义** 物流运输合理化的意义体现在以下几方面。

1）物流运输合理化，可以充分利用运输能力，提高运输效率，促进各种运输方式的合理分工，以最小的社会运输劳动耗费，及时满足国民经济的运输需要。

2）物流运输合理化，可以使货物走最合理的路线，经最少的环节、以最快的时间、取最短的里程到达目的地，从而加速货物流通，既可及时供应市场，又可降低物资部门的流通费用，加速资金周转、减少货损货差，取得良好的社会效益和经济效益。

3）物流运输合理化，可以消除运输中的种种浪费现象，提高商品的运输质量，充分发挥运输工具的效能，节约运力和劳动力。否则，将因不合理运输造成大量人力、物力和财力浪费，而这都相应地转移和追加到产品中去，人为地加大了产品的价值量，提高了产品价格，从而增加了需求方的负担。

（2）**决定合理运输的5个要素**

1）运输距离。运输里程的长短是决定合理与否各因数中最基本的因数。应尽可能就近运输，避免舍近求远，浪费运输吨公里。所以要尽量避免过远、迂回运输。

2）运输环节。围绕着运输业务活动，还要进行装卸、搬运和包装等工作，每多一道环节，需多花费很多劳动。因此，应尽量组织直达、直拨运输，使货物越过一切不必要的中间环节，减少二次运输。

3）运输工具。要根据不同货物的特点，发挥各种运输工具的优势，最大限度地发挥运输工具的特点和作用，同时还要不断提高装载技术。

4）运输时间。“时间就是金钱，速度就是效益”，运输不及时，容易失去销售机会，造成商品积压或脱销，尤其是国际贸易市场瞬息万变，时间的节省尤其重要。因此，应加速运输工具的周转，充分发挥运力效能，提高运输线路的通过能力。

5）运输费用。运费是衡量运输经济效益的一项重要指标，也是组织合理运输的主要目的之一。运输费用的高低，不仅关系到企业的经济效益，影响到商品的销售成本，同时也会影响整个物流系统的竞争能力。

以上5个要素，既相互联系，又互相影响，有时甚至是矛盾的。这就要求运输部门进行综合比较分析，选择最佳运输方案。在通常情况下，运输时间短、运输费用省，是考虑合理运输的两个主要因素。它集中体现了运输的经济效益。

（3）**不合理运输的表现形式**　不合理运输也称为不当运输。不当运输是指在各运输方式间或在同一运输方式线路上，发生相同或可替代产品的对流或相向运输、重复运输以及过远运输、迂回运输和违反各种运输合理分工原则而造成不必要的货物周转或装卸工作量，浪费运力，增加运输费用的运输。

1）对流运输。这是不合理运输量中最突出、最普遍的一种。对流运输是指同类的或可以相互替代的货物相向运输。对流运输有明显的和隐蔽的两种，明显对流是指当同类的货物沿着同一线路相向运输；隐蔽对流是指当同类货物由不同运输方式的平行线路上进行的相反方向的运输。

2）迂回运输。迂回运输是指货物从发送地至目的地不按最短线路而绕道运输，也就是常说的“近路不走走远路”。

3）重复运输。重复运输是指同一批货物由生产地运至消费地后，不经过任何加工或必要的作业，又重新装车运往其他地的现象。这将造成流转过程中多余的中转和倒装。

4）倒流运输。倒流运输是指同一批货物或同一批中的一部分货物，由始发站运至到达站，又从到达站往始发站方向运输。

5）过远运输。过远运输是指凡是可以从附近取得所需物资的供应而不去就近组织，相反却从较远的地方运来，从而造成不必要的浪费。即通常说的在相同条件下的“舍近求远”。

6）无效运输。无效运输是指被运输的货物杂质较多，使运输能力浪费于不必要的物资运输。

（4）**组织合理运输的措施**

1）合理地选择运输方式。各种运输方式都有着各自的适用范围和不同的技术经济特征，选择时应进行比较和综合分析。首先要考虑运输成本的高低和运行速度的快慢；甚至还应考虑商品的性质、数量的大小、运距的远近、货主需要的缓急及风险程度。

2）合理地选择运输工具。根据不同商品的性质、数量选择不同类型、核定吨位及对温度、湿度等有要求的车辆。

3）正确地选择运输路线。运输路线的选择，一般应尽量安排直达、快速运输，尽可能缩短运输时间。否则可安排沿路或循环运输，以提高车辆的容积利用率和车辆的里程利用率，从而达到节省运输费用和节约运力的目的。

4）提高货物包装质量并改进配送中的包装方法。货物运输线路的长短，装卸操作次数的多少都会影响到商品的完好，所以应合理地选择包装物料，以提高包装质量。另外，有些商品的运输线路较短，且要采取特殊的放置方法（如烫好的衣服应垂挂），则应改变相应的包装。货物包装的改进，对减少货物损失、降低运费支出和降低商品成本有明显的效果。

5）提高车船技术装载量。提高车船装载技术和质量，一方面是最大限度地利用车船载货吨位；另一方面是充分利用车船装载容积，既要装足车船核定吨位，又要装满车船容积。主要做法是：根据货物的不同属性选择适合装运的车船；对所装的货物实行轻重搭配，这样既能装满车船容积，又可避免车船超载；在保证货物质量和运输安全的前提下，尽量压缩物品包装体积，使用标准包装尺寸和标准包装模数等，使装载容积充分利用；对各种不同特点的货物实行科学装载，要巧装密摆，做到码得稳、间隙小。还要注意货物安全，做到大不压小、重不压轻和木箱不压纸箱等。

6）推广先进实用的运输技术方式。集装箱运输、冷藏运输和特种运输等先进实用的运输技术方式，在近年都有很大发展，应进一步推广运用。

第四节　物流仓储管理

仓储管理是物流企业（特别是仓储型物流企业）管理的核心内容之一。仓储管理的核心目标是提高仓库的运作效率，以达到降低物流成本和提高企业经济效益的目的。

一、物流企业仓储管理概述

仓储管理是指对仓库及仓库内的物资所进行的管理，是仓储机构为了充分利用所具有的仓储资源提供高效的仓储服务所进行的计划、组织、协调和控制过程。具体来说，仓储管理包括仓储资源的获得、经营决策、商务管理、作业管理、仓储保管、安全管理、人事劳动管理和经济管理等一系列管理工作。

1．仓储管理的任务

（1）**利用市场经济手段获得最优的仓储资源配置**　其中具体任务包括：根据市场供求关系确定仓储建设；依据竞争优势选择仓储地址；以生产差别产品决定仓储专业化分工和确定仓储功能；以所确定的功能决定仓储布局；根据设备利用率决定设备配置等。

（2）**以不断满足社会需要为原则开展仓储商务活动**　仓储商务活动是仓储生存和发展的关键工作，是物流企业经营收入和仓储资源充分利用的保证。从功能上来说，商务管理是为了实现收益最大化，其途径是以不断地满足社会需要为原则开展仓储商务活动。

（3）**以高效、低耗为原则组织仓储生产**　仓储生产包括货物验收入库、堆存、出库作业，以及理货交接和在仓储期间的保管照料、质量维护和安全防护等。在仓储生产的过程中应遵循高效、低耗的原则，充分利用机械设备、先进的保管技术和有效的管理手段，实现仓储快进、快出，提高仓储利用率，降低成本，避免差、错、损事故，保持连续、稳定的生产。

（4）**提高员工素质，以优质的服务建立企业形象**　没有高素质的员工队伍，就没有优秀的企业。仓储管理的一项重要工作就是不断提高员工素质，通过系统培训和严格考核，使其熟练掌握各种工作技能，为企业服务对象提供优质服务，建立良好的企业形象，适应现代物流的发展。

（5）**通过制度化和科学化手段不断提高管理水平**　仓储管理要根据企业经营目的的不同、社会需求的变化，制定出一整套完善的、科学的管理制度实施于企业，并在实践中不断补充、修正和完善，使企业管理水平在实践中不断提高。

2．仓储管理的基本原则

（1）**效益原则**　企业生产经营的目的就是为了追求利润最大化，实现利润最大化，需要做到经营收入的最大化和经营成本的最小化。仓储管理活动中各项耗费则构成了仓储成本，仓储成本的高低直接影响着企业的经济效益。因此，仓储管理的基本原则应是在满足客户需求的同时，实现成本最低、效益最大。

（2）**效率原则**　效率是指在一定劳动要素投入量时的产品产出量。高效率是现代生产的基本要求。仓储管理的核心就是效率管理，仓储管理的效率表现为仓容利用率、货物周转率、进出库时间和装卸车时间等指标上，即“快进、快出、多存储、保管好”的高效率仓储。

（3）**服务原则**　仓储活动本身就是向社会提供服务产品。服务是贯穿在仓储中的一条主线，仓储管理中的所有活动都要围绕着服务来定位。同时，仓储的服务水平与仓储经营成本有着密切的相关性，两者互相对立。服务水平高，则成本高。仓储管理应在降低成本和提高服务水平之间寻求最佳的平衡点。

二、仓储服务的功能

物流企业所提供的仓储服务以及所应具备的仓储功能应能体现出客户所获得的经济利益和服务利益。仓储服务的功能主要表现在以下几方面。

1．整合装运

整合装运是指仓库接收来自一系列制造工厂指定送往某一特定顾客的材料，然后把他们整合成单一的一票装运，这种方法有利于实现最低的运输费率，并减少在某一顾客的收货站台处发生拥塞。该仓库可以把从制造商到仓库的内向转移和从仓库到顾客的外向转移都整合成更大的装运，如图 3-3 所示。

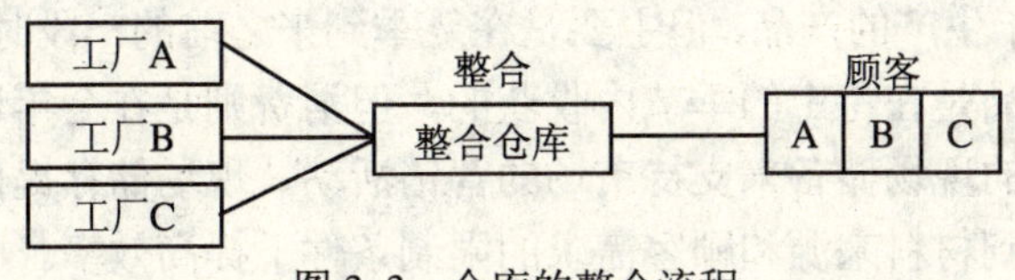

图 3-3　仓库的整合流程

2. 分类和交叉站台

分类和交叉站台的仓库作业和整合仓库作业相类似，只是不对产品进行储存。分类作业接收来自制造商的顾客组合订货，并把他们装运到个别的顾客那里，如图 3-4 所示。

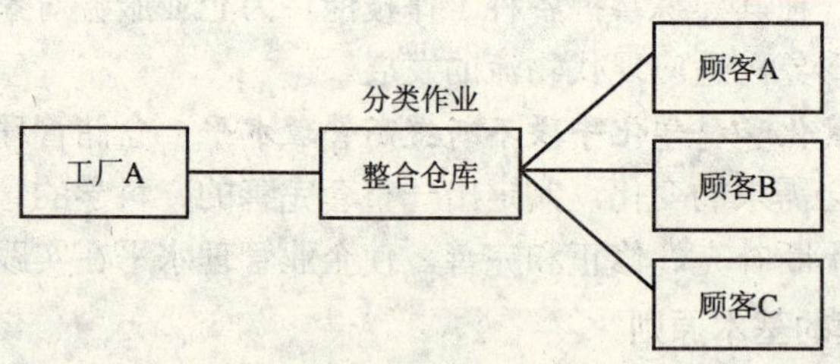

图 3-4 分类的作业流程

交叉站台也具有类似的功能。一般情况下，零售连锁店的配送中心广泛地采用交叉站台作业来补充快速转移的商店存货。零售业对交叉站台的应用如图 3-5 所示。

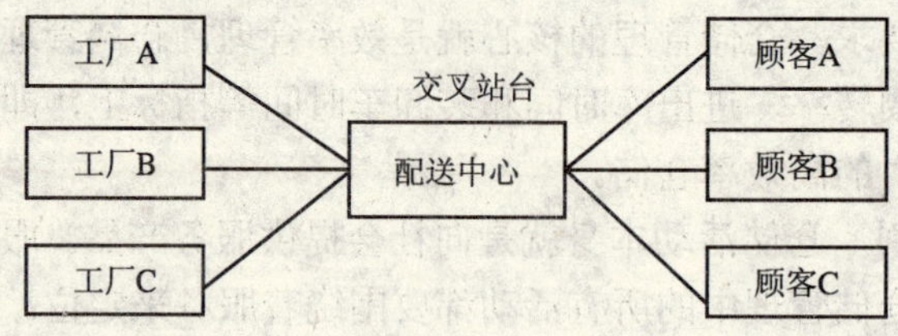

图 3-5 零售业对交叉站台的应用

3. 加工/延期

仓库还可以通过承担加工或参与少量的制造活动，被用来延期或延迟生产。具有包装能力或加贴标签能力的仓库可以把产品的最后一道工序一直推迟到该产品有需求时为止。例如产品在制造商处加工后，可以在仓库中暂存，一旦接到顾客的具体订单，仓库就能给产品贴上标签，完成最后一道加工，并最后敲定包装。这样既可以使商品风险最小化，又可以降低存货水平。

4. 现场储备

由于某些商品具有非常明显的季节性特征，使得仓储服务的经济利益更加显著。如空调是全年生产的产品，但主要是在夏季到来之前的一段时间内大量销售；与此相反，农产品是在特定的季节内收获的，但消费则是在全年进行的。这两种情况都需要仓库的现场储备来支持市场的营销活动，现场储存提供了存货缓冲，使生产活动在受到材料来源和顾客需求的限制条件下提高效率。

5．市场形象

尽管市场形象利益不像其他经济利益或服务利益那样明显，但是它常常被顾客看做是地方仓库的一个主要优点。地方仓库比起距离更远的仓库来，对顾客的需求反应更敏捷，提供的递送服务也更快，并由此可能带来市场份额的提高和利润的增加。

三、仓库作业原理

物流企业所提供的仓储服务已为制造商和顾客作出许多贡献，并以不断推出的增值服务使本企业从中受益。那么，如何保持物流企业的这种双赢优势，遵循仓库设计的基本原理是非常关键的。

1．设计标准

仓库的设计标准体现了实际的仓库设施特征和储存产品运动。在设计过程中要考虑的三个因素分别是设施中的楼层数、利用高度以及产品流程。

理想的仓库设计被限制在单一楼层，这样一来，储存产品就不必上下移动，因为利用电梯将储存产品从一个楼层搬移到另外一个楼层费时费力。此外，电梯往往也是产品流程中的一个瓶颈地带。尽管仓库被限制在单一楼层这种可能性一般不大，特别是商业中心地区，土地有限、地价昂贵，但仍尽可能减少楼层数。

不管仓库设施规模如何，仓库设计应尽可能利用每一楼层最大允许使用的高度，最大限度地利用有效的立体空间。现代的自动化多层仓库设施可以利用的有效高度达100ft，普通仓库的高度一般在20～30ft。通过使用高层货架或其他硬件设施，可以将产品存放到建筑物的最高限度。但要注意考虑到诸如叉式升降机之类的材料搬运设备的安全升降能力的限制，以及由架空的喷水系统强制实施的防火安全规章的限制。

仓库设计在考虑储存产品的流程时，不论是否存放货物，都应该使产品能够直接在整个仓库设施中流动。一般说来，这种要求意味着仓储作业应在仓库建筑物的一端接收产品，将其存放在中间，然后在另一端进行装运。图3-6所示的为典型的直线式产品流程的仓库设计，它可以使仓库的拥塞和混乱降到最低程度。

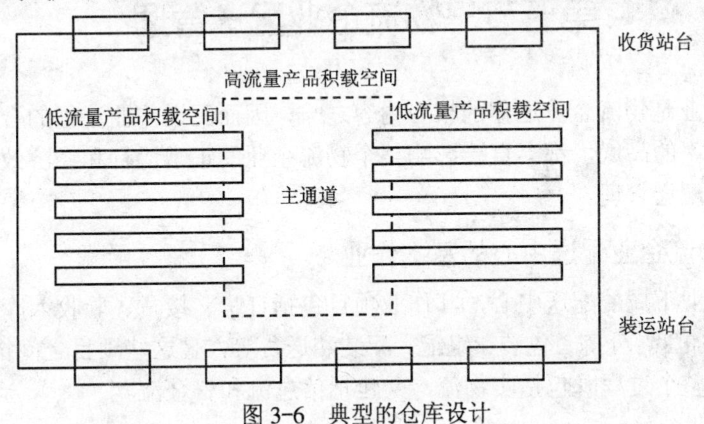

图3-6　典型的仓库设计

2．搬运技术

从搬运技术的效果和效率角度，一般应考虑移动连续性和移动规模经济。

移动连续性意味着用一辆材料搬运机或一部材料搬运设备进行更长时间的移动，比起用几辆搬运机对同样的移动做许多次单独的、短距离的分割移动来，将要好得多。可以想象，在搬运机之间交换产品或将产品从一件设备转移到另一件设备上去，将会浪费作业时间和增加货物损坏的可能性。因此，一般说来，在仓库中首选的是次数更少但距离更长的移动。移动规模经济是指所有的仓库活动要尽可能搬运和移动最大的数量。仓库活动应旨在移动诸如托盘或集装箱之类的成组货物，而不是移动单票货物。这种成组或成批的货物移动意味着有可能要在同一时间内必须移动或选择多种产品或订货。尽管这种做法必须考虑多种产品或多种订货，有可能增加单票货物移动的复杂性，但使用这种原理可以减少大量的活动，并因此降低仓储成本。

3．积载计划

在确定仓库的积载计划时，主要关心的问题是产品流量。一般说来，销售量高的或吞吐量大的产品应该在对它们进行移动时距离最短的位置，例如在主通道附近，或在堆存量低的装货架上。这种位置可以使移动距离最短和所需升降的高度最小。相反，低流量的储存产品可以安排在离主通道较远的位置上，或堆放在货架的高层上。

其次，还应考虑储存产品的重量和积载特征。一般说来，相对较重的产品项目应安排在离地面较低的位置，以使升举重件货物的劳动强度和风险降到最低程度；而散装产品或低密度的产品则需要广阔的积载场地，以便于有开阔的地面空间或高层的堆放架可供它们使用。另一方面，较小型的产品还需要利用货架或货柜来堆放，而综合的积载还必须考虑和关注每一种产品的具体特征。

第五节　物流企业配送管理

配送作业是物流企业运作的核心内容之一，因而配送作业流程的合理性以及配送作业效率的高低，都会直接影响整个物流企业的正常运行和经济效益。物流企业应加强配送管理。

一、物流企业配送中心的基本作业

物流企业下属的配送中心，其作业项目包括订货、接货、验收入库、订单处理、储存、加工、分拣、包装、组配、配装和送货等，且这些项目之间衔接紧密，环环相扣，整个过程既包括实物流，又包括信息流和资金流。

1．订单处理

订单处理是配送中心客户服务的第一个环节，是配送中心调度和组织配送活动的前提和依据，是其他各项作业的基础。在订单处理过程中，订单的分拣和集合是重要的环节。

配送中心在接到客户的订单后，进行处理的主要工作包括以下几个方面。

1）检查订单是否全部有效，即订单信息是否完全、准确。

2）信用部门审查客户信誉。

3）市场销售部门将销售额记入有关销售人员的账目。

4）会计部门记录有关账目。

5）库存管理部门选择和通知距离客户最近的仓库，分拣客户的订单，包装备运，并及时登记公司的库存总账，扣减库存，同时将货物及运单送交运输商。

6）运输部门安排货物运输，将货物从仓库发运到发货地点，同时完成收货确认。

2．进货作业

进货作业主要包括订货、接货、验收入库和储存 4 个环节。

（1）**订货** 配送中心收到并汇总客户的订单以后，首先要确定配送货物的种类和数量，然后查询管理信息系统，确定库存商品能否满足订单要求，如能满足，则转入拣货作业；如不能满足，则要及时向供应商发出订单，提出订货。

（2）**接货** 对供应商所供的货物，配送中心应组织人力、物力接受货物，有时还需到港、站、码头接货，签收送货单后即可进行货物验收。

（3）**验收** 所订货物到达配送中心后，应由配送中心负责对货物进行验收，验收的依据主要是合同条款要求和有关质量标准，验收内容主要是货物的品质、数量和包装的完好性。

（4）**储存** 配送中心为保证货源供应，通常会适当保持一定数量的商品库存。储存作业的主要内容就是随时掌握商品的库存动态，保证库存商品的质量完好和数量准确。

3．理货和配货作业

理货和配货作业是配送中心的核心作业，主要根据不同客户的订单要求进行货物的拣选、加工、包装和配装，为出货做好准备。

（1）**拣选作业** 拣选作业就是拣货人员，依据业务部门按照客户订单要求下达的拣货单，从储存的货物中拣出一定品种和数量的商品。一般的配送中心采用的是拣货人员手工拣选的方法，一些大型配送中心采用了自动分拣技术，利用自动分拣设备自动分拣，大大提高了拣货作业的准确性和作业效率。

（2）**加工作业** 配送中心加工作业属于增值性活动，不具有普遍性。可根据其配送商品的特性、用户的要求和加工的可行性等，对配送的商品进行初级加工、辅助加工或深加工。加工的程度不同，作业内容也不尽相同，但通过加工作业会完善配送中心的服务功能。

（3）**包装作业** 配送中心将需配送的货物拣选出来后，为便于运输和识别不同用户的货物，有时还要对配送的货物重新进行包装或捆扎，并在包装物上贴上标签。

（4）**配装作业** 为充分利用运力，提高运输效率，配送中心一般将不同用户在同一时间的货物需求组合配装在同一批次的运输车辆上进行运送，这就是配送中心的配装作业。合理的混装与配装，不但能有效地降低成本，还可以提高作业效率。

4．出货作业

出货作业是配送中心的末端作业环节，包括装车和送货两个作业项目。

（1）**装车** 装车作业可以采用人工装车，也可采用机械装车。通常对于较大批量或较大体积和重量的货物采用机械设备（如叉车）和托盘进行装车；对于批量较小的散货，由于数量少、重量轻，可采用人工装车。装车时要特别注意避免货物损坏和外包装的破损。

（2）**送货** 送货作业的重点是正确选择运输工具和合理选择运输路线。对于固定用户的送货，可事先编排出合理的运送路线，选择合理的送货时间，进行定时定线送货；对于临时送货，可根据用户的要求和当时的交通状况，选择合适的送货路线进行送货。

二、物流企业配送中心的模式

在众多的配送中心中，由于其各自的服务对象不同，其组织形式和服务功能也不尽相同，因此形成了不同的运营模式。

1．按配送中心的经济功能分类

（1）**供应型配送中心** 供应型配送中心是指专门为某个或某些用户（例如联营商店或联合公司）组织供应的配送中心。例如，为大型连锁超级市场组织供应的配送中心；代替零件加工厂送货的零件配送中心，使零件加工厂对装配厂的供应合理化。我国上海地区6家造船厂的配送钢板中心，就属于供应型配送中心。

（2）**销售型配送中心** 销售型配送中心是指以销售经营为目的，以配送为手段的配送中心。这类配送中心大体有三种类型：一种是生产企业为本身产品直接销售给消费者的配送中心，在国外，这种类型的配送中心很多；另一种是流通企业作为本身经营的一种方式，建立配送中心以扩大销售，我国目前拟建的配送中心大多属于这种类型，国外的例证也很多；第三种是流通企业和生产企业联合的协作性配送中心。比较起来看，国外和我国的发展趋向都向以销售配送中心为主的方向发展。

（3）**储存型配送中心**　储存型配送中心是指有很强储存功能的配送中心，一般来讲，在买方市场下，企业成品销售需要有较大库存支持，其配送中心可能有较强储存功能；在卖方市场下，企业的原材料和零部件供应需要有较大库存支持，这种供应配送中心也有较强的储存功能。大范围配送的配送中心需要有较大库存，也可能是储存型配送中心。我国目前拟建的配送中心，都采用集中库存形式，库存量较大，多为储存型。瑞士 GIBA—GEIGY 公司的配送中心拥有世界上规模居于前列的储存库，可储存 4 万个托盘；美国赫马克配送中心拥有一个有 163 000 个货位的储存区，可见存储能力之大。

（4）**流通型配送中心**　流通型配送中心是指基本上没有长期储存功能，仅以暂存或随进随出方式进行配货和送货的配送中心。这种配送中心的典型方式是大量货物整进并按一定批量零出，采用大型分货机，进货时直接进入分货机传送带，分送到各用户货位或直接分送到配送汽车上，货物在配送中心里仅作少许停滞。《国外物资管理》杂志曾介绍过的“阪神配送中心”，中心内只有暂存，大量储存则依靠一个大型补给仓库。

（5）**加工型配送中心**　加工型配送中心以加工产品为主，由于流通加工多为单品种和大批量产品的加工作业，并且是按照用户的要求安排的。因此，对于加工型配送中心，虽然进货量较大，但是分类和分拣的工作量并不大。所以，在其配送作业流程中，储存和加工居主导地位。我国上海市和其他城市已开展的配煤配送，配送点中进行了配煤加工；上海 6 家船厂联建的船板处理配送中心，原物资部北京剪板厂都属于这一类型的配送中心。

2．按服务范围分类

（1）**城市配送中心**　城市配送中心是指以城市为配送范围的配送中心。由于城市范围一般处于汽车运输的经济里程，这种配送中心可直接配送到最终用户，且采用汽车进行配送。所以，这种配送中心往往和零售经营相结合，由于运距短、反应能力强，因而从事多品种、少批量和多用户的配送较有优势。我国已建的“北京食品配送中心”便属于这种类型。

（2）**区域配送中心**　区域配送中心是指以较强的辐射能力和库存准备，向省（州）际、全国乃至国际范围的用户配送的配送中心。这种配送中心配送规模较大，一般而言，用户也较大，配送批量也较大，而且，往往是配送给下一级的城市配送中心，也配送给营业所、商店、批发商和企业用户，虽然也从事零星的配送，但不是主体形式。这种类型的配送中心在国外十分普遍，前面介绍过的“阪神配送中心”、美国马特公司的配送中心和“蒙克斯帕配送中心”等都属于这种类型。

三、物流企业配送中心的管理

只有加强配送中心的管理，才能提高配送中心的服务水平，获得良好的经济效益。

1．按经济区域建立配送中心

应按经济区域开展配送中心的选址建设，避免按行政区域建立配送中心。只有按经济区域建立配送中心，才能最大限度地发挥配送中心的作用，缩短配送中心的货物运输距离，消除不合理的运输现象，从而提高经济效益。

2．扩大配送中心的用户和服务范围

配送中心要以品种齐全、周到服务和合理价格，不断地扩大用户及服务范围，追求规模效益。

3．提供一流的服务

物流企业是介于供货方和顾客之间的第三方，在激烈的市场竞争面前，服务质量的高低是评判企业成功与否的重要标志之一。当前，即时制（Just in Time）是美国良好服务的一个重要标志，每个配送中心均向客户承诺，客户要求什么时间送到，配送中心就保证什么时候准时送到。

4．充分发挥配送中心的专业化优势

配送中心的基本职能是专门组织物资流通的，它具有许多优势，如渠道优势、管理优势和价格优势等。配送中心要提高自身的经济效益，必须重视与发挥自身的这些优势。

5．进一步发展共同配送

共同配送也称物流配送共同化，是多家企业在配送方面开展横向联合、优势互补、余缺互调，形成配送联合体，发挥集团优势。

共同配送理念的实现，从微观角度而言，企业可以得到以下几方面的好处：达到配送作业的经济规模，提高物流作业的效率，降低企业营运成本；不需投入大量资金、设备、土地和人力等，可以节省企业的资源；企业可以集中精力经营核心业务，促进企业的成长与扩散；扩大市场范围，消除原有封闭性的销售网络，共建共存共荣的环境。配送中心要搞好共同配送工作。

6．加快和完善配送管理信息系统的建设

物流配送中心管理信息系统主要应解决以下几个应用问题。

1）满足决策者提出的“配送信息中心”目标，各配送中心的数据传递均由“信息中心”控制和调度。

2）从物流结构上解决与供应商、总部和各配送中心的数据及时交换问题。

3）通过对各配送中心的数据控制和调度，解决商品配送调剂问题。

4）让供应商动态了解各配送中心的存货情况，使供应商做到“心中有底”，缩短供货周期。

案例

韩国三星公司的物流合理化革新措施

韩国三星公司从1989年到1993年实施了物流工作合理化革新的第一个五年计划。这期间，为了减少成本和提高配送效率进行了“节约成本200亿”和“全面提高物流劳动生产率运动”等活动，最终降低了成本，减少了40%的存货量，并使三星公司获得了首届韩国物流大奖。

三星公司从1994年到1998年实施物流工作合理化革新的第二个五年计划，重点是将销售、配送、生产和采购有机结合起来，实现公司的目标。即将客户的满意程度提高到100%，同时将库存量再减少50%。为了这一目标，三星公司将进一步扩展和强化物流网络，同时建立一个全球性的物流链使产品的供应路线最优化，并设立全球物流网络上的集成订货—交货系统，从原材料采购到交货给最终客户的整个路径上实现物流和信息流一体化。这样客户就能以更低的价格得到更高质量的服务，从而对企业更加满意。

基于这种思想，三星公司物流工作合理化革新小组在配送选址、实物运输、现场作业和信息系统4个方面去进行物流革新。

1）配送选址革新措施。为了提高配送中心的效率和质量，三星公司将其划分为产地配送中心和销地配送中心。前者用于原材料的补充；后者用于存货的调整。对每个职能部门都确定了最优工序，配送中心的数量被少、规模得以最优化，便于向客户提供最佳的服务。

2）实物运输革新措施。为了及时地交货给零售商，配送中心在考虑货物数量和运输所需时间的基础上确定出合理的运输路线。同时，一个高效的调拨系统也被开发出来，这方面的革新加强了支持销售的能力。

3）现场作业革新措施。为使进出工厂的货物更方便快捷地流动，公司建立了一个交货地点查询管理系统，可以查询货物的进出库存频率，高效地配置资源。

4）信息系统革新措施。三星公司在局域网环境下建立了一个通讯网络，并开发了一个客户服务器系统，公司集成系统（SAPR）的1/3将投入物流中使用。由于将生产、配送和销售一体化，整个系统中不同的职能部门将能达到信息共享。客户如有涉及物流的问题，都可以通过实行订单跟踪系统得到回答。

另外，随着客户环保意识的增强，物流工作对环境保护负有更多的责任，三星公司不仅对客户许下了保护环境的承诺，还建立了一个全天开放的由回收车组成的回收系统，并由回收中心来重新利用那些废品，以此来提升自己企业在客户心目中的形象，从而更加有利于企业的经营。

复习思考题

1. 物流企业生产作业管理的内容包括哪几个方面？
2. 供应链管理环境下的生产计划有何特点？
3. 物流企业运输运作方式通常指哪几种？
4. 如何加强物流企业运输合理化？
5. 如何理解仓储在物流管理中的作用？
6. 如何对配送中心进行管理？
7. 韩国三星公司在哪 4 个方面进行了物流革新？
8. 韩国三星公司从哪些方面改进了物流运输？

第四章　物流企业质量管理

学习目标

能陈述物流企业质量管理的原则、特征和内容，设计其组织机构、质量责任制和评价指标体系；能正确运用全面质量管理的PDCA工作方法和5S活动及质量统计方法进行物流企业质量管理工作。

第一节　物流企业质量管理概述

一、物流企业质量管理的原则、特征和内容

1．物流企业质量管理的重要性

物流企业强调质量是决定物流活动效率和物流服务水平的关键因素。这是由两个因素决定的，一是在物流领域中，质量管理水平低直接导致质量隐患增多，质量事故不断，其结果是使物流企业经济损失严重，经营效率低下，特别是在物流国际化趋势越来越强，物流大型化之后，大规模的物流，一次物流价值十分巨大，一旦损失，如无保险，会造成一个中型公司的破产；二是物流企业的客户绝不会接受低质量的物流服务，从而导致低质量物流企业的市场占有率下降，经营难以为继。所以，物流企业必须认识到物流质量直接与用户相关，直接影响本企业生命攸关的市场占有率，从而使企业的战略发展受挫。

物流质量低劣带给物流企业的损失，主要表现为赔偿损失的支出，处理索赔的行政、法律事务的支出，收回、重整再发送被退回货物的支出，时间耽误的机会损失以及利息损失，公司或企业的信誉损失，会出现订货减少和合同条款不利等问题。

2．企业物流质量管理的原则

物流企业质量管理一方面要满足生产者的要求，保证生产者的产品能保质保量地转移给顾客；另一方面要满足顾客的要求，按顾客的要求将其所需的商品交

给顾客。因此，物流企业应按以下原则开展物流质量管理。

1）物流企业质量管理的核心是满足客户对物流各个层面上的需求。

2）物流企业质量管理的关键是公司最高管理者的直接领导和参与。

3）物流企业质量管理的实施是强调全体员工全面和全过程的参与。

3．物流企业质量管理的基本特点

物流活动具有内在的客观规律，在物流企业质量管理方面同样反映出相应的基本要求。物流企业质量管理具有以下特点。

（1）**系统性** 质量是一个系统过程，它渗透在全企业的每个环节中，只有理解这一点，才能实现全面质量管理。物流企业是一个完整统一的系统，加强物流企业质量管理就必须从系统的各个环节、各种资源以及整个物流活动的相互配合和相互协调做起，通过强化整个企业基本质量素质来促进企业质量的系统发展。可以肯定地讲，只有质量管理系统的发展才能最终实现物流企业的管理目标。

（2）**全员性** 质量被认为是物流企业里每个人的责任，而全员性正是由物流企业所从事的物流工作的综合性、物流质量问题的重要性和复杂性所决定的，它反映了企业质量管理的客观要求。

（3）**目的性** 质量应以满足顾客需要而存在，不只是企业为了满足占领市场或提高生产效益的需要。

（4）**先进性** 现代质量管理和改进要求有新的技术手段，包括从质量设计到改进的计算机辅助手段。

（5）**广泛性** 质量改进必须有各阶层的人员参加，这些人员不仅包括本企业员工，也包括社会各阶层人士，没有他们的参加和帮助是不能改进质量的。

（6）**全面性** 影响物流企业质量的因素是综合的、复杂的和多变的，而且物流企业质量管理的内容是广泛的，除了包括物流对象本身，而且包括相关的工作质量、工程质量和服务质量，要加强物流企业质量管理就必须全面分析各种相关因素，把握内在规律，建立健全合理的质量管理体制，真正实现全面质量管理。

4．物流企业质量管理的职能和内容

物流企业质量管理的职能主要包括两个方面的内容：质量保证和质量控制。

质量保证是物流企业针对顾客而言的，就是要对顾客实行质量保证，就是为了维护顾客的利益，使顾客满意，并取得顾客信任的一系列有组织、有计划的活动。质量保证是物流企业质量管理的核心。

质量控制是对物流企业内部来说的，是为保证某一工作、过程和服务的质量达到作业技术标准所采取的有关活动。质量控制的目标就是确保产品的质量能满

足顾客和法律法规等方面所提出的质量要求。质量控制是测量实际的质量结果，与标准进行对比，对某些差异采取措施的调节管理过程。质量控制是质量保证的基础。

物流企业质量管理的内容主要有物流服务的质量管理、商品的质量保证及改善、物流工作质量管理和物流工程质量管理4个方面。

（1）**物流服务的质量管理**　物流服务的质量管理是物流企业质量管理的重要内容。物流企业的物流活动具有服务的本质特性，既要为企业生产经营过程服务，也要为企业产品和服务的顾客提供全面的物流服务。物流企业搞好物流服务的质量管理，重点是做好如下工作：服务质量因不同顾客而要求各异，要掌握和了解顾客的要求；商品狭义质量的保持程度；流通加工对商品质量的提高程度；批量及数量的满足程度；配送额度、间隔期及交货期的保证程度；配送和运输方式的满足程度；成本水平及物流费用的满足程度；相关服务（如信息提供、索赔及纠纷处理）的满足程度。此外，物流企业的服务质量是变化发展的，在社会发展过程中依顾客需要的发展而提出绿色物流和柔性物流等新的服务质量要求。同时，需要适应经济全球化的发展，引进国际物流服务标准，不断提高物流服务的质量，积极开展国际化物流经营活动。

（2）**商品的质量保证及改善**　物流的对象是具有一定质量的实体，具有合乎要求的等级、尺寸、规格、性质和外观。这些质量是在生产过程中形成的，物流过程在于转移和保护这些质量，最后实现对顾客的质量保证。因此，对顾客的质量保证既依赖于生产，又依赖于流通。现代物流过程不单是消极地保护和转移物流对象，还可以采用流通加工等手段改善和提高商品的质量。因此，物流过程在一定程度上说就是商品质量的“形成过程”，商品的质量保证及改善便成为物流企业质量管理的又一重要内容。

（3）**物流工作的质量管理**　工作质量是指物流各环节、各工种和各岗位的具体工作质量。物流工作的质量和物流服务的质量是两个有关联但又不大相同的概念，物流服务的质量水平取决于各个工作质量的总和。所以，工作质量是物流服务质量的某种保证和基础。重点抓好工作质量，物流服务质量也就有了一定程度的保证。同时，需要强化物流企业管理，建立科学合理的管理制度，充分调动员工的积极性，不断提高物流工作的质量。

（4）**物流工程的质量**　物流质量不但取决于工作质量，而且取决于工程质量。在物流过程中，将对产品质量发生影响的人的因素、体制的因素、设备因素、工艺方法因素、计量与测试因素和环境因素等各因素统称为“工程”。人的因素主要包括人的知识结构、能力结构、技术熟练程度、质量意识、管理意识、个人素质、个人修养、责任心和归属感等反映人的综合素质的各项因素。体制因素主要包括企业战略、发展规划、领导方式、组织结构和工作制度等方面。设备因素主要包括物流各项装备的技术水平、设备能力、设备适用性、维修保养状况及设备配套性等。工艺因素包括物流流程、设备组合及配置、工艺操作等。环境因素主要包括物流设施规模、水平、湿度、粉尘、照明、噪声和卫生条件等。检测因素主要包括计量、测试、检查手段及方法等。这6个因素在物流活动中同时对服务质量和工作质量发生影响。因此需要靠设计、建设和培训等方式加以改善。很明显，提高工程质量是进行物流质量管理的基础工作，能提高工程质量，就能做到“预防为主”的质量管理。

二、物流企业质量管理的组织机构与质量责任制

1. 物流企业质量管理的组织机构

物流企业质量管理的组织包含了两个层次的主要含义：一是质量管理职能部门在物流企业整体组织结构中的地位及其与其他各职能部门之间的关系；二是质量管理活动的组织。要设计一种适合物流企业的理想的质量管理组织，需要考虑企业所处的环境、经营战略、技术特点和管理体制等。一个组织能否正常运行，除了要选择合理的组织结构外，还取决于人员配备、工作激励、行为控制和组织文化等诸多因素。

物流企业质量管理组织结构可能采用多种形式，概括起来主要有以下两种模式。

（1）**职能部门式组织结构形式** 我国大中型物流企业大都采用直线职能制企业管理组织机构形式。在这种企业中，质量管理机构（质检部门和计量部门）是企业的重要职能部门之一，负责全面组织和协调整个企业的质量管理活动。质量管理部门直接向企业最高领导者负责，对各业务单位进行指导和监督。

（2）**质量委员会式组织结构形式** 质量委员会式组织结构形式是一种超职能的企业结构形式。质量委员会直接向企业最高领导者负责，超越各职能部门，负责对整个企业质量管理活动的组织和领导，对各职能部门和业务单位具有指导、组织、协调和监督的职责。这种组织形式更好地体现了质量在物流企业经营管理中的核心地位，强化了企业的质量管理职能。

2. 质量责任制

物流企业质量管理不管采取何种组织结构形式，作为职能机构的质检部门和计量部门是必不可少的，并应确保机构能独立行使监督和检验的职权，同时在物流企业的基层单位，也应设置专职或兼职的质检员。上述机构和人员在物流企业质量管理活动中具有举足轻重的作用，但全面质量管理绝不仅仅是质量管理部门自己的事情，企业内所有职能部门和业务单位对质量负有不可推卸的责任。各部门都必须开展全面的质量管理活动，对提高全面质量管理效能作出

各自的贡献。

各级行政领导、职能机构和工人的质量责任制的主要内容如下。

（1）**各级行政领导的质量责任制**　经理主管企业的质量工作，对物流企业的质量管理负全面责任，要经常听取用户、质量管理部门和职工对质量问题的意见，认真处理重大的质量问题。

总工程师或技术副经理负责解决物流服务质量中存在的重大技术问题，组织有关部门制订技术攻关计划和质量升级赶超规划，积极支持质量管理部门的工作，协助经理督促检查各项质量计划的实现。

（2）**职能机构、科室的质量责任制**　提高物流服务质量不仅要求专职质量管理部门具有质量管理职能，负有质量责任，而且要求各职能机构和科室，如技术、生产、计划、供应、劳动、财务和教育等部门，都应建立明确的质量责任制，组织好本部门有关的质量管理工作。为此，各部门和科室可根据机构的大小和质量管理工作量的多少，设立专职或兼职的质量管理人员，来协助行政负责人把好质量关，不断提高本单位工作的质量。这些工作都要定为制度，列入质量责任制，责成专人严格执行。各职能机构和科室的质量管理人员与专职质量管理部门之间，应保持经常的业务联系，互相沟通情况，提供资料和情报，研究质量保证问题，并取得专职质量管理部门的业务指导。

（3）**基层单位和个人的质量责任制**　物流企业的基层单位对其从事的具体工作的质量负有直接责任。基层单位负责人要对本部门从事的物流工作质量负责，严格执行技术标准，遵守操作规程；建立以部门技术副主任和班组质量管理员为主的基层质量管理领导小组，对主要的质量问题提出课题，负责组织质量自检和互检，支持专职检查人员的工作。发生质量问题时，要积极配合质量管理部门分析原因，妥善解决；对关键岗位，要做好重点质量控制工作。

企业员工要做到严格执行技术标准，按规程操作、按制度办事；认真做好自检和互检，质量不合格的不转入下道工序，对自己本职工作的质量负责到底。

第二节　物流企业质量管理评价指标

一、物流企业质量管理指标体系

衡量物流企业质量的主要指标是根据物流服务的最终目标确定的，即是“目标质量”的具体构成内容。围绕这些指标，在工作环节中，各项工程又可以制订出实现分目标的一系列质量指标，这就形成一个质量指标体系，如表 4-1 所示。

表 4-1 物流质量指标体系表

物流服务目标质量指标	工作质量指标	信息工作质量指标
		运输工作质量指标
		装卸搬运工作质量指标
		仓库工作质量指标
		流通加工工作质量指标
		包装工作质量指标
	工程质量指标	信息工程质量指标
		运输工程质量指标
		装卸搬运工程质量指标
		仓库工程质量指标
		流通加工工程质量指标
		包装工程质量指标

二、物流企业质量管理的评价指标

1. 物流目标质量指标

（1）**服务水平指标** 相对数指标有：

$$服务比率=\frac{满足要求次数}{用户要求次数}\times 100\%$$

$$缺货率=\frac{缺货次数}{用户要求次数}\times 100\%$$

绝对数指标有：

$$未满足用户要求数量=用户要求数量-满足要求数量$$

该指标等于零为最好，指标值越大质量越差。

（2）**交货水平指标** 相对数指标有：

$$交货比率=\frac{按期交货次数}{总交货次数}\times 100\%$$

绝对数指标有：

$$交货期差=规定交货期-实际交货期$$

以实际交货期与规定交货期相差日数表示。正号为提前交货，负号为延迟交货。

（3）**商品完好率指标**

$$商品完好率=\frac{交货时完好的商品量}{物流商品总量}\times 100\%$$

$$货差率=\frac{错装错卸量}{物流商品总量}\times 100\%$$

$$缺损率=\frac{缺损商品量}{物流商品总量}\times 100\%$$

$$货损货差赔偿费率=\frac{货损货差赔偿费总额}{同期业务收入总额}\times 100\%$$

（4）**物流吨费用指标**

$$物流费用率（元/吨）=\frac{物流费用}{物流总量}\times 100\%$$

2．仓库质量指标

（1）**仓库吞吐能力实现率**

$$仓库吞吐能力实现率=\frac{期内实际吞吐量}{仓库设计吞吐量}\times 100\%$$

（2）**商品收发正确率**

$$商品收发正确率=\frac{期内实际吞吐量}{仓库设计吞吐量}\times 100\%$$

（3）**商品完好率**

$$商品完好率=\frac{某批商品库存量-出现缺损商品量}{某批商品库存量}\times 100\%$$

（4）**库存商品缺损率**

$$库存商品缺损率=\frac{某批商品缺损量}{该批商品总量}\times 100\%$$

以上是以用户为对象，确定每批商品的质量指标。如果是对仓库总工作质量评定，其指标的计算应将“每批次”的数量改换为“期内”的数量。

（5）**仓库面积利用率**

$$仓库面积利用率=\frac{\sum 库房、货棚和货场占地面积}{仓库总面积}\times 100\%$$

（6）**仓容利用率**

$$仓容利用率=\frac{存储商品的实际数量或容积}{库存数量或容积}\times 100\%$$

（7）**设备完好率**

$$设备完好率=\frac{期内设备完好台数}{同期设备总台数}\times 100\%$$

（8）**设备利用率**

$$设备利用率=\frac{全部设备实际工作时数}{设备总工作能力（时数）}\times 100\%$$

（9）**仓储吨日成本**

$$仓储吨日成本（元/吨天）=\frac{仓储费用}{库存量}\times 100\%$$

3．运输环节质量指标

（1）**正点运输率**

$$正点运输率=\frac{正点运输次数}{运输总次数}\times 100\%$$

（2）**满载率**

$$满载率=\frac{车辆实际装载量（吨）}{车辆装载能力（吨）}\times 100\%$$

（3）**实载率**

$$实载率=\frac{\sum 实际运载的吨公里（即重车公里）}{\sum 运力的总运输能力（即总车公里）}\times 100\%$$

这几项指标主要是反映工作质量及工程质量的指标，除以上各项指标外，其他物流环节也有相应的质量指标。指标的确立，要根据物流对象的不同有针对性地设计。

第三节　物流企业质量管理常用的方法

质量管理必须科学化和现代化，表现为质量管理工作中，在建立严密的质量管理体系的同时，还应采用一整套科学的质量管理的基本方法，即以 PDCA 循环为总框架，广泛运用建立在数理统计、价值分析和运筹学等数学原理基础上的科学管理方法。其实质在于找出产品质量存在问题的关键，为解决质量问题指明方向和途径，达到保证和提高产品质量的目的。

常用的质量管理方法有老七种工具和新七种工具，其中老七种工具包括因果图、排列图、直方图、控制图、散布图、分层图和调查表；新七种工具包括关联图法、KJ 法、系统图法、矩阵图法、矩阵数据分析法、PDPC 法和矢线图法。近年又出现了一些新方法，并得到了广泛的关注，具体包括质量功能展开（QFD）、田口方法、故障模式和影响分析（FMEA）、头脑风暴法（Brainstorming）、六西格玛法、水平对比法（Benchmarking）和业务流程再造（BPR）等。本章将对 PDCA 工作循环、5S 活动及物流企业经常采取的一部分方法进行介绍。

一、全面质量管理的 PDCA 工作循环

企业的每项活动，都有一个策划、实施、检查和处置的过程。根据管理是个过程的理论，美国质量管理专家戴明博士将其运用到质量管理中，总结出“策划（Plan）、实施（Do）、检查（Check）、处置（Action）”四个阶段，称为 PDCA 循环，也称“戴明环”，如图 4-1 所示。物流企业开展全面质量管理工作应采取 PDCA 循环的工作方法。

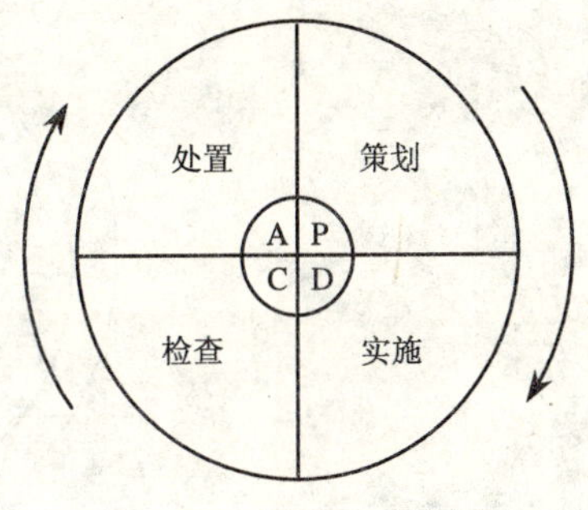

图 4-1 “戴明环”示意图

1. PDCA 循环的含义

PDCA 循环是质量管理的工作方法，也是做任何事情的一般规律。开展某项工作，事先必须有个设想或打算（策划）；然后，实施计划，也可称为执行计划；再将执行的过程及结果同计划相比较，找出问题，这就是核对检查；最后，根据检查结果，把成功的经验加以肯定并列入标准中，将遗留的问题作为下一个 PDCA 循环的 P（策划）阶段的目标。PDCA 循环就是按照这样的顺序进行质量管理，并且按顺时针转动，循环地进行下去的科学程序。

2. PDCA 循环的具体步骤

为了解决和改进产品的质量问题，在质量管理中，根据现场实践经验，又把 PDCA 循环进一步具体化为八个步骤，即所谓“四个阶段、八个步骤”的循环方式，如图 4-2 所示。

（1）**策划阶段**（P 阶段） 该阶段包括以下 4 个工作步骤。

第一步：分析现状找出存在的主要问题。

第二步：寻找主要问题发生的原因。

第三步：找出主要原因。

第四步：制订措施计划。

（2）**实施阶段**（D 阶段） 该阶段只包括一个工作步骤。

第五步：按计划实施。

（3）**检查阶段**（C 阶段） 该阶段也只包括一个工作步骤。

第六步：检查效果。

（4）**处置阶段**（A 阶段） 该阶段包括以下 2 个工作步骤。

第七步：总结经验，巩固成绩，将工作结果标准化。

第八步：提出遗留问题并处理。

在质量管理工作中，上述的“四个阶段、八个步骤”必须是完整的，一个也

不能少地顺序进行循环。

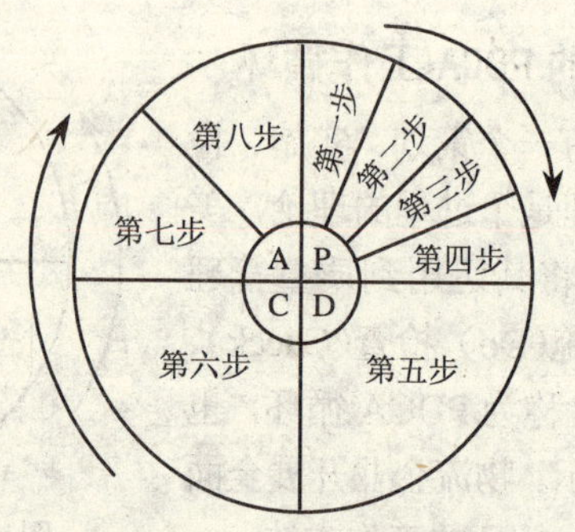

图 4-2 PDCA 循环的“四个阶段、八个步骤”

3．PDCA 循环的特点

（1）**大环套小环** PDCA 循环作为质量管理的一种科学方法，可用于企业各个环节和各个方面的质量管理工作。整个企业的质量管理体系构成一个大的 PDCA 循环，而各部门和各级单位又都有各自的 PDCA 循环，依次又有更小的 PDCA 循环，从而形成一个大环套小环的综合管理体系，如图 4-3 所示。上一级 PDCA 循环是下一级 PDCA 循环的依据，下一级 PDCA 循环是上一级 PDCA 循环的保证。通过大小 PDCA 循环的不停转动，就把企业各个环节和各项工作有机地组织成一个统一的质量体系，实现总的质量目标。因此，PDCA 管理循环的转动，不是哪个人的力量，而是组织的力量和集体的力量，是整个企业全员推动的结果。

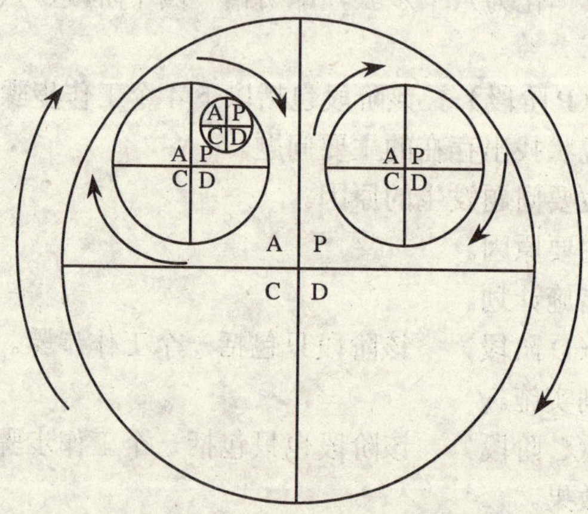

图 4-3 多层次的 PDCA 循环

（2）**螺旋上升** PDCA 管理循环是螺旋式上升的，因此有人将其形象地称为“爬楼梯”，如图 4-4 所示。PDCA 四个阶段周而复始的循环绝不是在原来的水平上原地打转，而是每循环一次，转动一圈，就前进一步，上升到一个新的高度。

这样循环往复，质量问题不断解决，工作质量、管理水平和产品质量不断提高。

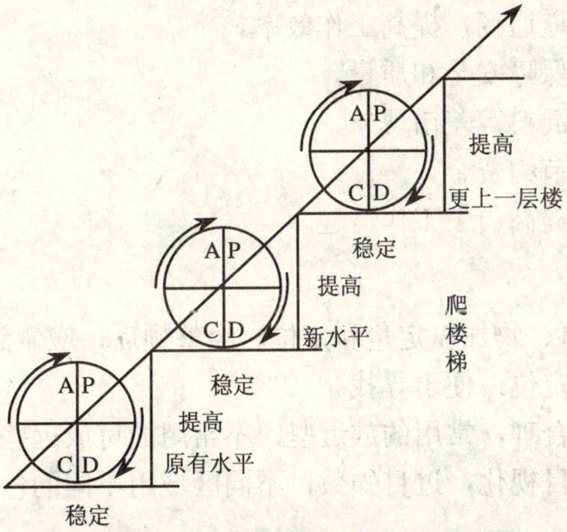

图 4-4　螺旋上升的 PDCA（爬楼梯）

（3）**PDCA 循环是综合性循环**　PDCA 循环的四个阶段是相对的，各个阶段之间不是截然分开的，而是紧密衔接成一体的，甚至有时是边计划、边执行，边执行、边检查总结，边总结、边改进交叉进行的。质量管理工作就是在这样的循环往复中，从实践到认识，再从认识到实践的两个飞跃中达到现实目标的。

（4）**"处置" 阶段是关键**　在企业的质量管理中，往往是计划和布置多，实施和检查少，总结和处理更少。只有 PDC 阶段，而没有 A 阶段，或者有 A 阶段但没有起到应有的作用，使 PDCA 循环不能顺利进行，工作质量和产品质量难以提高。因此，在 PDCA 循环的运转中 "处置" 阶段十分关键，它具有承上启下的作用。只有很好地进行了 A 阶段的工作，才能切实地把 PDCA 循环转完一圈，把成功的经验和失败的教训纳入标准（规则和制度）中去，就可以防止同类问题的再发生，质量管理水平就可以不断提高。

二、物流企业质量管理工作中的 5S 活动

"5S" 活动是指对物流中心、配送中心、仓储现场、堆场、库存和流通加工等现场各要素的所处状态不断进行整理、整顿、清扫、清洁和提高素养的活动。由于这 5 个词在日语中罗马拼音的第一个字母都是 S，所以简称为 5S。"5S" 的内容和具体要求如下。

1. 整理

把需要和不需要的人、事、物分开，再将需要的人、事、物加以处理。

将现场各种物品区分为现场需要的与不需要的，对现场不需要的坚决清理出现场。目的包括以下几个方面。

1）改善和增大作业面积。

2）保持现场行道通畅，提高工作效率。

3）减少磕碰，保障安全和质量。

4）消除混放和混料等差错现象。

5）减少库存，节约资金。

6）改变作风，提高员工工作情趣。

2．整顿

把需要的人、事、物加以定量和定位。经整顿后，应做到以下几方面。

1）物品摆放要定位，便于寻找。

2）定位要科学合理，常用的放近些，不常用的可放远些。

3）物品摆放要目视化，过目知数，不同区域用不同的色彩和标记。

3．清扫

把工作场所打扫干净，准备有异常时马上修复正常。

1）已使用的东西，自己清扫。

2）设备清扫，着眼于维护保养和清扫，同时做好润滑工作。

4．清洁

要认真维护工作场所。

1）要保持整齐、清洁和卫生，有利于身心健康。

2）物品和环境都要清洁，消除污染。

3）身体包括服装和仪表都要清洁。

4）不仅人的形体上要清洁，而且精神要文明。

5．素养

养成良好工作习惯，遵守纪律。

素养即教养，努力提高人员的素质，养成遵守规章制度的习惯和作风。这是“5S”活动的核心。开展“5S”活动就要始终着眼于提高人的素质。“5S”活动始于素养，也终于素养。

三、物流企业质量管理的质量统计方法

质量管理中常用的统计方法指人们通常所称的“7种统计工具”，即排列图、因果分析图、相关图、分层法、调查表法、直方图和控制图。物流企业应将这7种方法应相互结合，灵活运用，从而有效地控制和提高物流服务质量。

1．排列图法

排列图又叫帕累托图，也称主次因素排列图。它是找出影响产品质量主要

因素的一种简单而有效的方法，因为影响产品质量的因素很多，而主要因素往往只是其中少数几项。排列图的基本形式如图 4-5 所示。

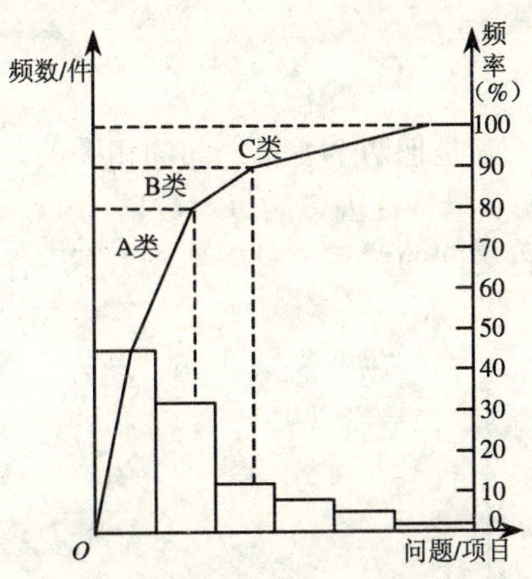

图 4-5　排列图的基本形式

排列图中有两个纵坐标，一个横坐标，几个长方形，一条曲线，左边纵坐标表示频数（件数），右边纵坐标表示频率，以百分数表示。横坐标表示影响产品质量的各项因素，按影响因素的大小从左向右排列。曲线表示各影响因素大小的累计百分数，通常把累计百分数分为三类：0%～80%为 A 类因素，称为主要因素；80%～90%为 B 类因素，称为次要因素；90%～100%为 C 类因素，称为一般因素。主要因素找到后，就可以集中力量加以解决。

2. **因果分析图法**

因果分析图又称鱼刺图、树枝图。它是一种分析影响质量诸因素的有效方法。影响产品质量的因素很多，从大的方面分析，有设备、原材料、操作者、作业方法和作业环境等方面；从小的方面分析，每一方面又有许多具体的影响因素，这些因素又是其他因素作用的结果。因果分析图的基本形式如图 4-6 所示。

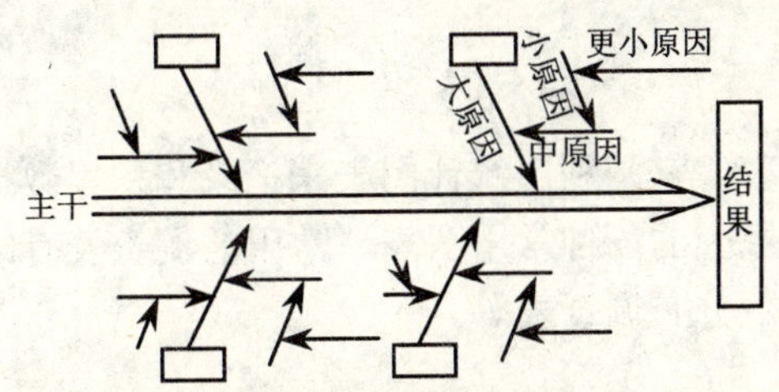

图 4-6　因果分析图的基本形式

这种方法的主要特点在于能够全面地反映影响产品质量的各种因素，而且层次分明，可以从中看出各种因素之间的关系。通过这种分析，有助于使管理工作越做越细，从而找出产生质量问题的真正原因，然后对症下药，采取层层落实和明确到人等措施加以解决。

3．相关图法

相关图又称散布图。它是把两个变量之间的相关关系，用直角坐标系表示的图表。这种方法是用影响质量特性因素的每对数据，用点子填列在直角坐标图上，以观察判断两个质量特性之间的关系，对产品或工序进行有效控制。其基本图形如图 4-7 所示。

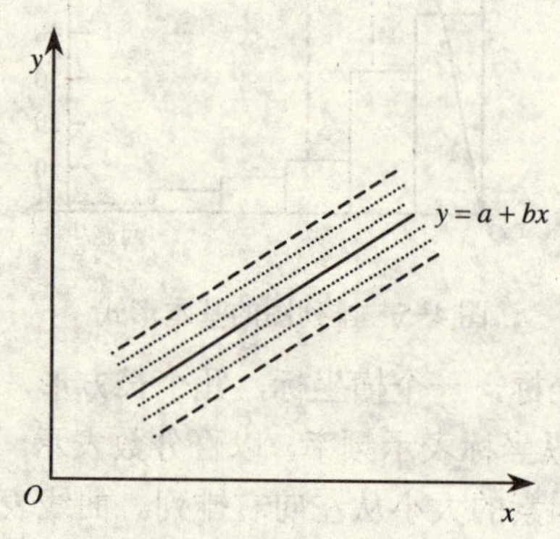

图 4-7 相关图的基本形式

图 4-7 中 x 和 y 是两种因素。应该注意，x 与 y 之间的相关性研究，决定哪一种因素与质量密切相关，为企业找出影响质量的主要因素。

4．分层法

分层法又称分类法。它是一种把收集来的原始质量数据按照不同目的加以分类整理，以便分析影响产品质量的具体因素的方法。分层的目的是为了分清责任，找出原因。分层法没有独立固定图表，可利用统计图表中的排列图和直方图等进行统计分析。

5．调查表法

调查表又称核对表。它是利用统计图表来记录和积累数据，并进行整理和粗略分析影响产品质量原因的一种常用图表。常用的调查表有缺陷位置调查表、不良品原因调查表和频数分布调查表等。

6．直方图

在质量管理中，直方图又称质量分布图，它是由很多矩形连起来，表示质量数据离散程度的一种图形。

在相同工艺条件下，加工出来的产品质量或提供的服务质量也是不会完全相同的，总在某个范围内变动。作直方图的目的，就是把其变动的实际情况，用图形反映出来，通过观察图形的形状，与公差要求相比较，来判断生产过程是否处于稳定状态，预测生产过程的不合格品率。因此，直方图是用来整理质量数据，找出规律，判断和预测作业过程中质量好坏，估算作业过程不合格率的较常用的一种工具。其基本图形如图 4-8 所示。

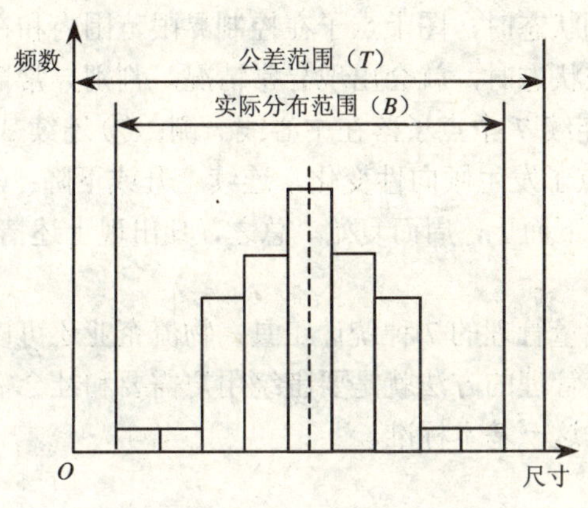

图 4-8 直方图的基本形式

7. 控制图法

控制图又称管理图。它是工序质量控制的主要手段，是一种动态的质量分析与控制方法。控制图不仅对判别质量的稳定性，评定作业过程的质量状态以及发现和消除作业过程中的失控现象，预防废品产生有着重要作用，而且可以为质量评比提供依据。控制图的基本结构形式如图 4-9 所示。

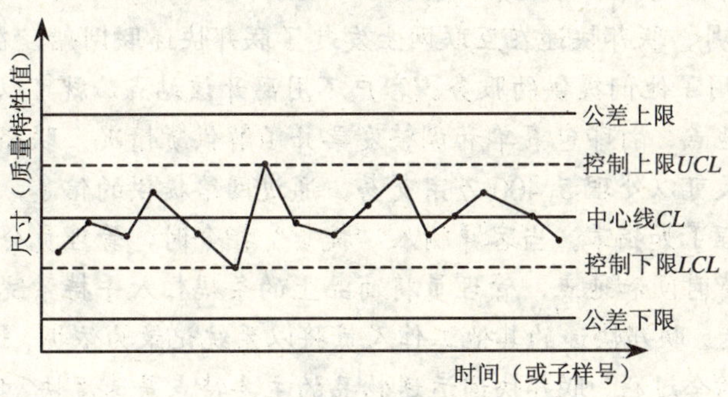

图 4-9 控制图的基本形式

从图 4-9 中可以看出，纵坐标是质量特性值，横坐标为取样时间或子样号。图上有 5 条线，上面一条实线表示公差上限，最下面一条实线表示公差下限；上面一条虚线叫控制上限，用 *UCL* 表示；下面一条虚线叫控制下限，用 *LCL* 表示；

中间一条实线叫中心线，用 *CL* 表示。控制上限、控制下限以及中心线是通过收集过去一段时间生产处于稳定正常状态下的数据计算出来的。控制线的范围应比技术标准（公差）的范围要狭窄。在作业过程进行中，按规定的时间抽取子样，测量质量特性值，将测得的数据用点子一一描在控制图上，并将点子连接起来就得到控制图。

当生产处于控制状态时，图上点子在控制界限范围内和在中心线两侧附近活动；当生产处于失控状态时，就会出现异常情况。判别异常情况，可根据实践归纳为以下几点：① 连续 7 个点子落在中心线一侧；② 连续 3 个点子中有 2 个点子接近控制线；③ 点子发生倾向性变化，连续上升或下降；④ 点子有周期变化，例如从上到下，再由下而上，周而复始。总之，凡出现上述情况，就应引起注意，查明原因。

除上述介绍的质量管理的 7 种统计工具，物流企业还可以根据实际情况研究新方法。总之，质量管理的方法就是要围绕用户需要和社会需求，不断变换不断发展，达到用户满意这一基本标准。

案例

联邦快递的准时服务

联邦快递每天向全世界 200 多个国家递送 250 万个包裹，其中 99%属于限时递送。1995 年，联邦快速开发了一套免费的联邦快递船软件，任何人只要拥有一部电脑和一个调制解视器就可以使用该软件订购商品。负责制订生产计划的人员需要了解供货详情，通过该软件，他们可以随时掌握供货时间以及产品预计抵达的时间，使联邦快递的准时服务特色更加明显。

1996 年 7 月，联邦快递在互联网上发起了联邦快递联网船，在 18 个月内，70 多万客户使用了他们提供的服务。客户不用离开该站点，就可以下单订购、发现最近的购买地点、打印包裹单和调整发票并了解供货情况。联邦快递公司内部的专用网络每天可以处理 5 400 万宗交易。通过网络提供的信息，公司可以对商品交易的全过程了如指掌。当客户输入“提货”指令时，管理员会从系统中得到客户指定的提货时间和地点。管理员将商品上的条码扫入手持系统中，记录下该商品已经被提走。联邦快递的其他工作人员将以系统记录为依据，追踪货品装运，直到运抵客户的全过程。联邦快递运送物品的主要特点是速度快、时间短、方便、及时、准时、确切和完好无损地将物品送到用户手里。联邦快递还提供其他服务。例如，联邦快递经营商业服务器，以便零售商将自己的站点放到该服务器上运行；经营仓储，使产品的挑选、包装、检测、装配和运输一体化，避免了不必要的货损和货差的现象出现，确立了企业最优质的服务形象。

复习思考题

1．物流企业质量管理有哪些基本特点？

2．物流企业质量管理的组织结构主要有哪两种模式？

3．简述全面质量管理的 PDCA 工作循环“四个阶段、八个步骤”的具体内容。

4．简述 PDCA 循环的特点。

5．简述质量管理的 7 种统计工具的要点。

6．简述物流企业 5S 活动的内容。

7．联邦快递的主要特点是什么？

8．联邦快递作为第三方物流企业在树立质量管理思想上做了哪些工作？

第五章　物流企业技术管理

学习目标

能叙述物流企业技术管理的概念、目的和任务；在理解物流企业技术管理职责的基础上，能设置技术管理机构；在理解物流企业设施与设备管理的一般原理和方法的基础上，能正确运用相应的技术管理方法，做好物流企业设施与设备的择优选配、正确使用、定期检测、强制维护、视情修理、合理改造以及适时更新和报废等相应的技术管理工作。

第一节　物流企业技术管理概述

物流企业技术管理是指为使物流设施与设备在整个寿命周期中的费用达到最经济的程度，而从选择、使用、维护、修理直到报废为止所开展的一系列管理工作的总称。

物流企业技术管理的目的是使物流活动过程中的设施与设备经常处于良好的技术状态，使其作业效率最高，支付的费用最低，把物流企业的物流作业活动建立在最佳的物质基础之上。

物流企业技术管理的具体任务如下。

1）根据技术先进和经济合理原则，正确选择物流设施与设备，为企业物流活动提供最优的技术装备。

2）要针对各种设施与设备的特点，合理使用和精心维护，并建立健全有关正确使用和维护物流设施与设备的规章制度和管理制度。

3）在节省设施与设备管理费用和维修费用的条件下，保证企业的设施与设备始终处于良好的技术状态。

4）做好现有设施与设备的挖潜、革新、改造和更新工作，提高物流设施与设备的现代化水平。

5）认真做好物流企业设施与设备的日常管理工作。

物流企业技术管理应遵循的基本原则：以预防为主、技术与经济相结合对物流企业设施与设备实行择优选配、正确使用、定期检测、强制维护、视情修理、合理改造以及适时更新和报废。

第二节　物流企业设施与设备的选择、保管和使用管理

一、物流企业设施与设备的选择

1. 物流企业设施与设备的种类

物流设备与设施种类多，大致包括以下几大类。

（1）**物流基础性设施**

1）物流网络结构中的枢纽点。这类设施主要包括全国或区域铁路枢纽、公路枢纽、航空枢纽港和水路枢纽港，国家战略物流储备基地，辐射全国和经济区域的物流基地等。

2）物流网络结构中的线。这类设施主要包括铁路、公路、航道、航线和输送管路等。

3）物流基础信息平台。该平台的主要任务是为企业的物流信息系统提供基础信息服务（交通状态信息、交通组织与管理信息、城市商务及经济地理信息等），承担不同企业间的信息交换枢纽支持，提供政府行业管理决策支持等。

（2）**物流功能性设施**

1）以存放货物为主要职能的节点，如储备仓库、营业仓库、中转仓库和货栈等，货物在这种节点上停滞时间较长。

2）以组织物资在系统中运动为主要职能的节点，如流通仓库、流通中心、配送中心和流通加工点等。

3）物流系统中的载体。物流系统中的载体包括货运车辆、货运列车、货机和货运船舶等。这类设施往往被第三方物流企业所拥有，是提供物流功能性服务的基本手段。

（3）**物流技术装备**　物流技术装备是指进行各项物流活动所需的机械设备和器具等可供长期使用，并在使用过程中基本保持原有实物形态的生产资料。物流技术装备不包括建筑物和场站等物流基础设施和运输工具。

1）物流仓储设备。物流仓储设备主要用于各种配送中心和仓库存取货物，主要包括货架、堆垛机、室内搬运车、出入库输送设备、分拣设备、提升机、AGV、搬运机器人以及计算机管理和监控系统。这些设备可以组成自动化、半自动化和机械化的商业仓库，完成对货物的堆垛、存取和分拣等作业。

2）起重机械。起重机械用于将重物升、降落、移动和放置于需要的位置。起重机械是生产过程中不可缺少的物料搬运设备。起重机械包括千斤顶、葫芦、桥式起重机、悬臂起重机和装卸桥等。

3）输送机械。输送机械是指按照规定路线连续或间歇地运送散状物料或成件物品的搬运设备，是现代物料搬运系统的重要组成部分。它主要包括带式输送机、斗式提升机、埋刮板输送机、悬挂输送机和架空索道。

4）流通加工机械。完成流通加工作业的专用机械设备，主要包括切割机械与包装机械两大类。切割机械包括金属、木材、玻璃和塑料等原材料切割机械；包装机械包括充填机械、罐装机械、捆扎机械、裹包机械、贴标机械、封口机械、清洗机械、真空包装机械和多功能包装机械等。

5）集装单元器具。集装单元器具主要包括集装箱、托盘和其他集装单元器具。

6）工业搬运车辆。工业搬运车辆主要是指在工厂和码头应用极为广泛的叉车、跨运车和牵引车等搬运设备。

7）物流信息管理设施与设备。物流信息管理设施与设备主要包括电子计算机设备、光电识别设备、条形码制作与扫描设备、电子数据交换设备、货物跟踪设备和物流监控设备等。

2．物流企业设施与设备选择的原则

物流企业设施与设备一般投入较大，使用期限较长，是企业的固定资产。在配置和选择时，一定要进行科学和统一的规划。设施与设备的选择是设施与设备管理的开始阶段，更是影响设施与设备管理水平和经济效益的关键。

设施与设备选择的总原则是技术先进、经济合理和生产适用，具体表现为以下原则。

（1）**生产性** 生产性是指设施与设备的生产效率，如功率、行程、速度和库容等。物流企业设施与设备的选择要与企业物流业务量相吻合，即力求做到机械的作业能力与现场作业量形成最佳的配合状态。当机械作业能力达不到现场作业要求时，物流受阻；反之，则表现为生产能力过剩，机械能力得不到充分发挥，超过的越多经济损失则越大。一般情况下，影响现场物流作业量的因素包括吞吐作业量、堆码与搬运作业量和装卸作业高峰量（直接受物流的不均衡性影响）。

（2）**配套性** 配套性是指物流设施与设备性能、物流作业环节及生产能力等方面相互配套与衔接的程度。物流企业在选择物流设施与设备时，必须结合现代物流业的发展趋势，合理规划配置设备，注意各物流活动作业之间的衔接和比例协调，消除“瓶颈”环节，提高物流设施与设备的整体效率。

（3）**可靠性** 可靠性是指设施与设备正常运转的稳定性、准确性、安全性及使用寿命的长短等。

(4) **维修性** 维修性是指设施与设备保养、维护、检查与修理的难易程度。选购时要选择维修性好的设施与设备，即结构合理、维修时便于检查和拆卸以及零件互换性强等。因为，他们会直接影响维护修理的作业量及费用的支出额，最终影响设施与设备的经济效益。

(5) **经济性** 经济性包括两层含义：一是设施与设备本身的价格要合理，与其精度、性能、效率及先进程度相适应；二是使用成本低、能耗少、效率高、维护管理费用低和节省劳动力。

(6) **灵活性** 灵活性是指设施与设备在不同的工作条件和环境下，操作和使用的适应程度。物流企业应选择对环境变化适应性强，具有通用、多功能和灵活等特点的设施与设备。

(7) **环保性** 环保性是指设施与设备的噪声和排放有害物质对环境的污染程度。物流企业在选择设施与设备时，应承担起保护环境的社会职责与义务，不应忽视设施与设备选择的社会效益。

以上是物流企业选择设施与设备时要考虑的一些主要因素，对这些因素要根据企业经营目标，统筹兼顾，全面地权衡利弊得失，进行评价取舍。

3. 设施与设备选择的经济评价

在设施与设备购置审批程序完备的条件下，物流企业应当根据当地物流市场的需求、设施与设备的运行条件，对设施与设备的生产性、可靠性、安全性、维修性、配套性、适应性、经济性和环保性等方面进行综合论证与评价，才能作出选择并购置设备的正确决策。

在选择和评价设施与设备时，在综合考虑上述因素的同时，重点要考虑其经济效益，即对设施与设备作出经济评价。进行设施与设备经济评价需要测算设施与设备的寿命周期费用。设施与设备寿命周期费用可以分为投资费和使用费两部分。投资费（又称原始费、购置费），是指一次性支出或集中在短时间内支出的费用。企业自制的设施与设备包括研究、设计和制造等费用；而外购的设施与设备则是指设施与设备的价格、运输费和安装调试费等费用支出。使用费（又称维持费），指的是在整个设施与设备寿命周期内，为了保证设施与设备正常运行而定期支付的费用，主要包括燃料能源消耗费、维修费、保险费、车船占用费和直接作业人员的工资等。目前，比较常用的经济评价方法有投资回收期法和费用换算法。

(1) **投资回收期法** 采用投资回收期法，首先应分别计算各备选方案的投资总额，同时要考虑由于采用该方案而分别在提高劳动生产率、节约能源消耗、提高物流服务质量、增加资源回收和利用率以及节省劳动力等方面所能带来的费用节约额，并依据投资费用与节约额分别计算各备选方案的投资回收期，然后进行

方案比较。一般在其他条件相同的情况下，投资回收期最短的方案就认为是经济上最优的方案。其计算公式为

$$投资回收期（T）=\frac{设施与设备的投资总额（元）}{采用该设施与设备后的年节约额（元/年）} \tag{5-1}$$

例[5-1]　某配送中心购进一台装卸设备，期初投资 40 万元，该设备投入使用后由于装卸效率的提高，每年可节约装卸费用 8 万元，求该设备的投资回收期？

解：
$$投资回收期（T）=\frac{设施与设备的投资总额（元）}{采用该设施与设备后的年节约额（元/年）}$$
$$=\frac{400\,000元}{80\,000元/年}=5年$$

（2）**费用换算法**　它是根据设施与设备最初一次投资费和设施与设备每年支出的使用费（操作费和维护费等），按照设施与设备的预期寿命和当前利率，换算为设施与设备平均每年的总费用或设施与设备预计寿命周期的总费用，然后对不同方案进行比较、分析与评价，并选择最优方案的方法。根据换算方法不同，又可分为年费法和现值法。

1）年费法（或称年值法和年价法）。这种方法是把设施与设备的原始投资费用，根据设施与设备的预计寿命周期，并按一定的年复利利率换算成相当于每年的费用支出，然后再加上每年的运营维持费得出不同设施与设备在寿命周期内平均每年支出的总费用，从中选择年总费用最低的设施与设备为最优方案。

其每年总费用 C_{yt} 计算公式如下

$$C_{yt}=K\frac{i(1+i)^n}{(1+i)^n-1}+C_a-C_b\frac{i}{(1+i)^n-1} \tag{5-2}$$

式中　K——一次投资费用；

C_a——每年维持费；

C_b——预期期末残值；

i——年利率；

n——车辆寿命周期（年）。

其中，$\frac{i(1+i)^n}{(1+i)^n-1}$一般称为投资回收系数，$\frac{i}{(1+i)^n-1}$称为等额年金现值系数，可按车辆寿命周期 n 和年利率 i 直接查系数表求得。

例[5-2]　某物流配送中心欲购置一台装卸搬运设备，现有 A 和 B 两个型号可供选择，A 型号设备的购置价格为 70 万元，投产后平均每年的维持费用为 8 万元，预计期末残值为 3 万元；B 型号设备的购置价格为 100 万元，投产后平均

每年的维持费用为 5 万元，预计残值为 7 万元；两种型号装卸设备的使用寿命预计为 10 年，设年利率为 5%。两种型号设备的其他情况均相同。试根据以上资料，用年费用比较法对两种型号的装卸搬运设备进行经济评价。

解：根据资金时间价值的系数表可查出资金回收系数为 0.129 5，也可以运用公式计算为

$$\frac{i(1+i)^n}{(1+i)^n-1}=\frac{5\%(1+5\%)^{10}}{(1+5\%)^{10}-1}=0.129\ 5$$

根据系数表又可查出等额年金现值系数为 0.079 5，也可以运用公式计算为

$$\frac{i}{(1+i)^n-1}=\frac{5\%}{(1+5\%)^{10}-1}=0.079\ 5$$

其最初投资费及每年维持费用如表 5-1 所示。

表 5-1 最初投资费及每年维持费用表 （单位：万元）

设备名称	最初投资	每年投资费	每年维持费	预计残值	残值折现	每年总费用
	（1）	（2）=（1）×资本回收系数	（3）	（4）	（5）=（4）×现值系数	（6）=（3）+（2）-（5）
A	70	9.065	8	3	0.238 5	16.826 5
B	100	12.95	5	7	0.556 5	17.393 5

A 型号设备的平均年度总费用=（70×0.129 5+8−3×0.079 5）万元
=（9.065+8−0.238 5）万元
=16.826 5 万元

B 型号设备的平均年度总费用=（100×0.129 5+5−7×0.079 5）万元
=（12.95+5−0.556 5）万元
=17.393 5 万元

根据以上计算的结果可以得出结论：应选择 A 设备，采用 A 设备后每年可以节约设备费用 0.567 万元（17.393 5 万元−16.826 5 万元）。

2）现值法（现价法）。这种方法是把设施与设备在预计寿命周期内每年支付的维持费和残值，按现值系数换算成相当于设施与设备的初期费用，然后再和设施与设备的原始投资费用相加，进行总费用现值的比较。其每年总费用 C_{yt} 计算公式为

$$C_{yt}=K+C_a\frac{(1+i)^n-1}{i(1+i)^n}-C_b\frac{1}{(1+i)^n} \tag{5-3}$$

式中 K——一次投资费用；

C_a——每年维持费；

C_b——预期期末残值；

i——年利率；

n——车辆寿命周期（年）。

其中，$\frac{(1+i)^n-1}{i(1+i)^n}$一般称为现值系数，$\frac{1}{(1+i)^n}$称为一次收付现值系数，可按车辆寿命周期 n 和年利率 i 直接查系数表求得。

例[5-3] 根据例[5-2]的资料，试用现值法对两种型号的装卸设备进行经济评价。

解：根据资金价值系数表可以查出等额年金现值系数为 7.721 7，也可以运用公式计算为

$$\frac{(1+i)^n-1}{i(1+i)^n}=\frac{(1+5\%)^{10}-1}{5\%(1+5\%)^{10}}=7.721\ 7$$

根据系数表又可查出一次收付现值系数为 0.613 9，也可以运用公式计算为

$$\frac{1}{(1+i)^n}=\frac{1}{(1+5\%)^{10}}=0.613\ 9$$

例如，在例[5-2]中按现值法计算的总费用如表 5-2 所示。

表 5-2 按现值法计算的总费用表 （单位：万元）

设备名称	最初投资	每年维持费用现值	预计残值	残值折现	10年内全部支出现值合计
	（1）	（2）=每年维持费×现值系数	（3）	（4）=（3）×现值系数	（5）=（1）+（2）－（4）
A	70	61.773 6	3	1.841 7	129.931 9
B	100	38.608 5	7	4.297 3	134.311 2

A 型号设备寿命周期的费用现值=（70+8×7.721 7−3×0.613 9）万元

=（70+61.773 6−1.841 7）万元

=129.931 9 万元

B 型号设备寿命周期的费用现值=（100+5×7.721 7−7×0.613 9）万元

=（100+38.608 5−4.297 3）万元

=134.311 2 万元

根据上面计算的结果比较可知：应选择 A 型号设备，采用 A 型号设备在设备整个寿命周期内可为该企业节约设备费用现值为 4.379 3 万元（134.311 2 万元−129.931 9 万元）。

上述两种方法虽然计算过程不同，但计算后得出的结论是一致的。

4. 物流企业设施与设备选择的方法

现代物流具有运输、保管、搬运、包装和流通加工等多种功能，物流设施与设备种类繁多，规则型号各异。物流企业必须结合本企业的经营业务范围和生产的实际需要，并兼顾企业的长远发展规划合理选择物流设施与设备。

（1）**存储设施的选择**　存储是现代物流活动的核心功能之一。存储设施与设备是最基本的设施与设备。如果存储设施与设备选择得好，既可以存放并有效地保护商品，又可以提高储存空间的利用率。物流企业在选择设施与设备时，要考虑以下几方面因素。

1）物流企业储存业务的运作方式，包括储位管理方式、储存密度和进出货方式等。

2）储存商品的特性，包括货物的物理性质、化学性质、体积、重量、包装形式及要求等。

3）存储业务量，包括货物进出库的频率和数量等。

4）搬运设施与设备，包括搬运设施与设备的性能、类型、规格及作业效率等。

5）库房结构，包括库房的高度、梁柱位置和地面条件等。

（2）**搬运输送设备的选择**　搬运输送是物流活动的基本构成要素之一。它一般是指在区域范围内（通常指在某一个物流结点，如仓库、车站或码头等）物品所发生的短距离和以水平方向为主的位移，主要由装卸、搬运、堆码、取货、分拣及理货等作业内容构成。常用的设施与设备包括库房、站台、货场、装卸机、起重机、叉车、堆码机及各种运输工具（如汽车、铁路列车、船舶和飞机等）。

搬运输送设施与设备的选择，主要应从作业方式之间的相互协调与配合、作业运动方向与方式、搬运距离、作业速度与效率及作业对象的体积、形状和重量等方面考虑，具体包括以下几个方面的因素。

1）商品的特性。不同的商品特性、单位重量与体积、包装方式与容器等都将直接影响到设备的适用程度，如鲜活易腐商品应选择保温车设备，易燃易爆商品应选择特种车辆等。

2）物流作业方式与作业量。搬运输送设施与设备的选择，应在配合配送中心的经营目标和服务方式的基础上，与物流作业方式和作业量相配合。一般情况下，如果企业的物流业务量较大，则设施与设备的自动化程度可以配置得高一些，虽然这样投资成本会上升，但其相应的产出量也会相应增加，从而使单位物流量的成本下降。

3）作业环境条件。通常搬运输送作业都是在常温下进行的，但如果需要在高温或低温条件下作业，则必须特别选用相应的传送带、轴承、驱动装置和润滑系统。

4）设施与设备系统的配套性。搬运输送设施与设备必须结合物流企业储存系统的运作方式配套选择。简单的储存系统可以选择人力作业车、叉车和简单装卸车等设备；复杂的储存系统可以选用无人搬运车、自动存取机及相应的自动控制系统等设备。

5）设备的维修性。搬运输送设施与设备的维护费用是设施与设备选择不可忽视的一项成本项目。维护费用的高低直接影响设施与设备的经济性，同时，设施与设备维护的难易程度及维护的保障条件也是影响设施与设备选择的一个重要因素之一。

物流企业的设施与设备的选择，除了上述储存和搬运输送设施与设备之外，还包括流通加工、包装和信息处理等设施与设备的选择。物流企业在选择流通加工、包装和信息处理设施与设备时，应根据客户的需求、商品的特性、物流量及商流和信息处理（收集、整理和传递等）要求等影响因素，审慎决策，避免投资的盲目性和低效率。

二、物流企业设施与设备的保管与使用

1．物流企业设施与设备的合理使用

设备的正确使用是设备管理中的一个重要环节，具体应抓好以下几项工作。

（1）**做好设备的安装、调试工作** 设备在正式投入使用前，应严格按质量标准和技术说明安装、调试设备，安装调试后要经试验运转验收合格后才能投入使用。这是正确使用设备的前提和基础。

（2）**合理安排生产任务** 使用设备时，必须根据工作对象的特点和设备的结构、性能特点来合理安排生产任务，防止和消除设备无效运转。使用时，要严禁设备超负荷工作，也要避免“大马拉小车”的现象，造成设备和能源的浪费。

（3）**切实做好操作人员的技术培训工作** 操作人员在上机操作之前，须做好上岗前培训，认真学习有关设备的性能、结构和维护保养等知识，掌握操作技能和安全技术规程等知识和技能，经过考核合格后，方可上岗。必须严禁无证操作（或驾驶）现象的发生。

（4）**建立健全一套科学的管理制度** 物流企业要针对设备的不同特点和要求，建立各项管理制度、规章制度和责任制度等，如持证上岗制、安全操作规程、操作人员岗位责任制、定人定机制、定期检查维护制、交接班制度及设备档案制度等。

（5）**创造使用设备良好的工作条件和环境** 保持设备作业条件和环境的整齐和清洁，并根据设备本身的结构和性能等特点。安装必要的防护、防潮、防尘、防腐、防冻和防锈等装置。有条件的还应该配备必要的测量、检验、控制、分析以及保险用的仪器、仪表和安全保护装置。这对精密、复杂和贵重设备尤为重要。

2. 设备的日常管理工作

设备的日常管理是指对设备进行分类、编号、登录以及调拨、事故处理、报废和日常养护等工作。

设备购进后，要根据设备的类别进行归类，然后进行编号，编号后进行逐项登录，即详细登录设备的名称、来源、生产单位、用途、技术参数及随主机附带的工具数量、安装地点等，并在使用过程中建立设备的技术档案制度。如果设备因故调出，则要在设备登录卡上详细记载设备的去向、所处状态、调出日期、交接地点及责任人等情况。

如果设备发生事故（或故障），操作人员和维修人员要分析事故（或故障）发生的原因，制定避免措施，并安排及时修复，使设备尽快恢复正常的运转状态。当设备已经在技术上和经济上认定不能或没有必要继续使用时，要请有关技术人员鉴定，经有关主管部门和领导批准，然后进行报废处理，使其退出生产过程。

第三节　物流企业设施与设备的维护和修理管理

物流企业设施与设备的维护和修理主要是针对物流企业的机械设备，以下介绍物流企业机械设备的维护与修理管理。

一、物流企业机械设备的检查

物流企业的设备检查是指在掌握设备的磨损规律条件下，对设备的运行情况、技术状态和工作稳定性等进行检查和校验，它是设备维修中的一个重要环节。

通过对设备的检查，可以全面掌握设备技术状态的变化和磨损情况，及时发现并消除设备的缺陷和隐患，找出设备管理中存在的问题，提出改进设备维修工作和管理工作的措施，便于有目的和有针对性地做好设备维修前的各项准备工作，以提高设备的维修质量和缩短维修时间，保证设备长期安全运转；并对设备是否需要进行技术改造或更新提供可靠的技术资料和数据，为设备技术改造和更新的可行性研究奠定良好的基础。

1. 物流企业设备检查的方法

设备检查的方法很多，具体分类如下。

（1）**按检查方式可分为人工检查和状态检查**

1）人工检查是指用目视、耳听、嗅味和触摸等感官检查及简单工具进行检查。

2）状态检查是指在设备的特定部位安装仪器仪表，对运转情况自动监测或诊断，以便能全面和准确地把握住设备的磨损、老化、劣化程度和其他情况。在此基础上进行早期预报和跟踪，有利于把定期维修制度改为有针对性的和比较经济的预防维修制度。对于大型、复杂、精密和贵重设备尤为有益。

（2）**按检查时间间隔可分为日常检查、定期检查和维修前检查**

1）日常检查是由操作人员或维修人员每天执行的例行维护工作，检查中发现的简单问题随时自行解决，疑难复杂问题应及时报告作维修处理。日常检查是预防维修的基础工作之一，贵在坚持。

2）定期检查是指主要由专业维修人员负责，操作人员参与检查。按规定的时间间隔，对设备性能及磨损程度进行全面的检查，以便合理地确定修理时间和修理种类。

3）修前检查是指对设备在临修理前进行的检查。

（3）**按检查内容可分为功能检查和精度检查**

1）功能检查是指对设备各项功能进行检查与测定，以便确定设备的各种功能是否符合要求，如检查漏油和漏气等情况。

2）精度检查是指对设备的加工精度进行检查和测定，以便确定设备精度低劣化情况，为设备的验收、修理和更新提供较为科学的依据。

2．物流企业机械设备的点检制度

物流企业机械设备的点检是对影响设备正常运行的一些关键部位进行经常性检查和重点控制的方法。

（1）**设备点检的含义** 设备的点是指预先规定的设备的关键部位或薄弱环节。设备的检是指通过人的五官或运用检测的手段进行检查，及时准确地获取设备部位（点）的技术状况或劣化的信息，及早预防维修。

进行设备点检能够减少设备维修工作的盲目性和被动性，及时掌握故障隐患并予以消除，从而掌握主动权，提高设备完好率和利用率，提高设备维修质量，并节约各种费用，提高总体效益。

（2）**设备点检的类别**

1）日常点检。每日通过感官检查设备运行中的关键部位的声响、振动、温度和油压等，并将检查结果记录在点检卡中。

2）定期点检。时间周期长短按设备具体情况划分，有一周、半月、一月和数月等。定期点检除凭感官外还要使用专用的检测仪表工具。定期点检主要是针对重要设备，要检查设备的性能状况、设备的缺陷、隐患以及设备的劣化程度，为设备的大修和项修方案提供依据。

3）专项点检。专项点检是有针对性地对设备某些特定项目的检测，要使用专用仪器工具，在设备运行中进行。

（3）**设备点检的步骤**

1）确定设备的检查点。设备的检查点往往是设备的关键部位或薄弱环节，检查点一经确定，轻易不要变动，并要长期积累历次检查数据和资料。

2）确定点检路线。检查点确定后，要根据设备的分布和类型等具体情况组成一条点检路线，并明确点检的前后顺序。点检路线确定后，也不许轻易变动。

3）确定点检标准。设备的点检标准要根据设备的各种资料并结合实际经验来制定，其标准要定量化，便于检查。

4）确定点检周期。由于设备各自的性能不同、特点不同和寿命不同，点检周期也不同。因此要根据实际情况，分别制定各设备的点检周期，以保证设备按时接受检查。

设备点检人员必须有高度的责任心和技术水平，切实做好点检工作，点检人员对检查信息记录要准确、简明、全面和规范。设备点检工作完成后，必须妥善保存和归档，以便今后工作所用。

二、物流企业设备维护保养管理

物流设备要经常处于完好状态，除正确使用设备外，正确的维护保养也非常重要。良好的维护保养能有效减少设备故障及修理次数，延长设备的使用寿命。

1．物流企业设备的故障规律

物流企业设备的不断运行，各零部件会发生不同程度的磨耗与损伤，使设备的技术状态不断下降，不可避免地出现干摩擦、零件松动和声响异常等不正常现象。这些都是设备的故障隐患，如果不及时处理和解决，就会造成设备的过早磨损，甚至酿成严重事故。物流企业设备发生故障存在一定的规律，掌握其规律，有利于做好设备的保养与维护工作。

设备的故障规律是指设备从投入使用直到报废为止的全过程中，设备故障的发展变化规律。设备的故障强度曲线如图5-1，形似浴盆，所以称浴盆曲线。

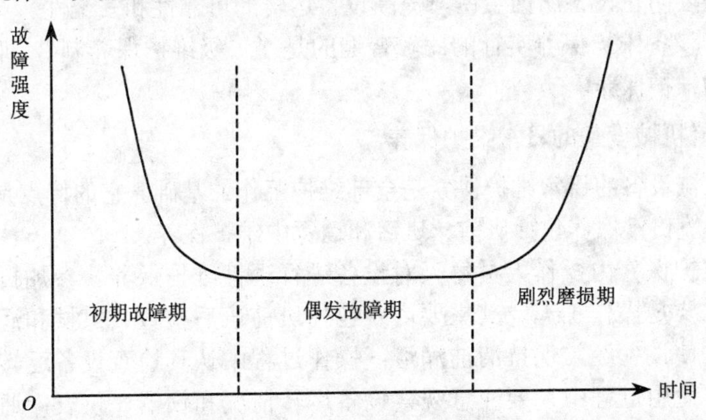

图5-1 设备的故障强度曲线

浴盆曲线可分为三个阶段。第一阶段称初期故障期，这一阶段的故障率较高，发生故障的原因一般是由于设计上的疏忽、制造质量欠佳和操作不协调引起的。第二阶段称为偶发故障期，在这一阶段设备已进入正常的运转阶段，故障率较低，基本上为一常数，大部分故障属于维护不好和操作失误而引起的偶发故障。第三阶段称剧烈磨损期，在此阶段设备的某些零件已经老化，因而故障率剧增。

保养与维护的作用就在于使设备技术状态缓慢变化，使浴盆曲线更趋水平，并使剧烈磨损期尽可能晚一些出现，即无故障的工作时间尽可能长一些。

2. 保养与维护工作的基本内容

保养与维护是一种预防性作业，是为了维护设备的完好工作状况和工作能力而进行的作业，其作用是在设备各大总成不解体的情况下，按照完成一定的工作量或运行一定的间隔时间，进行定期清洁、检查、补给、润滑、紧固、防腐和调整等一系列工作，以降低零件的磨损速率，预防故障发生，及时发现和处理设备运行中出现的异常现象，保证设备的技术状况良好。

设备保养与维护工作的基本内容是一致的，即清洁、安全、润滑、防腐和检查。

清洁是指清洁各种物流机械设备，做到无灰、无尘和整齐，保持良好的工作环境。

安全是指设备的安全保护装置要齐全，各种装置不漏水、不漏油、不漏气和不漏电，保证安全，不出事故。

润滑是指对设备各运动摩擦部位要定时、定点和定量地加注润滑油，保证运动中能得到正常的润滑，减少摩擦磨损，保证运转畅顺。

防腐是要防止设备腐蚀生锈，提高设备运转的可靠性和安全性。

目前，设备维护保养实行的比较普遍的是“二级维护保养制”，即日常维护保养和定期维护保养。

3. 物流机械设备的日常维护保养

物流机械设备的日常维护保养是全部维护工作的基础。它的特点是经常化和制度化。一般日常保养包括班前、班后和运行中维护保养。

日常维护保养由操作人员每天对设备进行理性维护保养。参加日常维护保养的人员主要是操作工人。其主要内容包括班前班后检查、擦拭和润滑设备的各个部位，使设备经常保持清洁润滑；操作过程中认真检查设备运转情况，在设备的日常使用过程中，要注意观察设备运转情况和仪器、仪表，通过声音和气味等发现异常情况。设备不能带病运行，及时排除细小故障，并认真做好交接班记录。

4．物流机械设备的定期保养

物流机械设备的定期保养是指在设备运行一定间隔时间或里程后，由操作人员和保养人员按规范有计划地进行的强制性保养，是对物流机械的全面性维护工作。定期保养是物流机械设备运行管理和状态维修管理的重要组成部分，是使物流机械能经常保持良好技术状态的预防性措施。定期保养的基本内容如下。

1）对机械进行清洁和擦洗。

2）检查、调整和紧固各操纵、传动及连接机构的零部件。

3）对各润滑点进行检查、注油或清洗换油。

4）调整和检查安全保护装置，保证其灵敏可靠。

5）更换已磨损的零部件。

6）使用相应的检测仪器和工具，按规范对主要测试点进行检测，并做好检测记录。

此外，物流企业在实施设备维护保养制度过程中，应该对那些已运转到规定期限的重点和关键设备，不管其技术状态好坏，生产任务缓急，都必须按维护保养的作业范围和要求进行检查和维护保养，以确保这类设备运转的正常完好和具有足够的精确度和稳定性。

三、物流企业设备修理管理

物流设备在使用过程中，由于各零部件的磨损、老化和腐蚀等原因在使用到一定的寿命期限时，其技术性能和使用性能必然会下降，使费用增加，因此必须根据不同的情况，采取修理、更换和改造等补偿措施。修理是对设备有形磨损的局部补偿。

1．设备的磨损规律及磨损补偿

（1）**设备的磨损类别** 设备的磨损一般分为有形磨损和无形磨损两大类，其中有形磨损又分为第一类有形磨损和第二类有形磨损，无形磨损也分为第一类无形磨损和第二类无形磨损。

有形磨损是指设备实体上的磨损，又称物质磨损。物流企业的设备在使用（或闲置）过程中发生的实体磨损称为有形磨损，也称物质磨损。有形磨损又分为机械磨损（也称第一类有形磨损）和自然磨损（也称第二类有形磨损）。机械磨损是指设备在使用过程中，由于设备零部件的摩擦、振动、疲劳和腐蚀，致使设备发生磨损或损坏，通常表现为零部件原始尺寸和形状的改变，公差配合性质的改变，效率下降和障碍增多等。它主要与设备的使用时间和强度有关系。自然磨损是指设备在闲置过程中，由于自然环境的作用及管理维护不善而造成的，通常表现为设备锈蚀、材料老化和功能下降等，它在一定程度上与设备的闲置时间长短和设备的维护好坏有关。

无形磨损是由于技术进步引起的原有设备技术上的陈旧与贬值，也称经济磨损。它表现为设备原始价值的降低。无形磨损按形成的原因也可分为两类：一是由于技术进步而使生产同种设备的社会必要劳动消耗减少，成本降低，价格下降，导致原有设备价值降低，这是第一类无形磨损。这种无形磨损的后果，只是现有设备的原始价值贬值，设备本身的技术特性和功能即使用价值并未发生变化，所以不会影响现有设备的使用；二是由于技术进步，市场上出现了性能更完善、效率更高、消耗原材料和能源更少的新型设备，而使原有设备在技术上相对陈旧落后，导致原有设备相对贬值，这是第二类无形磨损。它不仅可以使原有设备相对贬值，而且由于生产出来的产品成本过高，会使原有设备局部或全部丧失其使用价值。

设备在使用期内，既要遭受有形磨损，又要遭受无形磨损，所以设备所受的磨损是双重的和综合的，称为设备的综合磨损。两种磨损都会引起设备原始价值的贬值，这一点两者是相同的。不同的是，遭受有形磨损的设备，当有形磨损严重时，在修理之前往往不能正常工作；而遭受无形磨损的设备，即使无形磨损很严重，仍然可以使用，只不过继续使用它，在经济上是否合算，需要进行分析研究。

（2）**设备有形磨损规律** 物流企业在生产过程中，设备的有形磨损规律大致可以分为三个阶段，如图 5-2 所示。

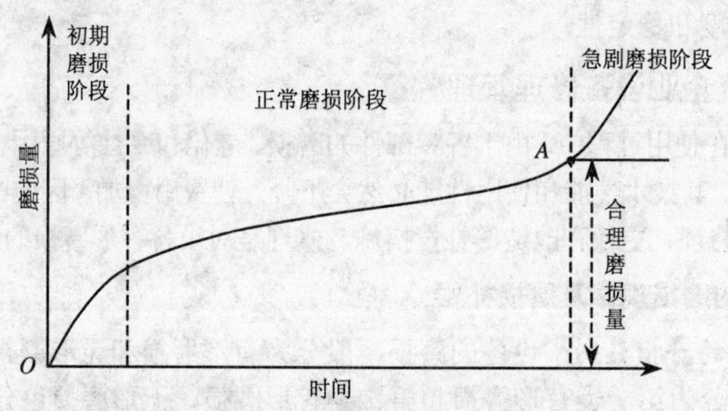

图 5-2 设备磨损规律示意图

第一个阶段：初期磨损阶段。初期磨损阶段又称磨合磨损阶段，或走合期。在这个阶段中，由于设备各零件在加工和制造的过程中，无论经何种精密加工，其表面仍有一定的粗糙度，当相互配合作相对运动时，零件表面微观几何图形，如表面粗糙度和不平度等，在受力情况下迅速磨损，不同形状零件之间的相对运动也会发生磨损。这个阶段的主要特点是设备磨损快，时间短。

第二个阶段：正常磨损阶段。由于经过第一阶段的磨合，表面基本光滑平整，此阶段设备磨损的速度比较平稳，磨损增值缓慢。这时设备处于最佳的技术状态，设备的生产率、运转的稳定性和精确性最有保证。这是设备处于最佳技术状态的曲线。设备的生产率最高，服务质量最有保证，而且经历时间较长。

第三个阶段：急剧磨损阶段。当零件磨损超过一定限度，零件正常磨损关系被破坏，使磨损加剧，磨损量急剧上升，以致设备的精度、工作性能和生产效率显著下降。在正常磨损和急剧磨损阶段之间有一个临界点 *A*（如图 5-2 中的 *A* 点所示），一般称为正常磨损极限点。它既是正常磨损阶段的终点，又是急剧磨损阶段的起点。这就要求停止使用设备，及时进行修理。

不同设备各个磨损阶段的时间不同，即使是同一型号和同一规格的设备，由于使用和维修不同，其损坏的时间也不尽相同。因此，掌握了设备的磨损规律，在磨损的不同阶段给予不同的养护和维修，就能使企业设备经常保持良好的技术状态。

（3）**设备磨损的补偿**　要维持企业生产的正常进行，必须对设备的磨损及时进行补偿。由于设备遭受的磨损形式不同，补偿磨损的方式也不一样。补偿分局部补偿和完全补偿，设备有形磨损的局部补偿是修理；设备无形磨损的局部补偿是现代技术改造；有形磨损和无形磨损的完全补偿则是更新，如图 5-3 所示。

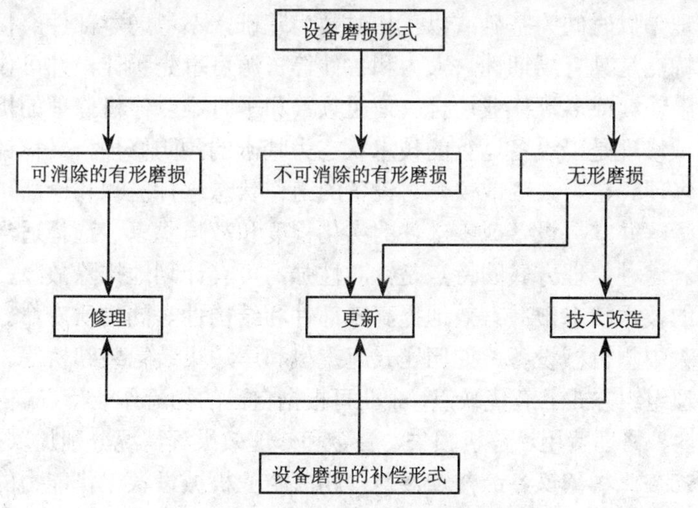

图 5-3　设备磨损与补偿的相互关系

2．物流企业机械设备的修理管理

设备的修理不同于维护保养，修理的主要目的是修复和更换已经磨损或腐蚀的零部件，使设备恢复其技术性能和使用性能，保证其发挥正常功能。对于自然有形磨损的修理称为正常修理；对于事故性损坏的修理称为非正常修理。物流企业设备的修理主要是针对机械设备。

物流企业机械设备的修理管理应贯彻“视情修理”的原则，即根据物流机械设备检测诊断和技术鉴定的结果，视情按不同的作业范围和深度进行，也就是按需要决定修理内容和实施时间，既要防止拖延修理（又称失修），造成物流机械设备状况恶化，又要防止提前修理（又称早修），造成浪费。

（1）**物流企业机械设备修理的组织方式**

1）事后修理。物流企业机械设备在发生故障而丧失其基本功能后进行的修理称为事后修理（又称故障修理）。它一般为非计划性修理，适用于利用率低、修理复杂程度低、能及时提供备件和实行预防修理在经济上不合理的中小型机械设备，如中小型起重机等。

2）改善修理。根据故障记录和状态监测结果，在修复故障部位的同时对设备性能或局部结构加以改进，根除故障根源的措施，称为改善修理。改善修理适用于机械设备某些结构的原设计制造不合理的情况，目的在于提高和改善局部结构或系统的可靠性和维修性。

3）预防修理。根据设备的工作环境、零部件及控制系统等状况，依靠监测信息，事先编制修理计划、修理项目及相应的工艺方案，开展对设备的维修作业，称为预防修理。预防修理可分为两大类：一是定期修理，二是定检定项修理。

定期修理是以时间为基础或以工作时数为基础，不考虑零部件磨损规律的修理方式。其特点是具有周期性，人力和备件等资源可事先预计，并可作长期计划安排。适用于连续或多班作业场合、使用频繁和平时难以停机修理的机械设备。

定检定项修理是以设备运行的技术状态为基础的预防修理，又称针对性修理或状态监测修理。它用人工或仪器对设备的工作状态进行监测和诊断，通过数据分析处理，了解并掌握设备或零部件的劣化程度和故障隐患，选择适当的时机安排修理工作。这种修理方式的特点是针对性强，可有计划地排除故障，使设备经常处于完好的技术状态，并有效地提高零部件和结构件等的物质寿命。这种修理方式适用于大中型机械设备，如门座式起重机和岸边集装箱装卸桥等。

以上修理组织方式各有优缺点，企业可根据自己的物流作业特点、各类物流作业机械的特性、修理费用、停机损失、资金和修理效果等情况分别加以择优选用。

（2）**物流企业机械设备的修理类别** 物流企业机械设备工作能力的下降和技术状态的劣化是逐渐发生的过程，而设备的修理却是间断发生的过程。根据修理内容和工作量的不同，修理作业可以划分为以下不同的类别。

1）小修。小修是指工作量较小的局部修理。设备的小修是指按定期维修规定的内容或针对日常点检和定期检查发现的问题，部分拆卸零部件进行检查、修整、更换或修复少量磨损件；同时通过检查、调整和紧固机件等技术手段，恢复设备的使用性能。

小修的工作内容除日常保养和定期保养的全部内容之外，还要根据物流机械设备的磨损规律，进行机、电检修，通常只须在设备所在地点更换和修复少量的磨损零件或调整设备，排除障碍，以保证设备能够正常运转。小修费用直接计入企业当期的生产费用内。

2）项目修理。项目修理简称项修，是指根据设备的技术状态，对设备的精度和功能达不到工艺要求的某些项目按需要进行针对性修理。修理时一般要部分解体、修复或更换磨损机件，必要时进行局部刮研，校正机床的坐标，以恢复设备精度和性能。这里的项目是指设备部件、装置或某一项设备的输出参数。

项目修理是在设备运行状态管理的基础上，针对设备技术状态的劣化程度，特别是在已判明故障的情况下，所采取的有针对性的修理活动。项目修理的特点是修理内容明确，针对性强，可节省修理时间、人力、物力和费用，效果较好。项目修理须对设备进行部分解体，通常由专职维修人员在设备作业现场或机修车间内完成。项目修理费用也是直接计入企业的生产费用。

3）大修。设备的大修是计划修理工作中工作量最大的一种修理。在大修时，要对被修设备进行全部解体，修理基准件，修复或更换全部磨损件，同时修理和修整电气部分以及外表翻新，从而全面消除设备修理前存在的缺陷，恢复设备原有的精度、性能和效率。

设备大修是指在全面恢复设备工作能力的修理工作，使设备的精度和性能等达到或接近原出厂水平。为了改进和提高设备的工作能力，可以对需要改进的部位（部件或项目）或整机，结合大修进行现代化改装。

设备大修后，质检部门和设备管理部门应组织有关单位和人员共同检查验收，合格后办理交接手续。大修一般是由专职机检修人员进行。因为大修的工作量大、修理时间长和修理费用较高，所以进行大修之前要精心计划好。大修发生的费用，由企业大修基金支出。

大修、项修和小修三者都具有恢复物流机械设备技术性能和使用性能的功用，但具体的工作内容和范围各不相同。大修是整机全面性恢复的修理，项修是针对性调整与恢复的修理，小修是排除故障性的修理。物流企业机械设备的大修、项修和小修都应以技术状态监测为基础，以提高修理的计划性、准确性和经济性，减少不必要的拆卸或过剩修理。

（3）**设备大修经济界限的确定** 在设备寿命周期内，对设备进行适度的大修，一般在经济上是合理的。长期无休止的大修却是不经济的。为此要掌握好设备大修的经济界限和设备大修周期数的确定。

1）设备大修的经济界限。

在什么条件下进行大修在经济上才是合理的呢？

首先，某次大修费用不能超过同种设备的重置价值，通常把这一标准称为设备大修的最低经济界限。

其次，设备大修后，使用设备完成单位工作（单位运输量）的成本，在任何情况下，都不能超过使用新设备完成单位工作的成本。

只有同时满足上面两个条件的大修，在经济上才是合理的。对技术进步较快，无形磨损期较短的设备来说，很可能用新设备完成单位工作任务的单位费用较低。

这时，第二个条件作为经济界限，则更为重要。

2）设备大修周期数的确定。

一台设备到底大修到第几个周期最为适宜？

图 5-4 表示了设备大修间隔周期及大修次数与设备运行费用之间的关系。

设备投入使用以后，由于有形磨损，运行费用逐渐升高，临近大修时达到最大值。进行大修后，各项技术经济指标都会有不同程度的改善，运行费用显著下降。在图 5-4 中，经过第一次大修，运行费用由 B 降至 E。进入下一个修理间隔期后，随着使用时间的延续，运行费用又会逐渐增加，再次大修后，又会有显著下降，在图 5-4 中，第二次大修使运行费用由 C 降至 F，第三次大修后，由 D 降至 G。尽管每次大修都会使运行费用下降，但后一次大修后与前一次大修后相比，运行费用总是要有所升高，且修理间隔期要缩短，这就是说，随着大修次数的增加，修理费用和设备运行费用都会不断增加。设备使用时间越长，大修次数越多，运行费用越高。

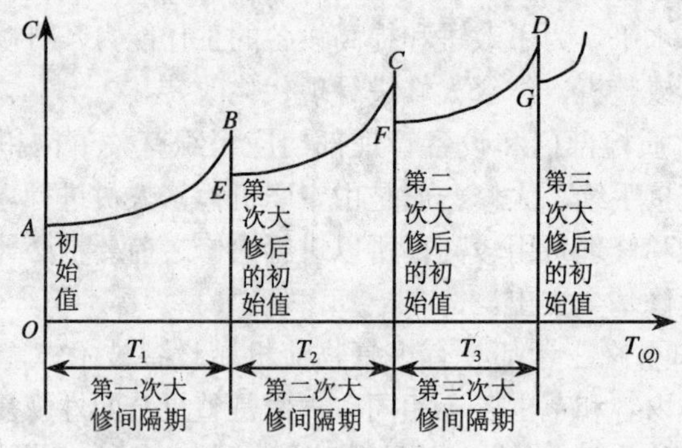

图 5-4 修理间隔与运行费用的关系

上述分析表明，将设备长期无止境地大修，在经济上是不合算的。要提高设备使用的经济性，必须找到设备大修的最佳周期数。超过这个经济界限，就应考虑用新设备代替旧设备。

第四节 物流企业设施与设备的更新、改造和报废管理

一、物流企业设施与设备的更新

物流企业的设备从购置到投入使用，通常要经历一段较长的时间。在这段时

间内，设备会逐渐磨损，当设备因损坏或落后等原因而不能或不宜继续使用时，就需要进行设备改造或更新。

所谓设备更新，是指以比较先进的和比较经济的设备来代替物质、技术和经济上不宜继续使用的设备。其目的一方面是为了适应科学技术的发展，保证将新工艺、新技术和新材料迅速运用于生产；另一方面也是为了使产品优质、低耗和高效益的需要。

物流企业的设备更新，就是用新设备代替原有旧设备完成相同的工作（或服务）。一台物流设备随着使用时间不断增加，由于物质磨损，其效率逐渐降低，运营和维修费用不断增加，物流服务质量不断下降，越来越不能满足生产的要求，这时原有设备就需要更新。另外，随着科学技术的迅速发展，多功能和高效率的物流设备不断出现，使得继续使用原有设备不够经济，这时也需要设备更新。

设备更新的方式归纳起来主要有设备的原型更新和设备的技术更新两种。

设备的原型更新是指同型号的设备以新换旧。这类更新主要用来更换坏损和老旧的设备。这种更新只考虑有形磨损而不考虑无形磨损，在设备的整个使用期内没有更先进的设备出现，仍以原型设备更新。这样就可以在不增加企业设备机型的条件下，保证原有产品的质量，减少因使用老旧设备的能源和维修费的超额支出。但是，它不具有技术更新的性质，因此，如果大量采用该方式，那么不但不能大幅度地提高企业的经济效益，而且还会影响企业的技术进步。

设备的技术更新又称新型设备更新，是指以结构更先进、技术更完善、效率更高、性能更好、能耗更少和外观更新颖的设备来代替落后陈旧的设备。新型设备更新，在技术进步的条件下，由于无形磨损的作用，设备经营费用尚未升到应该用新型设备代替现有设备之前，就出现了工作效率更高和经济上更好的设备，这时就要对继续使用旧设备还是购买新型设备进行比较。新型设备更新就是用效率或经济上不宜继续使用的设备，这种更新能真正解决设备的损坏和技术落后问题。设备更新主要是指这一方式。它是企业实现技术进步的重要途径。

1．设备的寿命

为了提高设备更新的经济效果，在设备更新的分析过程中，存在如何确定合理的设备寿命问题。设备的寿命有物质寿命、技术寿命、经济寿命和折旧寿命 4 种。

（1）**物质寿命**　物质寿命是指从设备投入使用领域开始到报废退出使用领域为止所经历的时间，称为设备的物质寿命，又称自然寿命。它是由有形磨损决定的，与维修的好坏有关。延长设备物质寿命的主要措施是修理，其报废界限是最后一次大修是否进行的经济界限。

（2）**技术寿命**　技术寿命是指从设备投入使用开始，直至因技术落后而淘汰为止所经历的时间，称为设备的技术寿命。设备的技术寿命是由无形磨损决定的，其长短与技术进步的速度有关，技术进步越快，设备技术寿命越短。通过现代化改装，可延长设备的技术寿命。技术寿命一般短于物质寿命，当更先进的设备出现或生产过程对原有设备技术性能提出更高的要求时，原有设备在其物质寿命尚未结束前就被淘汰。

（3）**经济寿命** 经济寿命是指由设备的开始使用到年平均总费用最低所经历的时间，称为设备的经济寿命。经济寿命是指从经济的角度看设备最合理的使用年限。一项设备可供使用的年限越长，则分摊到每年的设备购置费用（包括购价、运输费和安装调试费等）就越小，相反，设备的运行费用（操作费、维修费、材料费及能源耗费等）越多。设备的经济寿命是设备最佳更新时机的具体表现。研究设备的经济寿命为确定设备的更新时间及改造与更新决策提供科学依据。

（4）**折旧寿命** 设备的折旧寿命是指使用部门预计提取设备折旧费的时间年限。折旧寿命的终止并不意味着设备使用寿命的终结，折旧寿命一般介于技术寿命（或经济寿命）与物质寿命之间。设备的折旧寿命并不等于设备的物质寿命，一般是国家统一规定的。为了避免设备的无形磨损，企业通常采用加速折旧法，缩短设备的折旧寿命，加速固定资产的回收。

追求技术进步和提高经济效益是研究设备更新决策问题的根本出发点，而讲求技术进步的目的最终还是为了提高经济效益。因此，确定设备更新最佳周期的总原则是使设备一次性投资和各年费用的总和达到最小。

2．物流企业机械设备更新的对象

物流企业机械设备的更新对象包括以下几类。

（1）**役龄过长和技术经济性能差的物流机械设备** 机械设备的役龄是机械设备投入使用的年限。机械设备超过了规定的使用年限，即到了退役阶段，设备的有形磨损和无形磨损都达到相当大的程度，难以恢复其功能，并造成设备维持费用大量超支，这样的机械设备应是更新的对象。

（2）**大修次数过多或修理后技术状况仍不能恢复的机械设备** 机械设备每经过一次大修，其性能保持性就会下降一次，运行和修理等维持费用增大，大修周期也会缩短。过多的大修不仅经济上不合理，而且会阻碍技术进步。一般物流机械设备超过三次大修时应考虑更新。

（3）**先天性制造质量低劣的物流机械设备** 对一些制造质量低劣的机械设备，使用性能和维修性能都较差，难以改善其性能，又无改造修理的价值，应作为更新对象。

（4）**严重浪费能源的物流机械设备** 有些机械设备在制造时就存在耗能高的

缺陷，不仅对企业的经济效益不利，而且违背国家节能的方针。因此，对耗能高而又难以改造或无改造价值的机械设备，应果断地进行更新。

（5）**技术落后或相对陈旧的物流机械设备** 有些机械设备技术落后，不仅劳动生产率低，劳动条件也较差，安全性不能满足物流作业要求，严重影响操作人员或周围人员的安全。这些机械设备经过分析论证后应予以更新。

（6）**严重污染环境的物流机械设备** 这些机械设备使用中将对周围环境造成极大的危害，如难以采取改造措施或经济上不合算时，应予以更新。

3．物流企业对设备更新进行经济分析时应遵循的原则

为使物流机械设备得到及时更新，企业物流需要根据作业要求和性质、使用状况和现实情况，一方面是以国家规定的机械报废条件为主来选择更新对象（属于定性分析），另一方面是进行更新后的经济效果比较（属于定量分析）。物流企业在对设备更新进行经济效果分析时，应遵循以下几个原则。

（1）**只分析费用原则** 不管是购置新设备，还是改造旧设备，在设备经济分析中一律只分析其费用。通常设备更新或改造，其生产能力不变，所产生的收益相同（若生产能力变化了，可经过等同化处理，将生产能力的不同转化为费用的不同）。这样，设备更新的评价就是在相同收益的情况下对费用进行评价，属于费用型方案的分析。可以使用的经济评价方法包括年成本法、现值费用法及追加投资经济效果评价法。

（2）**分析期一致原则** 在对设备进行更新分析时，分析期必须一致，在实际工作中，通常采用年费用法来进行方案比较。

（3）**不考虑沉没成本原则** 通常旧设备更新，往往未到其折旧寿命期末，账面价值和转售价值之间存在差额，所以存在着沉没成本。在购置新设备时，沉没成本是一种投资损失，但这一损失是由过去的决策造成的，不应计入新设备的费用中，可以在企业盈利中予以扣除。但在进行设备购置的决策中，不予考虑。

（4）**旧设备应以目前可实现的价格与新设备的购置价格相比原则** 在进行设备更新分析时，应将新旧设备放在同一位置上进行考虑。对于旧设备，应采用最新资料，即看做是一个目前可以实现的价格购买，以剩余的使用寿命为计算期的设备，以便与以现在的价格购买、以使用寿命为计算期的新设备相比，这样，在更新分析中，才不至于发生决策失误。

4．物流企业设备原型更新的决策

物流企业设备原型更新可以通过分析设备的经济寿命进行更新决策，即在设备年平均费用最小时更新是最经济的。也就是说，设备原型更新的问题也就是计算设备经济寿命的问题。

（1）**低劣化数值法** 物流企业的物流设备在使用过程中，随着其完成的物流

作业量（或使用时间）的不断增加，其技术性能也不断下降，这种现象叫做物流设备的低劣化。物流企业一台设备的总费用，主要包括折旧费和使用费（包括设备维护保养和修理费、能源消耗费、设备事故停产损失与效率损失费等）两部分。若设备使用年限愈长，则年平均折旧费愈少，此时，由于设备日益老化，支出的使用费用就会增加。只要保证上述两项费用之和即设备的总费用最小，对企业来说，就是最经济的。设备的经济寿命实质上也就是使设备总费用最低的年限，它也是设备的最佳更新周期，设备总费用曲线示意图如图 5-5 所示。

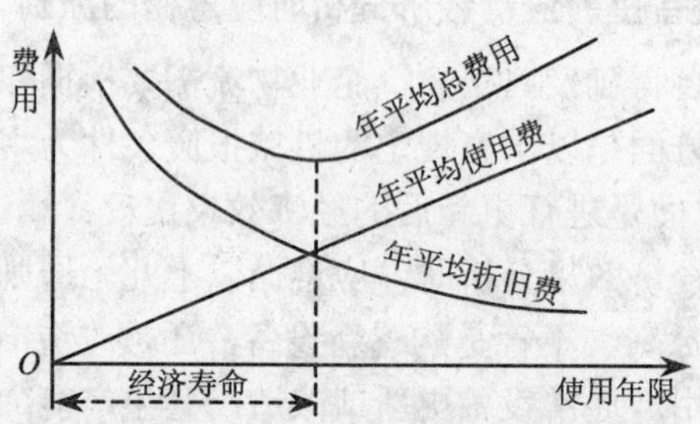

图 5-5　设备总费用曲线示意图

现假定物流设备的燃料费、维修费和大修费等经营费用以一个固定的值增加，并且残值是一次性的，这时，可以考虑用低劣化数值法计算物流设备的经济寿命，并把这个固定的值称为单位物流作业量低劣化增加值，用符号 q 表示。

设 K_0 代表设备的原始价值，S 代表设备的残值，T 代表设备的使用年限，则设备每年平均分摊的资金费用（折旧）为 $\frac{K_0-S}{T}$。随着设备使用年限 T 的增加，按年平均的设备费用不断减少，但设备的维护费用、燃料和动力消耗增加，即设备性能出现了低劣化。若设备第一年的经营费用为 Q，以后逐年增加一个固定的值 q，第 T 年增加（$T-1$）q；则设备年经营费用的平均值为 $Q+\frac{T-1}{2}q$，所以，设备的年平均总费用为

$$C(T)=\frac{K_0-S}{T}+Q+\frac{T-1}{2}q \tag{5-4}$$

则设备的经济寿命为

$$T_0=\sqrt{\frac{2(k_0-S)}{q}} \tag{5-5}$$

若不计设备的残值，则

$$C(T)=\frac{K_0}{T}+Q+\frac{T-1}{2}q \tag{5-6}$$

则设备的经济寿命为

$$T_0=\sqrt{\frac{2k_0}{q}} \tag{5-7}$$

代入上式，可求得经济寿命期的年平均总费用为

$$C(T)=Q+\sqrt{2k_0q}-\frac{q}{2} \tag{5-8}$$

例[5-4]　某物流企业购进一台新设备，初始投资为 8 000 元，不论何时，其残值均为零，设经营费用第一年为 3 000 元，以后每年增加 1 000 元，试计算该设备的经济寿命及最小平均总费用。

解：根据式（5-7）求得经济寿命为：

$$T_0=\sqrt{\frac{2k_0}{q}}=\sqrt{\frac{2\times 8\,000}{1\,000}}\text{年}=4\text{ 年}$$

又根据式（5-8）求得设备最小年平均总费用为：

$$\begin{aligned}C(T)&=Q+\sqrt{2k_0q}-\frac{q}{2}\\&=3\,000\text{ 元}+\sqrt{2\times 8\,000\times 1\,000}\text{元}-\frac{1\,000\text{元}}{2}\\&=6\,500\text{ 元}\end{aligned}$$

如果有的设备可靠性很好，运行及维修费用随着时间的增加而增加的趋势不十分明显，也就是说低劣化数值很小，此时，按公式计算出的经济寿命将很长。低劣化数值法主要考虑消耗指标，但需要掌握大量比较精确的原始统计数据，使计算变得复杂，并且它还有一定的适用范围。

（2）**面值法**　如果物流企业的物流设备的残值不能视为常数，即设备残值随着其完成的物流作业量（或使用时间）的变化而变化，设备的运行成本不与物流作业量（或使用时间）呈线形关系，且无规律可循。这时，可根据物流企业的记录或者根据同类设备的统计资料或者通过对设备将来实际运行情况的预测，用列表的形式采取面值法来判断设备的经济寿命。

面值法的计算公式为

$$C(T)=\frac{K_0-S_t+\sum C_{ot}}{T} \tag{5-9}$$

式中 $C(T)$—— 设备使用 T 年的年平均费用；

C_{ot} ——第 t 年的年运行成本；

K_0 ——设备原值；

S_t ——设备第 t 年的实际残值。

例[5-5] 某物流配送中心购置一辆小型货运载货汽车，其购价为 80 000 元，年使用费用及年末残值如表 5-3 所示，试确定其经济寿命。

表 5-3 小型货运载货汽车年使用费用及年末残值 （单位：元）

年 限	1	2	3	4	5	6	7
年经营费	10 000	12 000	14 000	18 000	23 000	28 000	34 000
年末残值	60 000	50 000	40 000	33 000	28 000	10 000	5 000

解： 根据经济寿命的定义，找出年平均成本最低时所对应的使用年数，如表 5-4 所示。

表 5-4 年总费用计算表 （单位：元）

使用年限（1）	年经营费（2）	累计经营费用（3）=∑（2）	年平均经营费用（4）=（3）÷（1）	年末残值（5）	年折旧费（6）=［80 000–（5）］÷（1）	年总费用（7）=（4）+（6）
1	10 000	10 000	10 000	60 000	20 000	30 000
2	12 000	22 000	11 000	50 000	15 000	26 000
3	14 000	36 000	12 000	40 000	13 333	25 333
4	18 000	54 000	13 500	33 000	11 750	25 250
5	23 000	77 000	15 400	28 000	10 400	25 800
6	28 000	105 000	17 500	10 000	11 667	29 167
7	34 000	139 000	19 857	5 000	10 714	30 571

事实上，如果将折旧寿命当做设备的自然寿命，静态计算的年平均购置费用，就是按直线折旧法计算出的折旧费。通过计算，使用小型货运载货汽车的年平均总费用在使用年限为 4 年时最低，其值为 25 250 元，所以该小型货运载货汽车的经济寿命为 4 年，即第 4 年更新最经济。

5．设备新型更新的决策

在技术不断进步的条件下，多数物流设备不仅受第一类无形磨损的影响，而且还要受第二类无形磨损的作用，原设备还未使用到经济寿命年限，市面上就出现了性能更好、效率更高、消耗费用更省和经济效果更佳的新设备，这时就存在应在什么时候更新原设备最经济的问题？也就是说，设备新型更新的决策的主要内容是最佳更新时机的选择。

设备新型更新的最佳更新时机的选择原则是：当旧设备再继续使用一年的年费用（即旧设备的年边际成本）超过新型设备的最小年费用时，就应该立即更新。

例[5-6]　某物流配送中心有旧叉车一台，若要现在出售，预计市场价格为40 000元，并估计还可以继续使用4年。目前市场上出现的新型叉车的价格为100 000元。两种叉车的年经营费用及残值如表5-5所示，当利率i=10%时，试确定旧叉车的合理更新时间。

表5-5　旧叉车与新型叉车的年经营费用及残值　（单位：元）

使用年限/年	旧叉车			新型叉车		
	年经营费	残值	年总费用	年经营费	残值	年总费用
1	30 000	30 000	44 000	20 000	75 000	55 000
2	35 000	20 000	45 905	22 500	56 200	52 050
3	40 000	10 000	47 744	26 000	43 000	49 862
4	45 000	0	49 528	29 600	33 000	48 583
5				34 000	21 000	48 697
6				38 500	10 000	46 159
7				50 000	1 000	46 458

旧叉车与新型叉车年费用的计算如表5-4所示，从表中可以看出，旧叉车使用3年时年费用超过了新型叉车的最小年费用，即47 744元>46 159元，因此，旧叉车的合理使用年限为2年，说明旧叉车只能再使用2年就应该更换为新型叉车。

二、物流企业设施与设备的改造

设备改造是指应用现代科学技术成就，根据生产发展的需要，改变原有设备的结构，或旧设备增添新部件和新装置，改善原有设备的技术性能和使用指标，使局部达到或全部达到现代新设备的水平，其实质是设备的局部更新。

由于设备改造比研制新设备的周期短、费用省和见效快，对发展新产品，促进科技进步十分有利，对技术老化的设备进行技术改造，能够获得更好的技术经济效益。

1．设备改造的内容

设备改造的方案必须经过初步设计和技术经济评价，与各种方案进行对比分析，选择确定最佳方案。设备改造既要考虑设备的技术性和适用性，又要考虑它的经济性。一般最普通和最典型的设备改造，不是改造役龄最长或役龄最短的设备，而是役龄为中年的设备；不是从根本上改变原有设备的结构，而是在原有基础上改革或增加某些机构，改善设备的技术性能。设备改造的内容很广泛，主要包括以下内容。

1）提高设备的自动化程度，实现数控化和联动化。

2）提高设备的功率、速度和刚度，扩大和改善设备的工艺性能。

3）将设备改装成高效的和专用的设备。

4）提高设备零部件的可靠性和维修性。

5）实现加工对象尺寸公差的自动控制。

6）改装设备的监测监控装置。

7）改进润滑和冷却系统。

8）改进安全、保护装置及环境污染系统。

9）降低设备原材料及能源消耗。

10）使零部件通用化、系列化和标准化，提高三化水平。

2. 设备改造的实施

设备改造的实施程序与制造新设备基本相同。企业改造一条生产线，往往包括制造数台专用设备、改造数量大的老设备、采购少量的新设备和充分利用原有的老设备。因此，设备改造计划工作由企业主管生产部门统一负责，确定方案，并向有关单位下达改造计划和安排制造、施工任务。改造设计按计划部门提出的设计任务书进行。较小的单台设备改造，大部分是结合修理进行的，一般由修理主管部门负责。

每项设备改造工程，无论是单台进行的较大工程还是结合修理进行的较小工程，都必须有改造设计图纸，并将竣工图及修理技术资料整理存档。

设备改造后，对原有设备的技术管理资料要重新整理，对原有设备的专用备件要进行妥当处理。

三、物流企业设施与设备的报废

物流企业设施与设备经过长期使用后，技术性能变坏，小修频率加快，效率降低，物料消耗增加，维修费用增高，经济效益下降，必然导致报废。设施与设备报废应严格掌握设施与设备报废的技术条件，提早报废必然造成浪费；过迟报废则增加成本，也不符合经济原则。

设施与设备或总成的报废，应符合经济合算和技术合理的原则。根据国家已颁布的有关文件与当地的使用情况，制定设施与设备和各总成报废的具体条件。

对被更换（淘汰）的旧设备，应组织技术鉴定，区别不同情况进行处理。经处理后的设备变价收入款项，按规定要用于设备更新改造，不得挪作他用。

报废汽车要符合《报废汽车回收管理办法》的规定。报废的压力容器及国家规定的淘汰设备，不准转售其他单位使用。

复习思考题

1．简述物流企业技术管理的意义。

2．简述物流企业设施与设备的技术管理的具体任务。

3．物流企业设施与设备从大的方面分为哪三大类？

4．物流企业在选择物流设施与设备时应考虑哪些原则？

5．物流企业应如何做好物流设施与设备的使用、维护和修理？

6．物流企业设备更新分析的比较原则是什么？

7．简述设备的技术改造及其作用。

计算题

1．设某物流企业为添置新设备，提出三个投资方案的有关数据如表 5-6 所示。试采用投资回收期法对三个方案进行经济评价，并选择出最优的设备投资方案。

表 5-6　三个投资方案的有关数据

方　案	设备投资费用/元	采用设备后的年节约额/元
I	6 000	1 200
II	8 000	2 000
III	7 200	1 600

2．假设某物流企业为了扩大生产服务能力，决定添置一台关键设备，可供选择的投资方案有两个：一是购置甲型号设备；二是购置乙型号设备，他们的有关数据如表 5-7 所示。试分别按年费法和现值法进行经济评价，并选择出最优的设备投资方案。

表 5-7　两个投资方案的有关数据

项 目 方 案	最初投资费/元	每年维持费用/元	设备寿命周期/年	年利率（%）	资金回收系数	资金现值系数
方案I（甲设备）	16 000	2 700	10	6	0.135 9	7.36
方案II（乙设备）	12 000	3 440	10	6	0.135 9	7.36

3．某一设备购买价格为 80 万元，估计在其经济寿命期后还有残值 8 万元，该设备每年由于老化而增加的费用为 4 万元，试问该设备的经济寿命为几年？

第六章　物流企业资本运营管理

学习目标

能叙述物流企业筹资管理的目标和原则；在正确选择企业筹资渠道与筹资方式的基础上，能做好物流企业筹资管理和筹资决策分析等工作；能描述物流企业投资管理的目标、原则和一般方法，并能运用长期投资决策分析的一般方法开展长期投资决策分析；能利用企业财务分析与评价的指标体系进行物流企业的财务分析与评价。

第一节　物流企业筹资管理

物流企业的资本运营就是通过对资本结构、筹资和投资的运筹，谋求实现在风险和盈利之间的特定平衡，以最大限度地实现增值的一种经济活动。其目的是实现利润最大化目标、每股盈余最大化目标和股东财富最大化目标，其本质就是增值，其原则是增效原则。

物流企业资本运营的内容，归纳起来主要是筹资管理、投资管理和财务分析等。加强筹资的管理对物流企业有着重要的意义。

一、物流企业筹资管理的目标和原则

1．物流企业筹资的目的和要求

（1）**物流企业筹资的目的**　企业进行资金筹措的基本目的是为了自身的生存和发展，通常受一定动机的驱使，归纳起来主要动机有以下几个方面。

1）创建的需要。物流企业的创建是以充分的资金为基本前提，创建物流企业首先必须筹集足够的资本金才能开展正常的经营活动。

2）发展的需要。物流企业的发展表现为经营规模的扩大、设备的更新、技术的改造和员工素质的提高。物流企业的发展需要不断投入资金。

3）偿还债务的需要。如果物流企业偿还债务的支付能力不足，或者虽然还能偿还到期债务，但偿还到期债务将影响其资本结构的合理性时，便要另外筹集资金。

4）调整资金结构的需要。如果物流企业的资金结构不合理，就要通过采取

不同的筹集方式筹集资金，积极、主动地调整资金结构，使资金结构趋于合理。

5）适应外部环境变化的需要。物流企业的生存和发展是以一定的外部环境为条件，企业必须筹集资金来满足这些由于外部环境的变化而引起的资金需求。

（2）**物流企业筹集资金的要求**　物流企业筹集资金总的要求是要分析评价影响筹资的各种因素，讲究筹资的综合效果。物流企业筹集资金总的要求主要包括确定资金需要量、控制资金投放时间、选择资金来源渠道和确定合理资金结构等。

2. 物流企业筹资管理的目标

筹资管理的目标是在满足生产经营需要的情况下，不断降低资金成本和财务风险。

物流企业为了保证物流服务活动的正常进行或扩大经营服务范围、拓展物流功能的需要，必须具有一定数量的资金。企业的资金可以从多种渠道和用多种方式来筹集。而不同来源的资金，其可使用时间的长短，附加条款的限制和资金成本的大小都不相同。这就要求物流企业在筹资时不仅需要从数量上满足物流活动的需要，而且要考虑到资金成本的高低和财务风险的大小，以便选择最佳的筹资方式，实现资本运营的整体目标。

3. 物流企业筹资管理的原则

（1）**科学地预测资金的需要量，及时供应资金**　正确地预测资金需要量是进行筹资工作的前提。物流企业既要做到及时、足额地供应资金，又要做到防止资金过剩，造成资金积压浪费。

（2）**合理地选择筹资方式，尽可能降低资金成本**　企业筹资方式有很多，不同筹资方式的资金成本也不相同，约束条件和风险程度也不同，筹资者应根据资金的需要合理选择筹资方式，争取最佳效益。

（3）**测算投资效益，明确投资方向**　企业筹资的目的是为了投资，若资金投向不合理、收益低，尽管筹资的资金成本低，也难以取得满意的资金效益，所以企业筹资时必须明确资金的投资方向并测算投资收益。

（4）**合理利用负债经营，正确处理筹资风险**　合理地举债有利于企业发展，但应正确把握资本结构，避免可能产生的财务风险。

二、物流企业的筹资渠道与筹资方式

物流企业筹资渠道是指物流企业筹集资金来源的方向与通道。物流企业筹资方式是指物流企业筹集资金采用的具体形式。

1. 物流企业的筹资渠道

筹资渠道是由生产资料所有制以及国家资金管理体制和政策所决定的。在我国，物流企业的资金来源在向多元化发展。筹资渠道主要包括以下几种。

（1）**国家财政资金**　国家对物流企业的投资是我国全民所有制大中型物流企业的主要资金来源。国家财政资金进入物流企业有两种方式：一是以所有者的身份直接向企业投入资金，这部分资金在企业中形成国家的所有者权益，二是通过银行以贷款的方式向企业投资，形成企业负债。

国家财政资金具有贷款利率优惠和可使用期限较长等优点。但国家贷款的申请程序复杂，并且规定了资金用途。

（2）**银行信贷资金**　银行贷款是指银行以贷款形式向企业投入资金，形成企业负债。我国银行分为商业性银行和政策性银行，商业性银行包括中国工商银行、中国农业银行、中国银行、中国建设银行以及中国交通银行等，它们为各类物流企业提供商业性贷款；政策性银行包括国家开发银行、中国进出口银行等，它们主要为特定企业提供政策性贷款。银行的资金实力雄厚，贷款方式灵活，能满足物流企业的各种需要，所以银行贷款是我国目前物流企业比较常用的资金来源渠道。

（3）**非银行金融机构资金**　非银行金融机构资金主要是指信托投资公司、保险公司、证券公司、租赁公司、信用合作社、物流企业集团的财务公司、投资基金提供的信贷资金及物资融通等。非银行金融机构的资金实力虽然比商业银行弱，但其资金供应比较灵活，并提供其他方面的服务，因而这种筹资渠道具有更广阔的发展前景。

（4）**其他法人单位投入资金**　其他法人单位投入资金主要是指企业之间（物流企业与制造企业、物流企业与分销商、物流企业与物流企业之间）的相互投资以及在购销服务业中通过商业信用方式取得的资金占用。随着横向经济联合的开展，物流企业与其他企业之间的资金融通得到了广泛的发展。

（5）**民间资金**　民间资金主要是指银行及非银行金融机构之外的居民个人闲散资金。物流企业可通过向社会公众发行股票或债券等形式吸引居民个人闲散资金。

（6）**物流企业内部形成资金**　物流企业内部形成资金主要是指物流企业按规定计提的折旧、资本公积金、盈余公积金和未分配利润等形式留在企业内部的资金，是所有者对企业追加投资的一种形式。此外，一些经常性的延期支付的款项，如应付工资、应缴税金和应缴股利等也属于这种资金来源。

（7）**境外资金**　境外资金包括外国投资者及我国港、澳、台地区投资者投入的资金和借用的外资。随着我国加入 WTO 及经济发展的全球一体化，引入外商资金和我国港、澳、台地区投资者的资金为物流企业开辟了一条广阔的筹资新路。

以上各种筹资渠道中，国家财政资金、其他法人单位投入资金、民间资金、物流企业内部形成资金和境外资金可以帮助物流企业筹集企业的自有资本金；银行信贷资金、非银行金融机构资金、其他法人单位投入资金、民间资金、物流企业内部形成资金和境外资金可以帮助物流企业进行负债经营。

2. 物流企业的筹资方式

物流企业的资金筹集方式可分为自有资金的筹集和借入资金的筹集两大类。

（1）**物流企业自有资金的筹资方式**

1）吸引直接投资。直接投资是指投资者或发起人直接投入物流企业的资金，这部分资金一经投入，便构成企业的资本金。吸引直接投资则是企业以协议形式吸引国家、其他企业、个人和外商等主体直接向物流企业投入资金。这种筹资方式是非股份制物流企业筹集权益资本的重要方式。

2）发行股票。股票是指股份制企业筹集自有资本而发行的有价证券，是股东按其所持股份享有权利和承担义务的书面凭证，它代表持股人对股份公司的所有权。这种筹资方式是股份制物流企业筹集权益资本的重要方式。

3）物流企业的内部积累。物流企业的内部积累主要是指对税后利润进行分配所形成的公积金。公积金可用于购建固定资产和增加流动资产储备等。此外，物流企业计提折旧，从营业收入中转化来的货币资金，虽不增加企业的资金总量，却能增加企业可以周转使用的资金，因而，也可以视为一种筹资方式。

以上几种自有资金筹资方式的优点有：① 以自有资金筹资，筹集的是主权资金，可以提高物流企业的信誉，能为物流企业利用更多的借入资金创造条件。② 自有资金的筹资是永久性资金，不需偿还，能充分保证物流企业经营的资金需要。③ 自有资金的筹资没有固定的利息负担，与借入资金相比风险较小，经营风险由投资人共同承担。

（2）**物流企业借入资金的筹资方式**

1）发行债券。企业发行债券一般不涉及企业的资产所有权和经营权，企业债权人对企业的资产和所有权没有控制权。发行债券是物流企业筹集长期资金的一种重要方式。企业债券具有期限性、偿还性、风险性和利息率等基本特征。

2）银行借款。利用银行的长短期借款是物流企业筹集所需要资金的一种重要方式。借款利率的大小随借款对象、用途和期限的不同而不同，并且随着金融市场借贷资本供求关系的变动而变动。

3）租赁。租赁按其形态主要有融资性租赁和经营性租赁。租赁是物流企业筹集物流设施和设备所需资金时所采取的重要方式。

4）商业信用。商业信用是指企业之间的赊销赊购行为。物流企业利用商业信用筹资的具体形式一般有应付账款、应付票据和预收账款。此外，物流企业还有一部分由于结算原因而形成的“应付费用”，如应付工资和应付税金等。它们并非物流企业主动筹资的结果，企业也无权扩大它的规模，但它确实能够为企业提供一定数量的、可以经常占用的资金来源。

以上借入资金筹资的方式有以下优点：① 借入资金筹资的成本较低。因为借入资金的利息在物流企业所得税前的利润中列支，实际上能使借入资金筹资的实际成本降低，而筹集自有资金支付的收益属于非免税费用，没有节税的效用。② 借入资金筹资不分散物流企业的控制权。借入资金筹资的资金提供者是物流企业的债权人。作为债权人，他们无权参与物流企业的经营管理，对物流企业的约束只有通过合同中的限制性契约条款来实现。③ 借入资金筹资可以使所有者获得财务杠杆收益。因为借入资金筹资是按事先确定的利息率向资金持有人支付利息的，资金持有人不参加物流企业盈利的分配。当物流企业的资本收益率高于借款利息率时，采用借入资金筹资便能提高主权资本收益率，使物流企业所有者获得资本收益率超过借款率部分的财务杠杆收益。

三、物流企业筹资决策分析

1. 资本成本的确定

资本成本也称资金成本，是指物流企业为筹措和使用资本而付出的代价，这种代价包括两个部分的内容：一是筹资过程中发生的费用，如股票和债券的发行费用；二是在占用资金过程中先付的报酬，如利息和股利等。合理测定各种来源的资本成本是筹资决策的一项重要内容。

物流企业通常需要测算企业各种资金来源的综合资本成本和边际资本成本。

综合资本成本是以各种资本占全部资本的比重为权数，对各种来源的资本成本进行加权平均计算，又称之为加权平均资本成本，它是由个别资本成本和加权平均权数两个因数所决定的。边际资本成本是物流企业筹措新资金的成本。如新增 1 元资金，其成本为 0.08 元，那么新增的这 1 元资金的边际成本为 0.08 元。边际资本成本是物流企业追加筹资额时必须考虑的因素。

2. 财务风险衡量

财务风险是指由于利用财务杠杆，给企业带来的破产风险或普通股收益发生大幅度变动的风险。在筹资决策分析中，科学地衡量财务风险是物流企业实现预期筹资与投资效益的保证。其常用的分析方法有期望值分析法和标准离差分析法等。

3. 资本结构优化

资本结构是指企业长期资金来源中资本与负债的比重。物流企业在筹资决策过程中，应确定最佳资本结构，并在以后追加筹资中继续保持最优资本结构。

（1）**资本结构的影响因素** 影响物流企业资本结构的因素很多，除上面提及的资本成本和财务风险外，还包括以下几个因素。

1）企业经营的长期稳定性。

2）贷款人和信用等级评定机构的态度。

3）对企业控制权的态度，如增发股票会分散企业控制权。

4）企业的资产结构。

5）企业的获利能力。

6）税收政策。

（2）**最佳资本结构的确定**　建立最佳资本结构就是合理配置长期负债与所有者权益的构成比例，其目的是使企业资本总成本最低，企业资本价值最大，同时风险也不太大，可以承受。所谓优化资本结构，即促使资本结构的最佳组合，在兼顾风险的基础上达到综合资本成本率最低。

企业必须从长期角度考虑，用最“经济”的方式持续不断地筹集长期资金，使资本成本保持在最低水平。在确定最佳资本结构时所运用的衡量标准是企业综合资本成本，即加权平均成本的高低。

第二节　物流企业投资管理

投资是物流企业资本运营的重要内容之一，是企业生存和发展必不可少的经济活动。物流企业投资管理的关键是确定资金的投向、规模和不同投资项目的组合，以及如何避开和消除风险，获得预期收益。

一、物流企业投资分类

在市场经济条件下，投资是指投资主体将其拥有或筹集的资金加以运用，以期获取未来收益的过程。为加强对投资的管理，分清投资的性质，提高投资效率，物流企业必须对投资进行分类。

1. 按投资期限分类

按投资期限可将投资分为长期投资和短期投资。短期投资是指可在一年内收回的投资，通常为企业流动资产。它具有投资期限短、变现能力强和周转快等特点。长期投资一般指投资期限在一年以上的各项投资。一般说来，长期投资的回收期长、耗资大和变现能力差，并且将在较长时期内持续影响企业的经营，因而它比短期决策具有更大的风险。

2. 按资金投放的方向分类

按资金投放的方向可将投资分为对内投资和对外投资。对内投资是指对物流企业内部物流活动所需要的各种资产的投资，其目的是为保证物流企业生产经营过程的连续和经营规模的扩大及物流功能的拓展。对外投资是指物流企业将所拥有的资产直接投放于其他企业或购买各种证券形式的投资。对外投资主要包括股票投资、债券投资和其他投资等。

3．按投资对象分类

按投资对象的形态可分为实体投资与金融投资。实体投资是指物流企业投资于具有物质形态的实物资产和不一定具有物质形态的无形资产的投资活动。进行实体投资，收益较为稳定，投资风险较小，但收益率较低。金融投资是指物流企业投资于金融资产或金融工具的投资活动。进行金融投资，物流企业可以获得投资利润和资本利得收益，投资风险要比实体投资高，不仅存在实体投资中的商品市场风险，还存在更为重要的金融市场风险。

4．按投资与生产经营的关系分类

按投资与生产经营的关系可分为直接投资和间接投资。直接投资是指把资金投资到本物流企业或外单位的生产经营性资产，以便取得直接收益的投资。间接投资也称证券投资，是指把资金投资于有价证券等金融资产，已取得投资利润和资本利息的投资。

二、物流企业投资管理的目标和原则

1．物流企业投资管理的目标

物流企业投资管理的目标是力求提高投资报酬，降低投资风险。

物流企业对筹集到的资金应尽快用于投资以取得盈利，但任何投资都有不同程度的风险性。企业在投资时，必须认真分析影响投资决策的各种因素，科学地进行可行性研究。对新增投资项目，一方面要考虑建成后给企业带来的投资报酬，另一方面也要考虑投资项目给企业带来的风险，以便提高企业价值，实现企业资本运营的整体目标。

2．物流企业投资应遵循的原则

（1）**正确处理企业微观条件和宏观环境之间的关系** 企业的生存与发展离不开客观的经济环境，企业必须认真分析投资环境，才能保证投资决策的正确有效。我国现代物流的发展还处在起步阶段，物流基础设施还不够完善，物流技术装备还比较落后，有关物流发展的政策法规体系还未建立健全，这些因素增加了物流企业投资环境的复杂性和不确定性，增加了投资风险，如何防止盲目发展和低水平重复建设，是每个物流企业在投资决策中必须认真面对的研究问题。物流企业必须在认真分析自身条件（财务实力、管理水平、盈利能力和发展前景等）基础上，认清市场环境，创造投资机会，选择适合本企业条件的投资项目。

（2）**正确处理投资需求与资金供应的关系** 目前，我国物流经济正处在高速发展时期，投资市场广阔，投资项目多，每个物流企业都在为提高自身的竞争能力、扩大经营规模、增加物流功能的广度和深度，以提高企业的经济效益。但是，对于一个企业，用于投资的资金来源总是有限的，这就要求企业在众多的投资项目中，根据经济环境及企业自身条件作出合理的选择，即根据经济效益原则和规模化原则，做好物流市场的需求调查与预测，认真选定物流发展的目标及定位，选择适应本企业实力与发展的投资规划。处理好投资需求与资金供应的关系，做好企业投资规划，既可使所需投资得到保证，产生预期效益，又可避免因筹资过多而造成资金闲置或盲目投资。

（3）**正确处理企业内部投资与外部投资的关系**　企业内部投资与外部投资的范围不同，投资目的也有较大差异。正确处理两者关系对物流企业的稳定和发展以及投资效益的提高意义重大。

内部投资是对物流企业内部生产经营活动所需的各种资产的投资，如仓储设施、运输设备和装卸机械等，其目的是为维护物流企业的正常经营与持续发展。外部投资是为某一特定目的向企业外部的资金投放，如各种有价证券及其他实物性投资，其目的是为企业闲置资金寻找出路，获得本企业经营活动以外的经济效益，或者为更好地开展经营活动。内部投资是企业生存与发展的关键，也是外部投资赖以生存的基础，而对外部投资又可以为企业内部投资创造更好的条件。从总体上看，物流企业外部投资与内部投资的根本目标是一致的。但就具体目标而言，又有一定差异。因此，企业在投资时必须认真协调内部投资与外部投资的关系。

三、物流企业长期投资的一般方法

1．物流企业的对内长期投资

物流企业的对内长期投资是指对物流企业内部的各种长期经营性资产的投资活动，通常具有影响时间长、投资数额大和变现能力差的特点。对内长期投资主要包括固定资产投资、无形资产投资和递延资产投资。

（1）**固定资产投资**　固定资产投资是指使用期限在一年以上，单位价值在规定标准以上，并且在使用过程中保持原有物质形态的资产，包括物流企业的仓库及其设施、装卸机械、运输设备和工具器具等。它是物流企业生产经营活动赖以进行的物质条件。固定资产投资一般包括基本建设投资和更新改造投资两部分。

（2）**无形资产投资**　无形资产投资是指那些不具有实物形态，但能长期使用并为企业提供收益的资产的投资，如专利、非专利技术、商标权、土地所有权以及商誉和企业形象等。它具有无形性、专有性和不确定性的特点。因此，无形资产的辨认与确定、估价与推销、开发与利用都比固定资产更难于管理。

（3）**递延资产投资**　递延资产是指不能全部计入当年损益，应当在以后年度内分期摊销的各种费用，如开办费、企业以租赁经营方式租入的固定资产改良工程支出等。递延资产投资是影响物流企业对内长期投资经济效益的一个不可忽视的影响因素。

内部长期投资的特点决定了企业对内投资具有较大的风险。一旦投资失误，就会严重影响物流企业的财务状况和现金流量，长期制约企业经济效益的提高，甚至会导致企业破产。因此，必须进行科学的投资分析以保证决策的最优化。

2. 物流企业的对外长期投资

在社会经济活动中，物流企业为获得本企业经营以外的经济效益，或为更好地开展物流活动，将企业拥有的资产投向其他单位，或购买政府（企业）债券，持有其他企业的股票等，这些行为成为企业对外投资。对外投资的最终目的是追求更高的投资收益率。

物流企业对外投资，应在遵守国家有关政策、法规和制度的前提下进行，应遵循效益性原则、分散风险原则、安全性原则和整体性原则进行对外证券投资和对外直接投资。

（1）**对外证券投资** 对外证券投资是企业对外投资的一种常见的方式，因其具有投资方便和变现能力强的特点，越来越受到企业投资决策者的重视。物流企业对外证券投资的主要形式有债券投资和股票投资。

（2）**对外直接投资** 物流企业对外直接投资主要包括联营投资、兼并投资和境外投资。

1）联营投资。联营投资是指企业根据联营章程和联营协议，向联营企业投放一定财力并期望在未来取得收益的一种投资行为。联营投资能做到优势互补，发挥群体实力；可实现多元化经营，分散投资风险；可以加强企业间的协作关系，提高企业的生产水平，创造规模经济效益。随着社会主义市场经济体制的建立，多层次、多形式的横向联合必将得到进一步发展。联营投资也将越来越重要。

2）兼并投资。兼并投资是指企业自身（或与其他企业联合）通过产权交易和股本收购等资本经营形式取得其他企业的资产和负债的一种经营行为。兼并投资是指企业为了获得本企业长远的经济利益，或开拓新的产品市场、获取新的资源，投出资金，收购并控股其他企业，以参与其他受资单位的经营管理，控制其经营活动的投资行为。它是市场经济下优胜劣汰，优势企业对外投资扩充经营的结果。

3）境外投资。境外投资是指企业将资金投放到其他国家或地区，以便于在国际市场上提高自己生产和销售等方面的竞争能力。企业要向境外投资，在投资决策时应认真考虑投资的国家、投资方式和投资项目的选择，作出科学合理的投资决策。

四、物流企业长期投资决策分析

由于长期投资投资额大、回收期长且又是分期回收，产生效益的时间也长，决定其承担的风险较大，正确的投资决策将会对企业的经营产生长期和持续的积极影响。因此，物流企业对长期投资决策必须审慎，要在认真调查研究的基础上，根据客观环境形势发展的需要提出各种可行的备选方案，并充分利用有关信息资料，对各备选方案进行科学的测算和缜密的分析比较，从中选出最优决策方案。

1．物流企业长期投资决策应考虑的重要因素

（1）**资金时间价值** 资金时间价值是指资金在运动中，随着时间推移而形成的增值。离开了资金时间价值因素，企业就无法正确计算不同时期的财务收支，更无法准确评价盈亏状况。

资金时间价值的计算方法有单利法和复利法两种。单利法计算法则是只对本金计算利息，而对本金在借贷期间产生的利息不再计算利息。单利计算法不符合国际惯例，也不符合实际借贷情况，所以在长期投资决策中应用较少。复利计算法是指不仅本金计算利息，利息也要计算利息，即通常所说的“利滚利”。

（2）**投资的风险价值** 长期投资具有一定的风险。投资的风险价值是指冒着风险进行投资所取得的报酬。这种报酬占投资总额的百分比叫投资报酬率。一般来说，风险越大，投资报酬率要求越高；反之，风险越小，投资报酬率也就越低。投资的风险价值可以通过概率论方法，根据风险程度计算出来。

（3）**现金流量** 现金流量是指同某一投资方案相联系的，在未来一定时期发生的现金流出与现金流入的数量。它是评价投资方案是否可行时必须事先计算的一个基础性指标，它一般由初始现金流量、营业现金流量和终结现金流量三部分组成。

投资决策之所以要以按收付实现制计算的现金流量作为评价项目经济效益的基础，主要有两方面原因。一是采用现金流量有利于科学地考虑资金的时间价值因素。科学的投资决策必须考虑资金的时间价值，这就要求决策时一定要弄清每笔预期收入和支出款项的具体时间，因为不同时点的资金具有不同的价值。二是采用现金流量能使投资决策更符合客观实际情况。在长期投资决策中，采用现金流量更能科学、客观地评价投资方案的优劣。

（4）**资金成本** 资金成本是指长期投资所需资金的取得成本，通常以利率或预定投资报酬率表示。一般来说，资金成本是投资项目是否付诸实施的一个重要条件，因为它是最低报酬率。如果投资项目的报酬率大于资金成本，则投资者可以获得利润；反之，投资项目的报酬率小于资金成本，则它所提供的收入还抵不上资金成本开支，则投资不会带来利润。因此，资金成本又叫做“取舍率”。

2．物流企业长期投资决策分析的一般方法

投资方案评价所使用的方法分为非贴现和贴现两大类。前者没有考虑资金的时间价值，计算较为简单，如投资回收期法和投资收益率法等；后者则考虑了资金时间价值对投资决策的影响，比非贴现更为准确、合理，但计算比较复杂，如净现值法和内含报酬率法等。

（1）**非贴现的投资决策分析方法**

1）投资回收期法。投资回收期是指收回全部原始投资所需要的时间。回收期法就是根据每年现金净流量来计算回收期的长短，并以此来评价投资方案的一种方法，又称还本期限法。一般来讲，回收期越短，收回投资的速度越快，投资方案所承担的风险也越小。回收期法正是据此来判断有关投资方案的优劣并从中选出最佳方案的。

回收期的具体计算方法，因投资方案每年的现金净流量的不同而有所不同，当投资方案每年的现金净流量相等时，则为

$$\text{投资回收期}=\frac{\text{原始投资额}}{\text{年净现金流量}} \tag{6-1}$$

当投资方案的现金净流量不相等时，其回收期应按累计现金净流量计算。即累计现金流量等于原始投资所需要的时间，就是回收期。

采用投资回收期法评价投资方案是一种比较简便的方法。但回收期法不能指出投资方案究竟能获得多少收益，也未考虑资金的时间价值。因此，在实际决策分析中，通常要结合其他方法加以运用。

2）投资收益率法。通过计算投资方案的平均现金净流量或净利润与原始投资额的比值来确定获利水平，以确定投资方案的优劣，即

$$\text{投资收益率}=\frac{\text{年现金净收益}}{\text{投资总额}} \tag{6-2}$$

在进行投资决策时，应将投资方案的投资收益率与企业的期望收益率相比较，对于投资收益率低于期望收益率的方案应放弃；如果有若干投资方案可供选择，则应选择投资收益率最高的方案。

（2）**贴现的分析评价方法**

1）净现值法。净现值是指投资方案未来现金流入现值与其现金流出现值的差额。净现值法就是按净现值的大小来评价各投资方案优劣的一种方法。净现值大于零则方案可行，且净现值越大，投资收益越高。计算公式为

$$\text{净现值}=\text{未来报酬总现值}-\text{初始投资额总现值} \tag{6-3}$$

由于净现值法考虑了资金时间价值的因素，而决定净现值数值的也正是体现这个因素的折现率，采用不同的折现率，会出现不同的计算结果。因此，折现率的选择不能脱离当时实际的利率或实际资金成本。否则，计算结果就不能反映各投资方案真正的收益情况。

2）现值指数法。现值指数是指投资方案未来现金流入总额的现值，同其现金流

出总额现值的比值。现值指数法就是根据各方案的现值指数的大小来评价投资方案优劣的一种方法。现值指数大于 1，方案可行，且现值指数越大，方案越好。计算现值指数的公式为

$$现值指数=\frac{未来报酬的总现值}{初始投资额的总现值} \tag{6-4}$$

此方法与净现值法的区别在于采用现值指数法弥补了净现值法难以正确评价投资额不同的各备选投资方案优劣的不足，因而使用范围比较广泛。另外，贴现的分析方法还有内含报酬率法等方法。

第三节　物流企业财务分析与评价

物流企业财务分析与评价是指通过对企业的财务报表和管理会计报告所提供的数据信息进行加工处理和比较，以分析企业过去的财务状况和经营成果以及未来前景，从而为企业及各有关方面进行经济决策和提高资产管理水平提供重要依据。

一、物流企业财务分析与评价的要求

为使财务分析与评价的结果尽可能准确、有效和及时，满足企业内外各方面对财务分析信息的需要，进行财务分析与评价时需做到以下几点。

1）分析内容应满足多元分析主体的需要。财务分析与评价不仅要从物流企业投资者和经营管理者的角度来分析评价企业的财务状况和经营成果，还应该考虑到企业债权人、未来投资者以及职工等多元分析主体对财务分析信息的需要，在分析内容上满足他们的相关需要。

2）以公认的会计准则和有关的法规制度为依据。用于财务分析与评价的报表数据，必须以公认的会计准则和有关的法规制度为依据，而且真实可靠，否则将直接影响分析结果的客观性和正确性。

3）及时提供财务分析与评价的结果。财务分析与评价的结果是财务信息使用者用于新时期经营管理或投资决策的参考，企业应在财务报表出来后及时依据报表提供的信息资料进行分析与评价，并及时传递和公布，确保财务信息满足决策的需要。

二、物流企业财务分析与评价的基础

物流企业财务分析与评价主要依据企业的会计核算资料和财务报告，并以报告为主。财务报告是物流企业向政府部门、投资者和债权人等与本企业有利害关系的组织或个人提供的，反映本企业在一定时期内的财务状况、经营成果以及影

响企业未来经营发展的经济事项的文件，主要包括资产负债表、损益表、现金流量表、其他附表以及财务状况说明书。其中资产负债表、损益表和现金流量表应用比较广泛。

1．资产负债表

物流企业的资产负债表是以“资产=负债+所有者权益”为根据，按照一定的分类标准和秩序反映物流企业在某一时点上资产、负债及所有者权益的基本状况的会计报表。资产负债表可以提供物流企业的资产结构、资产流动性、资金来源状况、负债水平以及负债结构等信息，分析者可据以了解企业拥有的资产总额及其构成状况，考察企业资产结构的优劣和负债经营的合理程度，评估企业清偿债务的能力和筹资能力，预测企业未来的财务状况和财务安全度，从而为债权人、投资人及企业管理者提供决策依据。

2．损益表

损益表是以“利润=收入–费用”为根据编制，反映物流企业在一定经营期间内物流活动经营成果的财务报表。通过损益表可以考核物流企业利润计划的完成情况，分析企业实际的盈利水平及利润增减的变化原因，预测利润的发展趋势，为投资者及企业管理者等各方面提供决策依据。损益表也是计算投资利润率和投资利税率的基础和依据。

3．现金流量表

物流企业的现金流量表是以“净现金流量＝现金流入－现金流出”为根据编制的，通过现金和现金等价物的流入和流出情况，反映企业在一定期间内的经营活动、投资活动和筹资活动的动态情况的财务报表。它是计算物流企业内含报酬率、财务净现值和投资回收期等反映投资项目盈利能力指标的基础。根据计算的基础不同，现金流量表可分为全部投资财务现金流量表和自有资金财务现金流量表。

三、物流企业财务分析与评价的指标体系

物流企业财务分析与评价按照分析的目的不同可以分为偿债能力的分析与评价，获利能力的分析与评价，营运能力的分析与评价，发展趋势的分析与评价和综合分析评价等。

1．物流企业偿债能力的分析与评价

物流企业的偿债能力是指物流企业偿还各种到期债务的能力。偿债能力指标是指用来总结和评价企业长期以及短期内能够用其资产偿还负债的能力的大小，或者用来判断企业举债经营安全程度的指标。

（1）**流动比率** 流动比率是指物流企业的流动资产与流动负债的比率。计算

公式为

$$流动比率=\frac{流动资产}{流动负债} \tag{6-5}$$

流动比率反映了流动资产对流动负债的保障程度。流动比率越高，表明企业短期偿债能力越强。从债权人的角度看，流动比率越高则其债权越有保障，对其越有利；但从经营管理者理财的角度看，过高的流动比率表明管理上存在问题，因为流动比率过高，可能是企业滞留在流动资产上的资金过多，未能有效地加以利用，进而会影响企业的获利能力。通常流动比率定为200%左右比较合适。

（2）**速动比率** 速动比率是指物流企业的速动资产与流动负债的比率。速动资产是指能迅速转变为现金的资产，包括现金、各种存款、有价证券和应收账款等资产。其计算公式为

$$速动比率=\frac{速动资产}{流动负债}=\frac{流动资产-存货}{流动负债} \tag{6-6}$$

因为速动资产流动性强和变现速度快，所以速动比率比流动资产更能精确地反映企业短期债务的偿还能力。一般认为，企业速动比率应达到 100%左右。速动比率过高，会造成资金浪费，资金使用效率低；过低则偿债能力弱，财务风险大，不利于吸引投资者。

（3）**资产负债率** 资产负债率是指物流企业的负债总额与资产总额的比率，是衡量企业长期偿债能力的重要指标。它反映在企业总资产中，有多少比例是通过举债来筹集的，同时也说明企业清算时债权人利益的保障程度。资产负债率也称举债经营比率，或负债比率。其计算公式为

$$资产负债率=\frac{负债总额}{资产总额} \tag{6-7}$$

从债权人角度看，这一指标越低越好。该指标越低，说明全部资本中所有者权益的比例越大，企业的财力也越充足，债权人按期收回本金和利息也就越有保证。从所有权的立场看，该指标的评价要视借入资本的代价而定。当全部资产利润率高于借贷利率时，希望资产负债率高些，反之则希望其低些。从经营管理者角度看，资产负债率高或低，反映其对企业前景的信心程度。资产负债率高，表明企业活力充沛，对其前景充满信心，但须承担的财务风险较大，同时过高的负债比率也会影响企业的筹资能力。因此，企业经营管理者运用举债经营策略时，应全面考虑，权衡利害得失，保持适度的负债比率。

（4）**产权比率** 产权比率又称负债与股东权益比率，是指物流企业的负债总额与所有权（股东）权益总额的比率。其计算公式为

$$产权比率=\frac{负债总额}{股东权益总额} \tag{6-8}$$

这个指标是衡量企业长期债务的偿还能力和反映企业财务结构稳定状况的指标，实际上是负债比率的另一种表现形式。该指标越低，说明企业长期债务状况越好，债权人货款的安全越有保障，企业财务风险越小。

（5）**利息保障倍数** 利息保障倍数又称利息所得倍数，是物流企业经营业务的收益与利息费用的比率，用于分析物流企业在一定盈利水平下支付债务利息的能力。其计算公式为

$$利息保障倍数=\frac{息税前利润}{利息费用} \tag{6-9}$$

该指标越高，说明物流企业利润为支付债务利息提供的保障程度越高。反之，说明保障程度低，会使企业失去对债权人的吸引力。

2. 物流企业营运能力的分析与评价

营运能力又称资金周转状况，即企业充分利用现有资源创造社会财富的能力。营运能力指标是用来总结、分析和评价物流企业销售能力和资金流动性等正常经营运转能力的指标，它反映企业资产管理的效率和水平。常用的评价指标有存货周转率、应收账款周转率、流动资金周转率和总资产周转率。

（1）**存货周转率** 存货周转率是指物流企业一定时期的销货成本与平均存货的比率，它是衡量企业购货、生产和销售各环节管理效率的综合性指标。通常用存货周转天数和存货周转次数两种方式表示。其计算公式为

$$存货周转次数=销货成本\div平均成本 \tag{6-10}$$

$$\begin{aligned}存货周转天数&=计算期天数\div存货周转次数\\&=平均存货\times计算期天数\div销货成本\end{aligned} \tag{6-11}$$

在正常情况下，物流企业的存货周转率越高，说明存货周转越快，利润率就越大，营运资金用于存货的余额就越小。但存货周转率过高，也可能说明经营管理方面存在一些问题，如存货水平过低和批量太小等。存货周转率过低常常是库存管理不善、存货积压、资金沉淀和销售状况不佳的结果。因此，对存货周转率的分析，必须结合企业的实际情况，充分考虑诸多因素的影响。

（2）**应收账款周转率** 应收账款周转率是指物流企业赊销收入净额与应收账

款平均余额的比率，是反映企业应收账款回收速度和管理效率的指标。其计算公式为

$$应收账款平均余额=\frac{（期初应收账款+期末应收账款）}{2} \tag{6-12}$$

$$应收账款周转率=\frac{赊销收入净额}{应收账款平均余额} \tag{6-13}$$

该指标是评价应收账款流动性大小的一个重要财务比率，它可以用来分析物流企业应收账款的变现速度和管理效率，企业应收账款周转率高，则表明企业应收账款的变现速度快、管理效率高和资金回收迅速，不易发生呆账或坏账损失，流动资产营运状况好。

（3）**流动资产周转率** 流动资产周转率是指销售收入和流动资产平均余额的比率，它反映的是物流企业全部流动资产的利用效率。可用公式表示为

$$流动资产周转率=\frac{销售收入}{流动资产平均余额} \tag{6-14}$$

该指标是分析流动资产周转情况的一个综合性指标，这项指标越高，说明物流企业流动资产周转速度越快，资金运用效果越好。

（4）**总资产周转率** 总资产周转率又称总资产利用率，是指物流企业销售收入与资产总额的比率。计算公式为

$$总资产周转率=\frac{销售收入}{资产总额} \tag{6-15}$$

该指标可用来分析物流企业全部资产的使用效率。如果该比率较低，则说明该企业利用其资产进行经营的效率较差，会影响企业的获利能力。企业应采取措施提高销售收入或处置资产，以提高总资产利用率。

3．物流企业获利能力的分析与评价

盈利是物流企业的重要经营指标，是企业生存和发展的物质基础。获利能力的分析与评价是财务分析的一项不可缺少的重要内容。

评价企业获利能力的指标主要有资本金利润率、销售利税率、资产报酬率和成本费用利润率等。

（1）**资本金利润率** 资本金利润率是指物流企业税后利润净额与资本金总额（在工商管理部门登记注册资金总额）的比率。其计算公式为

$$资本金利润率=\frac{利润总额}{资本金总额} \tag{6-16}$$

资本金利润率是一个反映资本金获利能力，衡量物流企业负债是否适度的指标。一般来说，该指标越高，说明投资的效益越好。在资本金利润率高于同期银行利率时，其差额部分可能转化为所有者享有的利益，因而适度负债对所有者有利。

（2）**资产报酬率** 资产报酬率是指物流企业的利润总额同利息之和与平均资产总额的比率。其计算公式为

$$资产报酬率=\frac{利润总额+利息}{平均资产总额} \tag{6-17}$$

在这里把利息列入资产报酬总额，是因为利息也是企业负债资本增值的一部分，只是企业将其支付给债权人而已。物流企业资产报酬总额的多少，受到企业资产的数量、资产结构及经营管理水平的影响。该比率越高，表明资产利用效率越高，获利能力越强。分析评价资产报酬率，可以促进物流企业改进经营管理，将有限来源的资产尽可能使用得更好，从而提高企业的获利能力。

（3）**销售利税率** 销售利税率是指物流企业在一定时期内利税总额与净销售收入的比率。其计算公式为

$$销售利税率=\frac{利税总额}{净销售收入} \tag{6-18}$$

销售利税率是衡量物流企业销售收入水平的指标。该比率越高，说明销售收益水平越高，同时也说明企业对国家的贡献越大。

（4）**成本费用利润率** 成本费用利润率是指物流企业税后利润净额与成本费用总额的比率。其计算公式为

$$成本费用利润率=\frac{税后利润净额}{成本费用总额} \tag{6-19}$$

该指标反映物流企业付出与所得的关系。这一比率越高，说明企业为获取收益而付出的代价越小，企业的获利能力越强。因此，该指标不仅可以用来评价物流企业获利能力的高低，也可以评价物流企业对成本费用的控制能力和经营管理水平。

4．物流企业财务状况变化趋势的分析与评价

物流企业财务状况变化趋势的分析主要是通过比较企业连续几期的财务报表或财务比率，来了解企业财务状况变化的趋势，并以此来预测企业未来财务状况。进行趋势分析主要用比较财务报表、比较百分比财务报表、比较财务比率和图解法等。

案例

首都机场扩建融资

首都机场自1958年投入运营，经1980年、1999年两次扩容，随着运输量的不断激增，以及2008年北京奥运会的日益临近，首都机场又迎来了第三次大规模地扩建。

据首都机场扩建工程的可行性研究评估报告，首都机场此次扩建是按2015年旅客吞吐量6 000万人次和年飞机起降50万架次规模建设，这项工程的总投资额为194.5亿元人民币。资金筹集方式大体为：国家发改委和民航总局分别负责筹措20亿元，其余部分（即154.5亿）由首都机场集团自行融资。

对首都机场乃至中国民航而言，154.5亿并不是一个小数目，首都机场集团将如何筹得这笔巨额资金？首都机场集团将“努力地朝着基建结构搭配，与项目的工期和回收期相匹配，充分考虑融资成本最低和融资结构最优化等几个目标设计融资方案”，但具体如何操作，社会上有各种各样的说法。

有人认为：融资途径可能包括银行贷款、发行A股和发行债券等，还有可能把一些项目分割出来，采取联合融资的形式进行运作。

有人认为：股票、债券和银行贷款等几种常见的融资方式都会进入首都机场集团的视野，但由于扩建工程时间较为紧迫，机场集团在筹集资金时会首先考虑融资的时效性和操作上的便捷性，其次才是尽可能低的财务费用。因此，发行债券和银行贷款障碍较少，且均能较快地筹集到资金，有可能被优先采用，而发行股票由于耗时较长，很可能不被列入“先发阵营”。

有人认为：首都机场会将发行股票列在首位，除考虑到这种融资方式的固有优势外，国有企业较为喜欢发行股票，往往认为这一方式更为便宜。

复习思考题

1. 物流企业资本运营的主要内容是什么？
2. 物流企业筹资的目的是什么？
3. 简述物流企业筹资管理的原则。
4. 物流企业的筹资渠道有哪些？
5. 物流企业借入资金的筹资方式有哪些？
6. 物流企业从哪些方面进行筹资决策分析？
7. 物流企业对外长期投资有哪些种类？

8．物流企业长期投资决策应考虑哪些重要因素？

9．如何区分非贴现的投资决策分析方法和贴现的分析评价方法？

10．物流企业偿债能力财务分析与评价常用的评价指标有哪些？

11．物流企业营运能力财务分析与评价常用的评价指标有哪些？

12．物流企业获利能力财务分析与评价常用的评价指标有哪些？

13．请结合相关理论，谈谈你对首都机场融资的构想。

第七章　物流企业成本管理

学习目标

能叙述物流企业成本管理的意义、要求、内容以及成本管理机构的职责；能划清物流企业的成本构成，并能从不同的角度对物流企业的成本进行分类；能指出物流企业成本计算对象，并利用成本计算方法进行成本计算、分析与控制。

第一节　物流企业成本管理概述

引入案例

物流成本与 GDP

物流活动的成本在 GDP 中占有相当的份额。表 7-1 为国际货币基金组织 1997 年对一些国家和地区物流成本的估算。

表 7-1　部分国家和地区物流成本的估算

国家和地区	GDP/10 亿美元	物流总费用/10 亿美元	物流占 GDP 百分比（%）
中国大陆	4 250	718	16.9
中国台湾	308	40	13.1
中国香港	175	24	13.7
新加坡	85	12	13.9
日　本	3 080	351	11.4
美　国	8 083	849	10.5
英　国	1 242	125	10.1

从表 7-1 中可以看到，物流成本（包括运输、仓储和库存维持费用）占 GDP 的 10%以上，在国民经济中占有显著的地位。1997 年在中国大陆的物流成本占 GDP 的 16.9%，同全球的平均值 12%相比，高出 4.9%，约 2 082.5 亿

美元，很显然，增加的这笔费用将转嫁为商品价格的提高、企业利润的减少以及国家税收的减少。从微观的角度来看，中国仓储协会2000年3月对中国家电、电子、日化和食品等行业中具有代表性的450家大中型企业的调查可以看出，物流费用占销售费用的比例很高，比例在12%以上的占总数的48.5%。显然，物流成本下降所带来的利润是巨大的。随着物流专业化程度的不断提高，社会的物流成本将主要表现为物流企业的成本。因此，加强物流企业成本管理显得特别重要。

一、物流企业成本管理的意义、要求与内容

成本管理是物流企业管理的内容之一，物流企业都力求通过降低成本达到提高管理效率的目的。

1. 物流企业成本管理的意义

物流企业进行成本管理，具有以下几个方面的重要意义。

（1）**可以增加国家资金积累** 资金积累是社会扩大再生产的基础，企业承担着上缴国家利税的责任，物流企业通过物流费用的降低，会相应地提高和增加上缴给国家的资金，从而增加国家的资金积累。

（2）**可以为社会节省大量的物质财富** 工业企业生产的产品存在着生产过程和消费过程脱节的现象。企业为了满足社会的需要，其产品必须通过流通环节从生产地流向消费地。物流企业作为产品流通的承载者，通过加强成本管理，可以降低物品在运输、装卸和仓储等物流环节的损耗，这不但节约物流费用，而且还为社会节约了大量的物质财富。

（3）**有利于调整商品价格** 物流费用的高低对商品的价格具有重大的影响。物流费用主要表现为物流企业的成本费用，降低物流企业的成本费用，就是降低它在商品价格中的比重，从而使商品价格下降，减轻消费者的经济负担。

（4）**有利于提高物流企业的竞争力** 随着物流企业的快速发展及经济全球化，物流企业面临着激烈的竞争。加强成本管理降低成本，有利于提高物流企业的竞争力。

2. 物流企业成本管理的要求

物流企业成本管理是企业财务管理的一项重要内容，应落实以下要求。

（1）**认真执行财务制度** 物流企业的开支必须按照财务制度的规定，不得随意扩大开支范围和提高开支标准。财务部门要严格审查一切费用开支，正确划分物流费用支出的界限，保证费用开支的真实性和合理性。

（2）**厉行节约** 在保证物流企业正常运行和提高物流服务水平的前提下，尽量节约一切不必要的开支，努力降低费用水平。

（3）**实现计划管理**　正确编制物流企业费用开支计划，对企业的费用开支实行计划管理，而且应当坚持按照计划开支，保证完成计划规定的降低物流费用的任务。

3．物流企业成本管理的内容

物流企业成本管理的内容一般包括以下几部分。

（1）**物流企业成本预测**　物流企业成本预测是根据有关成本数据和企业具体的发展情况，运用一定的技术方法，对未来的成本水平及其变动趋势作出科学的估计。成本预测是成本决策、成本预算和成本控制的基础工作，可以提高物流企业成本管理的科学性和预见性。在物流企业成本管理的许多环节都存在成本预测问题，如仓储环节的库存预测、流通环节的加工预测和运输环节的货物周转量预测等。

（2）**物流企业成本决策**　物流企业成本决策是在成本预测的基础上，结合其他有关资料，运用一定的科学方法，从若干个方案中选择一个满意方案的过程。从物流企业整个业务流程来说，有配送中心新建、改建和扩建的决策，装卸搬运设备和设施购置的决策，流通加工合理下料的决策等。进行成本决策和确定目标成本是编制成本预算的前提，也是实现成本的事前控制，提高经济效益的重要途径。

（3）**物流企业成本预算**　物流企业成本预算是根据成本决策所确定的方案、预算期的任务、降低成本的要求以及有关资料，通过一定的程序，运用一定的方法，以货币形式规定预算期物流各环节的耗费水平和成本水平，并提出保证成本预算顺利实现所采取的措施。通过物流成本预算管理，可以在降低物流企业各业务环节提出明确的目标，推动物流企业加强成本管理责任制，增强企业的成本意识，控制各环节费用，挖掘降低成本的潜力，保证企业降低成本目标的实现。

（4）**物流企业成本控制**　物流企业成本控制是根据计划目标，对成本的发生和形成过程以及影响成本的各种因素和条件施加主动的影响，以保证实现成本预算完成的一种行为。从物流企业的生产经营过程来看，成本控制包括成本的事前控制、事中控制和事后控制。成本的事前控制是整个成本控制活动中最重要的环节，它直接影响以后各作业流程成本的高低，主要有物流配送中心的建设控制，物流设施、设备的配备控制和物流作业过程改进控制等。成本的事中控制是对作业过程实际劳动耗费的控制，包括设备耗费的控制、人工耗费的控制、劳动工具耗费和其他费用支出的控制等方面。成本的事后控制是通过定期对过去某一段时间成本控制的总结、反馈来控制成本。通过成本控制，可以及时发现存在的问题，采取纠正措施，保证成本目标的实现。

（5）**物流企业成本核算**　物流企业成本核算是根据企业确定的成本计算对象，采用相应的成本计算方法，按规定的成本项目，通过一系列的费用汇集与分配，从而计算出各活动成本计算对象的实际总成本和单位成本。通过成本核算，可以如实地反映生产经营过程中的实际耗费，同时也是对各种费用实际支出的控制过程。

（6）**物流企业成本分析** 物流企业成本分析是在成本核算及其他有关资料的基础上，运用一定方法，揭示成本水平变动的原因，进一步查明影响成本变动的各种因素。通过物流成本分析，可以提出积极的建议，采取有效的措施合理地控制成本。

上述各项物流企业成本管理活动的内容是相互配合和相互依存的一个有机整体。成本预测是成本决策的前提，成本预算是成本决策所确定目标的具体化，成本控制是对成本预算的实施进行监督，以保证目标的实现，成本核算与分析是对目标是否实现的检验。

二、物流企业成本管理的机构与职责

由于物流企业成本的形成涉及各个环节，所以对成本进行管理和控制的机构也就包括企业的各个责任部门。其中既有企业的高层管理者，也有各种不同形式的责任中心。其主要职责如下。

作为企业的高层管理者首先要合理划分责任中心，明确规定各责任中心的权责范围；其次还要编制责任预算及成本计划，明确各责任中心的考核指标，并以此作为各责任中心开展日常物流经营活动的准则和评价其工作成果的基本标准。

作为物流企业成本管理的各责任中心，应按照各级分解目标的要求，严格控制生产作业过程中的费用支出。在成本形成过程中，按照事前、事中和事后三个环节，对物流企业的成本进行准确的核算、及时的分析和严密的控制，以使成本达到企业的预定目标。

第二节 物流企业成本构成与分类

一、物流企业成本构成

物流企业成本是指物流运动中的各环节，如包装、装卸、运输、存储、加工、配送和物流信息等所支出的人力、物力和财力的总和。从支付形态上来看，物流企业成本构成可分为两部分：一是企业内部发生的物流费用；二是在企业外部发生的物流费用。

企业内部发生的物流费用包括：物流硬件和软件投资，如配送中心和仓库

等物流设施的建设费、维修费和折旧费；企业购置的传送带、叉车、托盘、搬运小车、运输货车、货架、料箱和条形码打印机等所有物流装备的购置费、维修费和折旧费；企业用于物流设施建设的银行利息、企业物流管理和物流作业人员的工资、奖金、补贴、福利和养老保险金等；企业中与物流相关的电费、水费、煤气费、材料费、租赁费和招待费等；企业物流宣传、教育、人员培训和出差等费用；企业原材料采购发生的物流费、企业产品销售活动中发生的物流费以及商品退货与废弃物回收过程中发生的物流费；企业物流活动中发生的信息费和流通加工费等。

企业外部发生的物流费用包括：委托外部企业从事物流活动的所有开支，如委托运输公司的运输费、装卸费和包装费；委托仓储企业进行货物储存、保管、分类、分拣、装卸搬运的仓储费和搬运装卸费；委托包装企业进行货物包装的包装费；委托咨询公司或专家、学者进行物流规划和系统设计的开支等。

从总体上来看，物流企业环节不同，物流企业的成本构成也不同，具体包括运输成本、仓储成本、配送成本、包装成本、流通加工成本、装卸搬运成本和信息管理成本。

1. 运输成本

在物流企业中，运输在其经营业务中占有主导地位，因此，物流运输费用在整个物流业务中占有较大比例。一般综合分析计算认为，运输费用在全部物流费用中约占50%。

物流企业的运输成本主要包括以下几方面。

（1）**人工费用** 人工费用如工资、福利费、奖金、津贴和补贴等。

（2）**营运费用** 营运费用如营运车辆的燃烧费、轮胎费、折旧费、维修费、租赁费、车辆牌照检查费、车辆清理费、养路费、过路费、保险费和公路运输管理费等。

（3）**其他费用** 其他费用如差旅费、事故损失和相关税金等。

2. 仓储成本

在物流企业中，仓储成本是物流总成本的一个重要组成部分，物流成本的高低常常取决于仓储管理成本的大小。

仓储成本主要包括仓储持有成本、订货成本、缺货成本和在途库存持有成本。

（1）**仓储持有成本** 仓储持有成本是指为保持适当的库存而发生的成本，它可以分为固定成本和变动成本。固定成本与在一定限度内的仓储数量无关，如仓储设备折旧、仓储设备的维护费用和仓库职工工资等。变动成本则与仓储数量的多少相关，如库存占用资金的利息费用、仓储商品的毁损和变质损失、保险费用、搬运装卸费用和挑选整理费用等。

（2）**订货成本** 订货成本是指企业为了实现一次订货而进行的各种活动的费用，包括处理订货的差旅费和办公费等支出。订货成本中有一部分与订货次数无关，如常设机构的基本开支等，称为订货的固定成本；另一部分与订货的次数有关，如差旅费和通信费等，称为订货的变动成本。

（3）**缺货成本** 缺货成本是指因库存供应中断而造成的损失，包括原材料供应中断造成的停工损失、产成品库存缺货造成的延迟发货损失和丧失销售机会的损失（还应包括商誉损失）；如果生产企业以紧急采购代用材料来解决库存材料的中断之急，那么缺货成本表现为紧急额外购入成本（紧急采购成本大于正常采购成本部分）。当一种产品缺货时，客户就会购买竞争对手的产品，它们就对企业产生直接利润损失，如果失去客户，还可能为企业造成间接或长期成本。

（4）**在途库存持有成本** 在途库存持有成本一般包括库存的资金占用成本、保险费用和仓储风险成本等。它不像前三项成本那么明显，然而在某些情况下，企业必须考虑这项成本。

3. 配送成本

配送成本是企业的配送中心在进行分货、配货和送货过程中所发生的各项费用的总和。根据配送流程及配送环节，配送成本实际上是含配送运输费用、分拣费用、配装及流通加工费用等的全过程。具体包括以下几方面。

（1）**配送运输费用** 配送运输费用主要包括配送运输过程中发生的车辆费用和营运间接费用。

（2）**分拣费用** 分拣费用主要包括在配送分拣过程中发生的分拣人工费用及分拣设备费用。

（3）**配装费用** 配装费用主要包括配装环节发生的材料费用和人工费等。

（4）**流通加工费用** 流通加工费用主要包括流通加工环节发生的设备使用费、折旧费、材料费及人工费用。

4. 包装成本

包装成本构成一般包括以下几方面。

（1）**包装材料费用** 常见的包装材料有多种，由于包装材料功能不同，成本差异也较大。

（2）**包装机械费用** 包装机械不仅可以极大地提高包装的劳动效率，也可以大幅度提高包装水平。包装机械费用主要包括设备折旧费、低值易耗品摊销和维修费等。

（3）**包装技术费用** 为了使包装的功能能够充分地发挥其作用，达到最佳的包装效果，因此包装时需要采用一定的技术效果，如实施缓冲包装、防潮包装和防霉包装等。这些技术的设计、实施所支出的费用就是包装技术费用。

（4）**包装辅助费用** 这些费用包括包装标记、标志的设计费用、印刷费用、辅助材料费用、赠品费用以及相关的能源消耗费用等。

（5）**包装的人工费用** 包装的人工费用是指从事包装工作的工人与其他有关工作人员的工资、福利费、奖金、津贴和补贴等。

5．流通加工成本

为了提高物流速度和物资利用率，在商品进入流通领域后，还须按用户的要求进行一定的加工活动，即在商品从生产者向消费者流动的过程中，为了促进销售，维护商品质量，实现物流的高效率所采用的使商品发生形状和性质的变化，这就是流通加工。

流通加工成本构成内容主要包括以下几个方面。

（1）**流通加工设备费用** 流通加工设备费用如木材加工需要电锯，剪板加工需要剪板机等。

（2）**流通加工材料费用** 流通加工材料费用即在流通加工过程中，投入到加工过程中的一些材料消耗的费用。

（3）**流通加工劳务费用** 流通加工劳务费用指在流通加工过程中，支付给从事加工活动的工人及有关人员的工资和奖金等费用。

（4）**流通加工其他费用** 流通加工其他费用如在流通加工中耗用的电力、燃料、油料以及车间经费等费用。

6．装卸搬运成本

物流过程中，装卸搬运活动是不断出现和反复进行的，它出现的频率高于其他各项物流活动，每次装卸活动都要花费很长时间，所以往往成为决定物流速度的关键。装卸活动消耗的人力和物力也较多，所以装卸费用在物流成本中所占的比重也较高。

装卸搬运成本构成内容主要有以下几方面。

（1）**人工费用** 人工费用如工人工资、福利费、奖金、津贴和补贴等。

（2）**营运费用** 营运费用如固定资产折旧费、维修费、能源消耗费、材料费和设备维修费等。

（3）**装卸搬运合理损耗费用** 装卸搬运合理损耗费用如装卸搬运中发生的货物破损、散失、损耗和混合等损失。

（4）**其他费用** 其他费用如办公费、差旅费、保险费和相关税金等。

7．信息管理成本

信息管理成本是指处理和传送物流相关信息发生的费用，具体包括库存管理、订单处理和顾客服务等相关费用。

（1）**库存管理费用** 库存管理费用是指与库存的移动、计算和盘点等有关的信息处理和送达等相关业务所花费的费用。

（2）**订单处理费用** 订单处理费用是指客户委托仓库出库的相关信息的处理业务所花费的费用。

（3）**顾客服务费用** 顾客服务费用是指接受顾客的咨询和询问，提供有关信息的业务所花费的费用。

二、物流企业成本分类

为了正确进行物流成本的核算，根据物流环节不同、物流成本特性不同、物流费用支付形态不同、计入营业成本的方式不同以及物流活动范围不同，可对物流成本进行分类。

1. 按物流环节分类

物流成本按照物流环节的不同，可分为运输成本、仓储成本、配送成本、包装成本、流通加工成本、装卸搬运成本和信息管理成本等 7 部分。

2. 按物流成本特性分类

按成本的特性分类，即按成本与业务量之间的关系分类，可将物流企业的成本划分为变动成本和固定成本。

（1）**变动成本** 变动成本是指成本发生总额随业务量的增减变化而近似成正比例增减变化的成本。这里所需强调的是变动的对象是成本总额，而非单位成本。就单位成本而言，则恰恰相反，是固定的。因为只有单位成本保持固定，变动成本总额才能与业务量之间保持正比例的变化。变动成本如材料的消耗、工人的工资和能源消耗等。

（2）**固定成本** 固定成本是指成本发生总额保持相对稳定，与业务量的变化无关的成本。同样应予以注意的是，固定成本是指其发生的总额是固定的，而就单位成本而言，却是变动的。因为在成本总额固定的情况下，业务量小，单位产品所负担的固定成本就高；业务量大，单位产品所负担的固定成本就低。固定成本如固定资产的折旧费和管理部门的办公费用等。

3. 按费用支付形态分类

按费用支付形态不同，一般将物流企业的成本分为直接支付的成本和委托成本两大类。直接支付的成本又可详细分解为材料费、人工费、差旅费和维护费等。委托成本又可详细分解为运输费、包装费和手续费等。

4. 按成本计入营业成本的方式分类

按成本计入营业成本的方式分为直接成本和间接成本。

（1）**直接成本** 直接成本也称可追溯成本，是指与某一特定的成本对象存在直接关系，他们之间存在明显的因果关系或受益关系，它是为某一特定的成本对象所消耗，所以可直接记入该成本对象的成本。一种成本是否属于直接成本，取决于它与成本对象是否存在直接关系，并且是否便于直接计入。因此，直接成本也可以说是与成本对象直接相关的成本中，可以用经济合理的方式追溯到成本对象的那一部分成本。大部分的直接材料和直接人工成本都属于直接成本。

（2）**间接成本**　间接成本是指与某一特定成本对象没有直接联系的成本，它通常是为几种成本对象所共同消耗，不能直接记入某一特定成本对象的成本。它不能用一种经济合理的方式追溯到成本对象中去，例如厂房的折旧就属于间接成本。间接成本应当先按地点或用途进行归集，然后按照适当合理的标准进行分配，再计入各种成本对象。小额的材料消耗、人工成本、制造费用和期间费用通常属于间接成本。

第三节　物流企业成本计算

一、物流企业成本计算对象

正确确定成本计算对象是进行成本计算的基础。物流企业成本如何归集与计算，取决于对所评价与考核的成本计算对象选取的正确与否。成本计算对象的选取方法不同，得出的成本结果也不同，从而也就产生了不同的成本评价对象与评价结果。

成本计算对象是指物流企业成本管理部门，为归集和分配各项成本费用而确定的，以一定时期和空间范围为条件而存在的成本计算实体。

物流企业成本计算对象的三个基本构成要素是成本计算主体、成本计算期间和成本计算空间。

1. 成本计算主体

成本计算主体是指其发生并应合理承担各项费用的特定经营成果的体现形式，包括有形的各种产品和无形的各种劳务作业等。就物流企业来讲，其成本计算主体主要是各种不同类型的物流活动或物流作业。

2. 成本计算期间

成本计算期间是指汇集生产经营费用和计算生产经营成本的时间范围。就物流企业来讲，其成本计算期视物流作业性质的不同可有不同的确定方法，如对于远洋货物运输作业来讲，因其生产周期较长（以航次为生产周期），所以应以航次周期作为成本计算期。而对于一般的物流企业来讲，可按照日历月份作为成本计算期。

3．成本计算空间

成本计算空间是指成本费用发生并能组织企业成本计算的地点或区域（部门、单位、生产或劳务作业环节等）。物流企业成本计算空间的划分，一般是按照物流活动范围、物流功能范围以及物流成本控制的重点进行选取。如按物流功能范围可分为运输、搬运、储存、保管、包装、装卸、流通加工和物流信息处理等，若把所有的物流功能作为成本计算对象和只把运输和保管这两种功能作为成本计算对象，所计算出来的物流成本显然是不同的。

二、物流企业成本计算方法

传统的成本计算方法往往是以产品品种、批别或产品所经过的生产步骤作为成本计算对象，但就物流企业而言，其成本计算对象主要是各种不同类型的物流活动和物流作业。因此，物流企业成本计算方法主要采取作业成本法。

1．作业成本法的基本概念

（1）**作业** 作业是指企业为了某一特定的目的而进行的资源耗费活动，是企业划分控制和管理的单元，是连接资源和成本对象的桥梁。企业经营过程中的每个环节或每道工序都可以视为一项作业，企业的经营过程就是由若干项作业构成的。

物流作业是一个组织活动对物质资料实体的物理性移动，包括场所位置的转移和时间的占有的实际操作过程。物流作业包括运输作业、储存与保管作业、包装作业、配送作业、装卸搬运作业、流通加工作业及信息处理等。由这些作业构成物流整体作业，从而实现物流功能。

（2）**成本驱动因素** 成本驱动因素是指导致企业成本发生的各种因素，是引起成本发生和变动的原因，是决定成本发生额与作业消耗量之间的内在数量关系的根本因素，例如直接人工小时、机器小时、订购次数和检验次数等。

成本驱动因素按其对作业成本的形成及其在成本分配中的作用可分为资源驱动因素和作业驱动因素。资源驱动因素反映着资源被各种作业消耗的原因和方式，它反映某项作业和某组作业对资源的消耗情况，是将资源成本分配到作业中去的基础；作业驱动因素反映着各项作业被最终产品消耗的原因和方式，它反映产品消耗作业的情况，是将作业中心的成本分配到产品、劳务或顾客中的标准，是资源消耗转化为最终产出的中介。

（3）**作业中心与作业成本库** 作业中心是成本归集和分配的基本单位，它由一项作业或一组性质相似的作业所组成。一个作业中心就是生产流程的一个组成部分，它应是相同的成本驱动因素引起的作业的集合。

由于作业消耗资源，所以伴随作业的发生，作业中心也就成为一个资源成本库，也称为作业成本库。

2．作业成本法的基本原理

作业成本法的基本原理，是根据“作业耗用资源，产品耗用作业；生产导致作业的产生，作业导致成本的发生”的指导思想，以作业为成本计算对象，首先根据资源驱动因素将资源的成本追踪到作业，形成作业成本，再依据作业驱动因素将作业的成本追踪到产品，形成产品的成本。其基本原理如图 7-1 所示。

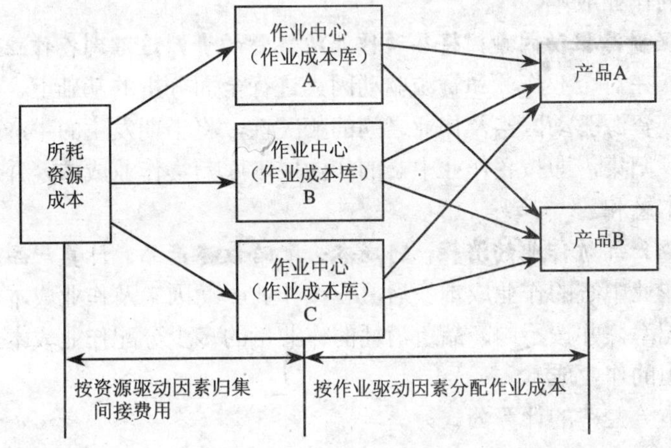

图 7-1　作业成本法的基本原理

3．作业成本法核算程序

（1）**确认各项作业的成本驱动因素**　成本驱动因素的确认是否客观合理，是实施成本作业法的关键。因此，在确定成本驱动因素时，应遵循以下原则。

1）所确定的成本驱动因素应简单明了，易于分辨。

2）在选择成本驱动因素时，为避免作业成本计算过于复杂，要筛选具有代表性和重要影响的成本驱动因素。

3）选择信息易得的成本驱动因素，以降低获取信息的成本。

（2）**对作业进行筛选整合，建立作业中心及作业成本库**　一般在每个传统的组织或部门中都应有 2～10 个功能明确的作业。所以，首先要对各项作业进行确认，在确认作业的基础上，对作业进行筛选和整合，以确保设计出特定而有效的作业中心。

作业筛选与整合的原则如下。

1）目的性原则。若为获得相对准确的物流成本信息，应对质相似或量相关的作业进行合并；若以加强物流作业管理为目的，则应在作业质相似的前提下，将次要作业合并到主要作业中。

2）重要性原则。从成本管理的角度分析每项作业的重要性，以便评价其是否值得单独列为一个独立的作业中心。对于非重要的作业，可与其他作业合并为一个作业中心。

3）相关性原则。从成本驱动因素的角度分析和确认作业的相关性，以便评价各项作业的成本性质是否相同，从而考虑其是否可能被合并为一个作业中心。

在确认作业中心之后，应按每个作业中心设置相应的作业成本库，以便归集各作业中心的作业成本。

（3）**依据资源驱动因素，将各项作业所耗费的资源追踪到各作业中心，形成作业成本库** 在对企业作业和资源驱动因素进行全面分析的基础上，依据各项资源耗费结果、资源驱动因素及作业之间的相关性，将当期发生的生产费用按不同作业中心进行归集，即按各作业中心的作业成本库归集作业成本，并计算全部成本库中的成本总和。

（4）**根据产品对作业的消耗，将成本分配给最终产品，计算产品成本** 当成本归集到各作业中心的作业成本库后，应按作业驱动因素及作业成本额计算出作业成本的分配率，并按不同产品所消耗的作业量的多少分配作业成本，最终计算出产品应承担的作业成本。

作业成本分配率的计算公式为

$$\text{某项作业成本分配率}=\frac{\text{该作业中心作业成本额}}{\text{该中心的成本动因量化总和}} \tag{7-1}$$

某产品应承担的某项作业成本分配额计算公式为

$$\text{某产品应承担的某项作业成本分配额}=\text{该产品消耗某作业量总和}\times\frac{\text{该项作业}}{\text{成本分配率}} \tag{7-2}$$

（5）**计算各成本对象的物流总成本**

将成本对象中分摊的各作业成本进行加总，即为各成本对象的物流总成本，并可据以计算单位物流成本。

三、物流企业成本计算举例

以某物流企业为甲、乙两种产品进行包装为例，现运用作业成本法计算产品包装成本。

1）该企业根据管理与核算上的需要，对资源驱动因素进行确认与合并。确认合并后，资源驱动因素共有5项，即材料搬运、准备次数、检验时数、耗电量和机器工时。将全部作业分解与合并为5个作业中心，即材料处理作业中心、生产准备作业中心、质量检验作业中心、电力控制作业中心以及设备维护作业中心，并按各作业中心分别建立作业成本库。

2）对于直接生产费用，包括直接材料费和直接人工费，不需计入各作业成本库，可直接按产品进行归集，计入产品包装成本。甲、乙两种产品当月的包装数量及各项直接生产费用、间接生产费用如表 7-2 所示。

表 7-2 甲、乙产品当月包装数量及耗用成本表

项目	产品甲	产品乙
该月产品包装数量/件	200 000	400 000
直接材料费用/元	8 000	40 000
直接人工费用/元	12 000	60 000
生产工时/h	20 000	100 000
间接生产费用/元	720 000	

3）将全部间接生产费用按资源驱动因素归集到各作业成本库，其结果如表 7-3 所示。

表 7-3 间接生产费用按资源驱动因素归集表

作业中心（作业成本库）	资源驱动因素	资源驱动因素数量统计结果	作业成本费用归集情况/元
材料处理	材料搬运/次	750	90 000
生产准备	准备次数/次	1 000	125 000
质量检验	检验时数/h	1 450	145 000
电力控制	耗电量/ kw・h	300 000	180 000
设备维护	机器工时/h	120 000	180 000
间接生产费用总额/元			720 000

4）在费用归集和成本驱动因素分析的基础上，将各作业成本库中的成本按相应的作业驱动因素（假设作业驱动因素与资源驱动因素相同）分配到甲、乙产品中去。

甲、乙两种产品的作业驱动因素数量统计情况如表 7-4 所示。

表 7-4 甲、乙产品作业驱动因素数量统计表

作业中心（作业成本库）	作业驱动因素	作业驱动因素数量统计结果		
		产品甲	产品乙	合计
材料处理	材料搬运/次	200	550	750
生产准备	准备次数/次	400	600	1 000
质量检验	检验时数/h	650	800	1 450
电力控制	耗电量/kW・h	180 000	120 000	300 000
设备维护	机器工时/h	30 000	90 000	120 000

根据表 7-4 所进行的作业驱动因素数量统计分析结果及作业成本分配率的计算公式，计算作业成本分配率，并将各作业中心的间接作业成本分配到甲、乙产品中去。分配结果如表 7-5 所示。

表 7-5 作业成本分配表

作业中心（作业成本库）	作业成本分配率	产品甲		产品乙		作业成本合计
		动因数量	分配额	动因数量	分配额	
材料处理	120	200	24 000	550	66 000	90 000
生产准备	125	400	50 000	600	75 000	125 000
质量检验	100	650	65 000	800	80 000	145 000
电力控制	0.6	180 000	108 000	120 000	72 000	180 000
设备维护	1.5	30 000	45 000	90 000	135 000	180 000
总计		—	292 000	—	428 000	720 000

5）计算各产品包装成本。按产品甲和产品乙所归集的直接材料费用、直接人工费用和所分配的间接生产费用进行汇总，分别计算产品甲和产品乙的总成本与单位成本，如表 7-6 所示。

表 7-6 产品包装成本汇总表

项目	产品甲	产品乙	合计
该月产品包装数量/件	200 000	400 000	—
直接材料费用/元	8 000	40 000	48 000
直接人工费用/元	12 000	60 000	72 000
间接生产费用/元	292 000	428 000	720 000
总成本/元	312 000	528 000	840 000
单位成本/元	1.56	1.32	—

第四节 物流企业成本分析与控制

一、物流企业成本分析

物流企业成本分析是指利用物流成本核算数据和其他相关资料，对照成本计划、同期成本指标和国内外同类企业的成本指标等，了解物流企业计划完成情况和变动趋势，查找影响成本变动的原因，测定其影响程度，为改进物流成本管理工作提供依据和建议。

1．物流企业成本分析的原则

（1）**物流企业成本分析必须与技术经济指标的变动相结合**　技术经济指标是反映物流企业技术经济状况，与物流企业技术和工艺特点密切相关的一系列指标。企业各项技术经济指标的完成情况，直接或间接地影响到成本的高低。因而，只有结合技术经济指标的变动对成本进行分析，才能使成本分析深入到技术领域，从根本上查明影响成本波动的具体原因，寻求降低成本的途径。此外，通过物流企业成本的技术经济分析，也可以从资金耗费效果上促进企业各部门更好地完成各项技术经济指标，有利于从经济的角度，改善物流技术。

（2）**物流企业成本分析必须与经济责任制相结合**　要使物流企业成本分析工作能够深入持久地开展下去，就必须在企业内部建立健全完善的经济责任制，把成本分析工作与企业各部门经济效果和工作质量的考核、评比及奖惩结合起来。在完善的经济责任制下，物流企业应依据各部门的特点和责任范围，进行各类成本分析及总成本分析，并把成本分析建立在广泛深入的调查研究的基础之上。

2．物流企业成本分析的内容

物流企业成本分析包括定性分析和定量分析两个方面。对成本变动性质的分析，称为定性分析，目的在于揭示影响资金耗费各因素的性质、内在联系及其变动趋势。对成本变动数量的分析，称为定量分析，目的在于确定成本指标变动幅度及其各因素影响程度。定性分析是定量分析的基础，定量分析是定性分析的深化。仅有定量分析结果而无定性分析说明，或者仅有定性分析说明而无定量分析资料作依据，都不可能发挥成本分析应有的作用。因而，定性分析与定量分析相辅相成、互为补充。

物流企业成本分析的具体内容可以概括为以下三个方面。

1）在核算资料的基础上，通过深入分析，正确评价物流企业成本计划的执行结果，提高企业和职工讲求经济效益的积极性。

2）揭示物流企业成本升降的原因，正确地查明影响成本高低的各种因素及其原因，进一步提高企业管理水平。

3）寻求进一步降低成本的途径和方法，结合企业经营条件的变化，正确选定适应新情况的最合适的物流成本水平。

3．物流企业成本分析的步骤

（1）**制定成本分析的标准**　对物流企业成本计划完成情况以及各项指标，要想分析其是否完成或完成的是好是坏，必须要有判断的标准。

1）以同行业其他企业的状况或同行业之间的平均值为标准。企业经营原本就是谋求企业间的竞争，因此，是否优于竞争对手极为重要。在物流企业中，性质相仿的企业不少，即使不是直接竞争的企业只要规模和物流过程性质相差不多，就可作为比较学习的对象。

2）以企业过去的状况为标准。这是趋势的比较。除了与同行业其他企业比较，以了解别人怎样做和做得如何外，将企业本身前后期的物流过程情况进行比较，可清楚地了解企业当前是处于成长期还是衰退期。

3）以既定目标或计划为标准。企业成本的分析，除了与企业过去的状况对比外，若企业已有针对营运状况设定好的目标或计划，则应进一步与目标或计划值进行比较，以辨明企业运作的水准是否达到预期的程度，其结果可作为管理者今后计划的方向或重新设定新目标值的参考。

（2）**分析差异，找出问题及原因** 物流企业将所有的成本指标与标准指标进行比较，了解计划的完成情况和变动趋势，确定各项指标的差异，查找影响成本变动的原因，测定其影响程度。

（3）**对问题进行分析，提出改进意见及降低成本的途径** 物流企业针对各项指标的差异及造成差异的原因和影响程度，提出成本管理工作的改进建议和降低成本的途径，为成本预测和决策提供依据。

4．物流企业成本分析的方法

物流企业成本分析采用的技术方法是多种多样的，有会计的方法、统计的方法和数学的方法。在实际的成本分析工作中，使用最广泛的技术方法主要有指标对比法、因素分析法和相关分析法。

（1）**指标对比法** 指标对比法又称比较法，是实际工作中应用最广泛的分析方法。它是通过将相互关联的成本指标进行对比来确定数量差异的一种方法。通过对比揭露矛盾、发现问题、寻找差距和分析原因，为进一步降低成本，提高资金使用效益指明方向。物流企业成本指标的对比分析可采取以下几种形式。

1）实际成本指标与计划成本指标对比。通过实际成本指标与计划成本指标的比较，说明计划完成的程度，为进一步分析指明方向。

2）本期实际成本指标与前期（如上年同期或历史最好水平）实际成本指标对比。通过对比，反映物流企业成本动态和变化趋势，有助于吸取历史经验，改进成本管理。

3）本期实际成本指标与同行业先进水平对比。通过对比，可以反映本企业与国内外先进水平的差距，以便扬长避短，努力挖掘降低物流企业成本的潜力，不断提高经济效益。

需要指出的是，采用指标对比法时应注意对比指标的可比性，即对比指标采用的计量单位、计价标准、时间单位、指标内容和前后采用的计算方法等都应具有可比的基础和条件。

（2）**因素分析法** 因素分析法是将某一综合指标分解为若干个相互联系的因

素，并分别计算和分析每个因素影响程度的一种方法。在几个相互联系的因素共同影响着某一指标的情况下，可应用这种方法来计算各个因素对经济指标发生变动的影响程度。

物流企业采取因素分析法的一般做法如下。

1）确定分析指标由几个因素组成。

2）确定各个因素与指标的关系，如加减关系和乘除关系等。

3）采用适当方法，把指标分解成各个因素。

4）确定每个因素对指标变动的影响方向和程度。

其中确定每个因素对指标变动的影响大小的计算程序是：以物流成本的计划指标为基础，按预定的顺序将各个因素的计划指标依次替换为实际指标，一直替换到全部都是实际指标为止。每次计算结果与前次计算结果相比，就可以求得某一因素对计划完成情况的影响。

例[7-1]　设物流成本指标 N 是由 A、B、C 三个因素乘积组成，其计划成本指标与实际成本指标分别表示如下。

计划成本指标　$N_0=A_0B_0C_0$

实际成本指标　$N_1=A_1B_1C_1$

差异额　$G=N_1-N_0$

计算程序如下：

计划成本指标　$N_0=A_0B_0C_0$

第一次替换为　$N_2=A_1B_0C_0$

A 因素变动的影响为　$N_2-N_0=A$

第二次替换为　$N_3=A_1B_1C_0$

B 因素变动的影响为　$N_3-N_2=B$

第三次替换为　$N_1=A_1B_1C_1$

C 因素变动的影响为　$N_1-N_3=C$

以上三个因素变动影响的总和为

$$(N_2-N_0)+(N_3-N_2)+(N_1-N_3)=N_1-N_0$$

由此可知，三个因素变动的差异之和与前面计算的实际成本指标脱离计划成本指标的总差异是相符的，这就确定了各个因素对成本指标升降的影响程度，并可以确定各个因素所占差异的比例，为物流企业成本决策提供可靠的依据。

（3）**相关分析法**　企业的各种经济指标存在着相互依存的关系。一个指标变了，就会影响到其他经济指标，如作业数量的变化必然会引起成本的相应变化。利用数学方法进行相关分析，找出有关经济指标之间规律性的联系，即为相关分析法。

在物流企业成本的分析过程中，相关分析法应用得比较广泛，它能更深入地揭示物流企业成本的许多内在规律，相关分析法常常和其他方法结合起来，共同揭示物流企业成本中的内在规律。

二、物流企业成本控制

物流企业成本控制是企业在各物流业务环节中依据成本标准，对实际发生的成本进行严格的审核，进而采取不断降低成本的措施，实现预定的成本目标。物流企业进行成本控制，应根据成本的特性和类别，在成本的形成过程中，对其事先进行规划，事中进行指导、限制和监督，事后进行分析评价，总结经验教训，不断采取改进措施，使物流企业的成本不断降低。

1．物流企业成本控制的基本程序

一般说来，物流企业成本控制应包括以下几项基本程序。

（1）**制定成本标准** 物流企业成本标准是成本控制的准绳，是对各项费用开支和资源耗费所规定的数量限度，是检查、衡量和评价实际成本水平的依据。物流企业成本标准应包括成本计划中规定的各项指标。确定这些标准可采用计划指标分解法、预算法和定额法等。

（2）**对成本的形成过程进行监督** 对成本的形成过程进行监督是指根据成本控制标准，对成本形成的各个项目，经常地进行检查、评比和监督。对成本的形成过程进行监督不仅要检查指标本身的执行情况，还要检查和监督影响指标的各项条件，如物流设施设备、工具、工人技术水平和工作环境等。因此，对成本的形成要进行日常控制，并将其与企业整体的作业控制结合起来。

（3）**及时揭示成本差异** 揭示成本差异就是将实际发生的成本与成本控制标准进行比较，分析产生差异的原因，明确责任的归属。针对成本差异产生的原因，分门别类，分清轻重缓急，提出改进措施并加以落实。

（4）**对结果进行评价和激励** 物流企业对成本目标的执行结果进行评价，并根据其业绩实施奖惩。

2．物流企业成本控制的内容

物流企业成本控制按控制的时间来划分，具体可分为成本事前控制、成本事中控制和成本事后控制三个环节。

（1）**成本事前控制** 成本事前控制是指在物流活动或提供物流作业前对影响成本的经济活动进行事前的规划和审核，确定目标成本。这一环节是成本的前馈控制。

（2）**成本事中控制** 成本事中控制是指在成本形成过程中，随时对实际发生的成本与目标成本进行对比，及时发现二者之间的差异，并采取相应的措施进行纠正，以保证成本目标的实现。这一环节是成本的过程控制。

（3）**成本事后控制**　成本事后控制是指在成本形成之后，对实际成本的核算、分析和考核。这一环节是物流企业成本的后馈控制。

物流企业成本的事中控制主要是针对各个具体成本费用项目进行实地实时的分散控制；而对成本的综合性分析控制，一般只能在事后进行。成本事后控制对物流企业成本控制具有积极的意义，它既是对本期进行的事后控制，同时也是下一期的事前控制。

三、物流企业成本控制的基本方法

物流企业成本控制就是根据预先确定的成本目标，对物流过程中实际发生的费用进行严格的控制，以实现预定的成本目标。因此，物流企业成本控制的主要方法是目标成本法。下面仅就目标成本法作详细介绍。

目标成本是一种预计成本，是指产品、劳务、工程项目和作业等在其生产经营活动开始前，根据预定的目标所预先制定的各种耗费标准，是成本责任单位和成本责任人为之努力的方向和目标。

通过确认目标成本，并在实际工作中将其作为努力的方向，就可以使目标成本发挥充分调动各方面的积极性作用，使目标成本成为有效进行成本比较的一种尺度，并有利于认识影响成本的因素。

1．目标成本法的步骤

（1）**初步确定物流企业总目标成本**　物流企业最高管理层结合企业发展战略和实际情况，制订计划期要实现的利润，并确定总目标成本。

$$目标成本=预计服务收入-目标利润 \tag{7-3}$$

目标利润可根据目标利润率法或上年利润基数法来确定。

目标利润率法计算公式为

$$目标利润=预计服务收入\times同类企业平均服务利润率 \tag{7-4}$$

上年利润基数法计算公式为

$$目标利润=上年利润\times（利润增长率+1） \tag{7-5}$$

（2）**明确组织结构**　物流企业对每个目标和子目标，应根据物流企业组织结构的要求，建立责任中心，明确其应完成的任务和应承担的责任以及应享有的权利。

（3）**设置下级目标成本**　根据资金和人力等资源状况，物流企业上下级之间进行协商，拟定考核下级的目标成本。

（4）**对目标成本进行可行性分析**　对初步设置的目标成本进行分析和判断，

对不可行的目标成本还要从最高层开始重新制定，直到可行为止。在反复循环的过程中，使目标成本得以完善。在这里，可行性分析包括对预计服务收入、目标利润和目标成本三方面的分析。

（5）**分解目标成本** 物流企业目标成本的分解须从以下三个方面进行。

1）将目标成本分解为直接材料费用目标、直接人工费用目标和制造费用目标等。

2）将目标成本分解到各级具体的责任中心或责任人。

3）将目标成本分解为年度目标成本、季度目标成本和月度目标成本等。

2. 目标成本确定的方法

（1）**倒扣测算法** 倒扣测算法是根据通过市场调查所确定的顾客或服务对象可接受的单位价格（如售价和服务费率），扣除企业预期达到的单位产品利润和根据国家规定的税率预计的单位产品税金以及预计的单位产品期间费用而倒算出单位产品目标成本的方法。其计算公式为

单位产品目标成本=预计单价–单位产品目标利润–预计单位产品税金–预计单位产品期间费用 （7-6）

例[7-2] 某项物流服务预计单位价格为600元，单位服务目标利润为90元，国家规定该项服务税率为5%，预计单位服务期间费用为60元，按倒扣测算法计算该项服务的目标成本为：

该项服务目标成本=600元–90元–600元×5%–60元=420元

（2）**比价测算法** 比价测算法是将新、老作业进行对比的一种方法。凡新、老作业内容相同的部分，按照老作业原有的成本指标测定，对新作业中不同的内容，应按预计的新作业的费用标准进行测定。这种方法适用于对原有的服务项目进行改良的目标成本的测定。计算公式为

单位目标成本=原有服务项目单位成本+（–）预计费用变动额度（7-7）

例[7-3] 某物流企业的某项物流服务包含有A、B、C、D、E和F 6个环节，该企业准备在原有的服务水平上进行改进，已知资料如表7-7所示。

表7-7 某物流企业的某项物流服务改进表

物流环节	A	B	C	D	E	F	合计
当前成本/元	200	300	150	180	40	130	1 000
预计成本变动/元	0	–60	–30	–40	+20	+30	–80

按照比价测算法测定的该项物流服务目标成本为：

该项物流服务目标成本=1 000元–60元–30元–40元+ 20元+30元=920元

3. 本量利分析法

本量利分析法是指在利润目标、固定成本目标和销量目标既定的前提下，对单位变动成本目标进行测算的方法。

依据成本、销售量和利润三者之间的关系，即

利润=单位售价×销售量×（1–税率）–单位变动成本×销售量–固定成本

可推导出目标单位变动成本的计算公式为

$$目标单位变动成本=单位售价\times（1-税率）-\frac{目标利润+固定成本}{预计销售量} \quad (7\text{-}8)$$

例[7-4] 某物流企业欲推出一项新的加工业务。据分析，该项服务单价不能超过同行相同服务项目单价的120%，即单价不能超过60元。国家规定该项服务税率为5%，预计该项服务全年固定成本支出5 000元，目标利润为20 000元，预计加工数量为1 200件。试测算该服务项目的目标单位变动成本。

目标单位变动成本=60元×（1–5%）–（20 000–5 000）元/1 200件=44.5元

四、物流企业成本影响因素及降低成本的途径

1. 物流企业成本影响因素

（1）***物流合理化*** 物流合理化就是使物流设备配置和一切物流活动趋于合理，具体表现为以尽可能低的成本，获得尽可能高的服务水平。对于一个物流企业而言，物流合理化是影响成本的关键因素。

物流合理化包含的内容很多，不能简单的局限于运输、保管、装卸、搬运、包装、流通加工和信息处理等物流要素的合理化，应把物流设备和物流活动看做一个系统，各物流要素同处于该系统之中，发挥着各自的功能和作用。例如运输效率的提高可能会使运输成本增加，但相反可能会使仓储保管的成本下降，从而使物流总成本减少。

（2）***物流质量*** 物流质量也是影响物流企业成本的因素之一。物流质量内涵丰富，主要内容包括物流服务质量、物流工作质量、物流工程质量和商品质量。一方面，只有不断提高物流质量，才能减少并最终消除各种差错事故，降低各种不必要的费用支出，降低物流过程的消耗，从而保持良好的信誉，吸引更多的客户，形成规模化经营；另一方面，提高服务质量，物流成本会相应增加。因此，物流企业在确定物流服务质量时，要以用户满意为前提，兼顾物流成本的合理，使两者的利益达到协调统一。

（3）***物流效率*** 物流企业提高物流效率，可以减少资金占用，缩短物流周期，降低储存费用，从而节省物流成本，应注重对现有资源的不断改造，基础性设施的建设以及现代电子信息手段的应用。物流企业应用电子商务，可以节省大量的

人力、物力和财力，从而提高整个物流效率，使物流成本降到最低。

（4）**物流人才** 物流合理化以及提高物流服务质量和物流效率这些都需要专门的物流人才。同时一个好的建议或者合理化方案，都会给企业带来巨大的效益，所以物流人才是物流企业的宝贵资源，是一种潜在效益。

2．物流企业降低成本的主要途径

由于物流企业实际运作情况的复杂性和多变性，使得降低成本的方法也具有多样性，通常可以通过以下途径来实现成本的降低。

（1）**加快物流速度，扩大物流业务量** 按照物流企业的成本特性可将全部成本划分为可变成本和固定成本两部分。前者如运输费、包装费和保管费等，它们与物流作业量的变动成正比关系，即可变成本总额随物流作业量的增加而增加，反之则减少，但它们的单位变动成本相对比较固定。后者如工资、固定资产折旧费和管理费等，它们往往不随物流作业量的变化而变化，即固定成本总额相对比较固定，但其单位固定成本却随物流作业量的变化而成反比关系，即物流作业量增加时，其单位固定成本下降。

根据这两种成本的特点，可以通过加快物流速度，扩大物流作业量来降低物流成本。当物流速度加快时，物流作业量扩大，虽然可变成本总额增加，但单位变动成本相对固定；而单位固定成本却随物流作业量的扩大而呈下降趋势。所以加快物流速度，扩大物流业务量是降低物流企业成本的途径之一。

（2）**减少物资周转环节和流通时间** 物流企业承接的物流业务需要经过许多相互联系而又有所不同的中间环节。这些环节越多，物资的流通时间就越长，成本就会相应增加。因此，尽可能减少流通环节和减少物流时间，会使物流企业成本降低。

（3）**采用先进、合理的物流技术** 采用先进、合理的物流技术是物流企业减少成本的根本性措施。它不仅可以提高物流速度，增加物流作业量，而且可以大大减少物流损失。例如先进、合理的装卸、运输机械，集装箱和托盘技术的推广，科学、合理的运输路线和库存控制等都对降低成本具有十分重要的影响。

（4）**提高物流企业管理水平** 管理水平的高低是影响物流企业成本的最直接因素。虽然管理本身不产生直接的效益，但它却能通过具体的物流作业执行部门对成本产生直接影响。因此，加强管理实现管理的现代化，是降低物流企业成本的最直接有效的方法。

案例

美国的物流成本测算及其启示

1．美国物流成本占 GDP 的比例

美国物流成本占国内生产总值（GDP）的比例，在 20 世纪 90 年代大体保持在 11.4%～11.7%范围内，而进入 20 世纪最后 10 年，这一比重有了显著下降，由 11%以上降到 10%左右，甚至达到 9.9%。必须指出的是，物流成本的绝对数量还是一直在上升的，但是由于上升的幅度低于国民经济的增长幅度，所以占 GDP 的比例在缩小，从而成为经济效益提高的源泉。

从物流成本构成进行分析，美国的物流成本主要由三部分组成：一是库存费用；二是运输费用；三是管理费用。比较近 20 多年来的变化可以看出，运输成本在 GDP 中的比例大体保持不变，而库存费用比例降低是导致美国物流总成本比例下降的最主要原因。这一比例由过去接近 5%下降到不足 4%。由此可见，降低库存成本和加快周转速度是美国现代物流发展的突出成绩。也就是说利润的源泉更集中在降低库存，加速资金周转方面。

2. 物流成本的计算方法

客观上，美国物流成本包括的三个部分各自有其测算的办法。

第一部分库存费用是指花费在保存货物方面的费用，除了包括仓储、残损、人力费用及保险和税收费用外，还包括库存占压资金的利息。其中利息是当年美国商业利率乘以全国商业库存总金额得到的。把库存占压的资金利息加入物流成本，这是现代物流与传统物流费用计算的最大区别。只有这样，降低物流成本和加速资金周转速度才能从根本利益上统一起来。美国库存占压资金的利息在美国企业平均流动资金周转次数达到 10 次的条件下，约为库存成本的 1/4，为总物流成本的 1/10。数额之大，不可小视。

第二部分运输成本是基于伊诺运输基金会出版的年度运输丛书得到的货运数据。运输成本包括公路运输、其他运输方式与货主费用。公路运输包括城市内运输费用与区域间载货汽车运输费用。其他运输方式包括铁路运输费用、国际国内空运费用、货代费用和油气管道运输费用。货主方面的费用包括运输部门运作及装卸费用。近 10 年来，美国的运输费用占国民生产总值的比例大约为 6%，一直保持着这一比例，说明运输费用与经济的增长是同步的。

第三部分物流管理费用，是按照美国的历史情况由专家确定一个固定比例，乘以库存费用和运输费用的总和得出的。美国的物流管理费用在物流总成本中比例大约在 4%左右。

另一个反映美国物流效率的指标是库存周期。美国平均库存的周期在 1996～1998 年间保持在 1.38～1.40 个月。但 1999 年发生了比较显著的变化，库存周期从 1999 年 1 月份的 1.38 个月降低到年底的 1.32 个月，这是有史以来的最低周期。库存周期减少的原因是由于销售额的增长超过了库存量增长，1999 年库存增长了 4.6%，而同时，产品销售额增长了 9.2%，是库存量增长的 2 倍。

3. 几点启示

从上面的分析可以得出几个清晰而重要的启示。

1）降低物流成本是提高效益的重要战略措施。

2）美国的实践表明，物流成本中运输部分的比例大体不变，减少库存支出就成为降低物流费用的主要来源。因此，发展现代物流就是要把目标锁定在加速资金周转和降低库存水平上面。这是核心的考核指标。

3）物流成本的概念必须拓展。库存支出不仅仅是仓储的保管费用，更重要的是要考虑它所占有的库存资金成本，即库存占压资金的利息。理论上还应该考虑因库存期过长而造成的商品贬值和报废等代价，尤其是产品周期短和竞争激烈的行业，如 PC 机、电子和家电等。总之，只有在物流成本中包含资金周转速度的内涵，才能真正反映出物流的作用，作出准确的评价。目前，我国现行的财务制度还很不适应这样的要求，应该逐步向国际接轨。

复习思考题

1．物流企业成本管理有什么意义？
2．简述物流企业成本的构成。
3．如何进行物流企业成本的分类？
4．物流企业成本计算的对象是什么？包括哪些构成要素？
5．简述作业成本法的基本原理和核算程序。
6．物流企业成本分析的方法有哪些？
7．物流企业如何进行成本控制？
8．如何降低物流企业成本？
9．通过对美国物流成本的分析，你认为对我国物流成本管理有何借鉴意义？

第八章　物流企业文化建设

学习目标

能叙述物流企业文化的概念、功能和要素，并能把握企业文化创新的新趋势；能界定物流企业文化建设的基础、内容、原则、程序和途径，准确把握物流企业的社会服务意识并开展物流企业文化建设；能实施物流企业的企业形象战略，塑造物流企业的企业形象。

第一节　物流企业文化概述

物流企业以客户为中心、以“降低客户的经营成本”为服务目标、以“伙伴式、双赢策略”为境界和以“服务社会、服务国家”为价值取向。这是一种在飞速变化的时代里主动适应和求得发展的意识，更是一种主动出击并且负责任的精神，是物流企业文化的集中体现。可见，物流企业文化是物流企业的灵魂。

一、物流企业文化

一般情况下，企业文化是指企业在发展过程中，在一定的物质和制度基础上所形成的影响企业凝聚力、创造力、适应力和持久力的精神、信念、道德、心理和智能等各种文化因素的总和。

企业文化具有人本性、凝聚性、群体性、和谐性、稳定性和独特性等基本特征。

物流企业文化是物流企业在长期经营中逐步形成的，并为本企业员工自觉遵守和奉行的共同价值观念、经营哲学、精神支柱、道德伦理和行为规范的总和。

目前我国物流企业文化的内涵主要表现在以下几个方面。

1．社会服务意识

物流企业处于社会再生产的中间环节，是连接生产与消费的纽带。为生产、流通和消费服务行业，为全社会提供优质的综合物流服务，应是物流企业文化强调的理念。物流企业的每一个员工应具备强烈的服务意识，树立“用户就是上帝”和“用户就是衣食父母”的观念，真诚而高效地为用户服务，赢得经济效益和社会效益的双重提高。

2．质量第一意识

质量是企业的生命，树立服务质量第一的理念是物流企业获得竞争优势的关键。物流企业要加强全面质量管理，建立质量保障体系，提高每一个员工的工作责任感、事业心和业务操作技能。这就要求物流企业文化应积极倡导质量意识，为社会进步和经济发展提供高质量的物流服务，满足用户多层次需求，促进物流市场的不断扩大和物流企业自身资源的高效利用。

3．市场竞争意识

物流社会化和国际化时代的到来，使传统物流向第三方物流转变，物流作为生产和销售企业附属部门的时代已经过去，物流企业面临着越来越激烈的市场竞争。进入 21 世纪以来，我国物流市场不断扩大，但物流市场的竞争更加激烈，这就要求物流企业不仅要适应市场，而且要不断提高市场竞争力，积极参与市场调研，开发物流业务新领域，在竞争中求发展。

4．改革创新精神

在当今传统物流业务疲软和新型业务竞争激烈的情况下，物流企业要想立于不败之地，物流企业文化就必须倡导企业员工敢于在经营业务、经营理念、制度、技术和服务等方面不断改革创新，提高企业的应变能力。

5．团队协作精神

物流企业是一个命运共同体，其运作过程需要仓储、运输和加工等联合作业。物流企业文化应着力培养员工的集体荣誉感，倡导团队协作精神。

二、物流企业文化的功能

无论是物流企业，还是其他企业，企业文化的功能就是企业这一系统整体以“人”为中心，以“人本”文化为导向进行生产、经营和管理的功能。这种功能具体表现在以下 7 个方面。

1．导向功能

导向功能是指企业文化对企业领导和员工的导向作用。企业文化包括企业价值观，这本身就使企业文化具有价值导向的功能。这如同一个人的价值观引导着他的价值取向一样。许多国际优秀企业都具有卓越的价值观，如向顾客提供一流的产品和服务；强调充分发挥人的主动性和创造性，重视员工间的相互沟通和协作；提倡冒险，允许失败，以开创发展机会，增长才干。我国有许多企业在价值观方面，不仅强调向顾客提供优质的产品和服务，发挥职工的主动性和团结协作精神，还特别重视热爱国家和集体，热爱本职工作的精神培育。

2. 凝聚功能

企业文化的凝聚功能就是通过创造企业员工共同认可的群体意识，使企业员工在共同的文化氛围中，时刻感受到企业发展的信心、自豪感和归属感，从而产生企业的向心力和凝聚力，员工把自己的发展和企业的发展紧紧地联系在一起，同心协力，愿意与企业同荣辱、共进退。

3. 激励功能

企业文化的核心内容是关心人、尊重人和信任人，强调感情因素在企业管理中的重要作用。因而能最大限度地激发企业员工的积极性和创新精神，使其为实现企业目标而努力奋斗。这种激励作用主要体现在以下几方面。

（1）**信任激励**　只有让员工感到上级领导对他们的信任，员工才会尽最大可能发挥聪明才智和充分发挥主观能动性，为企业的兴旺发达及在市场竞争中获胜贡献自己的力量。

（2）**关心激励**　管理者要富有同情心和人情味，要了解员工的思想状况，有的放矢地进行工作，形成“雪中送炭”的领导方式。主动关心群众的疾苦，要能够及时表扬先进、鞭策落后和纠正错误，避免更大的损失。

（3）**宣泄激励**　企业管理者和被管理者之间不可避免地会经常发生矛盾，而缓解矛盾的方法之一就是宣泄法。宣泄法本身是一种疏导，通过对某种情绪的发泄，融洽管理双方的关系。

4. 调适功能

调适功能是指它具有为员工创造一种良好的环境和氛围的功能和能力。这种调适作用主要体现在：员工心理调适；人际关系调适，即人和人之间的直接联系或互动关系，包括个人关系和群体关系；周围的气氛和情调调适。心理学中指出，人都喜欢生活在友好的气氛和高尚的情调中。企业应创造友好的氛围和高尚的情调，如开展旅游活动，举行文艺晚会，进行演讲、摄影和绘画比赛等。

5. 辐射功能

企业是社会的细胞。通过企业文化建设，不仅可以培养出企业自身“有理想、有道德、有礼貌”的员工队伍，而且还可以通过企业员工与外界的交往，把企业的优良作风和良好的精神风貌辐射到社会，对社会的精神文明和社会风气的根本好转，将产生积极的影响和促进作用。这种辐射作用通过企业的产品、服务、宣传和员工行为向社会辐射，进而扩大企业影响，提高企业知名度。

6. 组织功能

企业文化的一个非常重要的特性，就是它使企业群体具有同一文化意识和文化模式。同一意识和模式影响着每个企业成员的认识、感觉、思绪、情绪、伦理和道德等心理机制与心理过程，而且还从整体上影响企业群体成员的价值取向和行为取向，从而使企业成员的行为、活动及互动关系稳定在某种规范之内，起到自我调控的组织功能。在此基础上通过价值观念作用，把共同价值观转化到每个员工中去，使员工产生理应如此的感觉和意识，自觉地按照这种观念办事。而一旦违反这种价值观念，即使他人不知或不加指责，本人也会感到内疚和不安，失去心理上的平衡。价值观体系这只“看不见的手”全方位地操纵和调节着企业的经营管理活动。

7．互益功能

优秀的企业文化可以促使企业在社会责任与企业利润目标，长期利益与短期利益之间作出正确选择。企业生存取决于社会的需要，企业只有完成社会赋予它的使命和责任，为社会提供所需要的产品与服务，才能获得生存的权力。利润无非是企业为社会贡献后所获得的奖赏而已。

三、物流企业文化的内容

物流企业文化的内容主要包括以下几方面。

1．企业哲学

企业哲学是指导企业生产经营活动，使其符合既定目标的微观世界观和方法论。企业的兴衰成败关键取决于企业行为的正确与否。而在任何一个企业中，指导企业行为的根本的指导思想，这个指导思想不是企业领导人随意决定的，而是企业在各自的生产经营实践中形成的世界观和方法论。

物流企业和其他企业一样，包括和体现的哲学观念有：系统观念、物质观念、动态观念、市场观念、人才观念、效益和效率的观念、风险和竞争观念及信息观念。

2．企业精神

企业精神是企业文化的核心。它是一个企业在长期的生产经营活动中，经过精心设计和精心培育而逐步形成的能激发全体员工的群体意识和信念。企业精神是它在追求经济效益的过程中逐步形成和确立起来的思想成果和精神力量，全体员工所共同拥有的经营信条、价值观念、行为准则以及他们对企业的依赖意识、责任感、荣誉感和自豪感等。

企业精神要通过全体员工有意识的实践才能体现出来。因此，企业精神是企业文化发展到一定阶段的产物。不同企业企业精神的内容是不同的。各个企业塑造或提炼自己的企业精神时，都要从自己的实际出发，实事求是，体现出自己的特征。各个企业的企业精神也有共性，表现为爱国主义精神、集体主义精神、主人翁精神、奉献精神、科学精神、创新精神、竞争精神和民主精神。此外，还有诸如创业精神、服务精神和质量精神等。对物流企业来说，企业精神被总结为服务理念、信条或口号，成为企业“人”的信仰并在实践中体现。

3．企业价值观

企业价值观是指企业领导者和全体员工对企业生产经营活动和企业中人的行为是否有价值以及价值大小的总的看法和根本观点。价值观念是企业文化的重要组成部分，它为企业的生存和发展提供了基本方向和行动指南，为职工形成共同的行为准则奠定了基础。价值观念对员工行为起着直接的支配作用，员工在共同的价值观念支配下，就能自觉地从事生产经营活动，这是硬性管理所达不到的。

4．企业道德

企业道德是企业行为的规范，是企业价值观功能发挥作用的必然结果。它是指从伦理上调整企业单位相互之间、企业与消费者之间、企业与员工之间行为规范的总和。企业道德是一种特殊的行为规范，它的功能和机制是从伦理关系的角度出发的。因此，企业道德同法律法规是一种互补关系，它不具有法律法规那样的强制约束力。但是，它具有法律法规所不具有的积极示范效应和强烈的感染力量等。所以，它有着更为广泛的适应面，是约束企业、员工和广大消费者行为不可缺少的手段。企业道德的具体表现形式包括职业道德、企业领导道德和员工道德。

5．企业目标

企业目标是以企业经营目标形式表达的一种企业观念形态文化。企业目标是企业要达到的目的和标准，是企业员工努力争取的期望值。它体现了企业的执著追求，同时又是企业员工理想和信念的具体化。企业目标是企业文化追求的动力源。一个科学的、合理的企业目标可以激励人们不懈地努力，创造卓越的业绩，有利于塑造优秀的企业文化。企业目标的特点包括经营目标数量化、全部内容集中化、战略指向成果化和发展指标观念化。例如，中日合资上海三菱电梯有限公司的企业目标是“开发先进技术，采用现代管理；造就一流人才，创出优质产品；提供优良服务，争当合资模范”。

四、物流企业文化创新的新趋势

在日益激烈的国内外市场竞争环境中，不断促进物流企业文化创新，准确理解和把握物流企业文化创新的新趋势，有助于从根本上解决一些物流企业文化建设与经营管理脱节的问题。

1．确立双赢价值观的趋势

在传统的市场经济条件下，企业奉行“非赢即输、你死我活”的单赢价值观。这种价值观既有迫使企业实现技术和产品更新的驱动力，也有滋生为打垮对方而不择手段以致恶性竞争的弊端。以高科技为基础的知识经济的崛起，在使这种狭隘价值观受到致命冲击的同时，也催生出与新的经济发展要求相适应的双赢价值观。一个企业只有奉行双赢价值观，才能不断地从合作中获得新知识和新信息等创新资源，提高自身的竞争实力，从而在激烈的竞争中左右逢源，立于不败之地。

2．选择自主管理模式的趋势

传统的企业管理模式，将人视做企业运营过程中按既定规则配置的机器零件，忽视人的自主精神、创造潜质和责任感等主体能动作用；在管理过程中，较多地依赖权力、命令和规则等外在硬约束，缺乏凝聚力。随着市场竞争的深化，人的主体价值在企业运营中的作用日益重要，旧的管理模式越来越难以适应新的竞争形式，而体现人的主体性要求的自主管理模式逐渐成为企业的自觉选择。新模式以先进的文化理念为核心，充分尊重人的价值，注重发挥每一个员工的自主精神、创造潜质和主人翁责任感，在企业内部形成一种强烈的价值认同感和巨大凝聚力，激发员工的积极性，并通过制度安排，实现员工在企业统一目标下的自主经营和自我管理，进而形成企业创新的动力和创新型管理方式。

3．既重视高科技又注重“以人为本”的趋势

把高科技与“以人为本”密切结合起来，提供既有高科技含量又充满人性关怀的新产品和新服务，已成为物流企业文化创新的趋势之一。

4．提高企业家综合素质的趋势

员工的素质是物流企业文化创新的来源和动力，而由于企业家在企业活动中处于领导地位，企业家的素质又是物流企业文化创新的关键。实践证明，企业家只有具备了融通古今中外科技知识与人文知识、管理经验和风俗习惯，善于应对各种市场变化的智慧，才能获得市场竞争的主动权。提高企业家的综合素质已成为物流企业文化创新的新趋势之一。

第二节　物流企业文化建设

没有优秀的组织文化便不会有卓越的企业。世界顶级企业非常注重企业文化的开发、培养、创造和利用，并不断地以一种具有鲜明个性的组织文化去影响社会公众，从而获得企业稳固的顾客阵营，使企业得以持续发展。同样，物流企业更应重视和搞好企业文化建设。

一、物流企业文化建设的基础

物流企业文化建设的基础包括诸多方面的内容，其中最主要的是企业素质，包括企业技术素质和企业管理素质。

1．物流企业技术素质

新建物流企业和外商投资物流企业技术素质较高，由老企业改造和其他行业转行的物流企业技术素质较低，企业部分技术装备呆滞，物流信息技术比较落后，物流运行各环节的标准化和通用化水平较低。

提高物流企业技术素质的具体方法有：加强物流企业的技术基础建设，制订企业技术改进计划，积极推广先进技术的应用，广泛开展物流企业间的技术交流与技术合作，有计划地引进先进技术，并做好消化吸收和推广工作。

2．物流企业管理素质

从现状来看，物流企业中管理落后比技术落后更为突出，表现为物流企业管理基础工作薄弱、管理手段匮乏、管理系统不健全和管理人员素质低、缺乏管理经验，不适应物流业的发展。

提高物流企业管理素质的具体方法有：以提高经济效益为中心，大力加强企业基础工作建设，调整企业的生产经营管理结构，建立健全生产指挥系统、计划管理系统、质量监督系统、产品销售系统和新项目开发系统等，以适应市场变化的需要和企业自身发展的需要。

二、物流企业文化建设的内容

1．树立创新文化

创新是知识经济发展的第一推动力，因此，树立创新文化是物流企业文化建设的内容之一。创新文化涵盖了产品、管理、服务和市场等各个方面，成为企业活动中的主导文化。

2．树立速度文化

物流企业否认是在为客户提供及时物流服务方面，还是拓展营销渠道和扩大市场份额方面，提高效率都极其重要。因此，树立速度文化是物流企业文化建设的内容之一。

3．树立学习文化

知识的积累只有学习，创新的起点在于学习，环境的适应依赖学习，应变的能力来自学习，这就需要一种重视学习和善于学习的文化氛围。因此，物流企业文化建设中应树立学习文化，使其成为一个终身学习的组织。

4．树立服务文化

物流企业是服务型的企业，物流服务主要围绕客户所希望的商品、所希望的传递时间以及所希望的质量展开的。随着竞争在更广泛的区域内展开，物流服务的竞争已成为企业竞争的焦点。物流企业所提供的物流服务不仅应该为客户节约成本，提高效益，而且应该成为客户差异化竞争战略的重要组成部分。物流企业要在竞争中取胜，必须强化服务意识。因此，树立服务文化是物流企业文化建设的内容之一。

三、物流企业文化建设的原则

1．以人为本的主体原则

物流企业文化建设必须重视职工的主体作用，正确处理个人与企业之间的关系，使职工对企业产生一种归属感，逐渐将自身行为向企业价值观靠拢，使企业文化具体化为个人文化，使个人文化体现企业文化，从而形成企业“人本文化”，这是企业文化建设的根本。同时，企业文化又是企业每个人都必须认同和遵守的行为准则，它以企业融洽的人际关系为基础，只有正确处理好企业中人与人的关系，彼此信任、理解和尊重，形成平等、民主和团结的气氛，才能造就出企业的“整体文化”。

2．服务于振兴企业的目标原则

物流企业文化必须为振兴企业和增强企业活力服务。物流企业文化的建设是否成功，要以是否有助于振兴企业经济来判断。

3．从企业实际出发的求实原则

建设企业文化一定要从企业自身的特点和实际出发，使之保持鲜明的个性。有无自身的特点和鲜明的个性，是评价企业文化好坏的标准之一。因此，从本企业的实际情况出发、实事求是、量力而行是物流企业建设企业文化必须遵循的基本原则。

4．职工参与管理的民主原则

民主是企业职工的一项基本权利，是人权的重要组成部分。既然职工是企业文化的主体，就必须承认和尊重职工的民主权利，让职工参与企业管理活动，这样可以使职工在企业文化建设中化消极应付为积极行动，自觉地贯彻执行企业的各项决策，共同搞好企业文化建设。因此，强化职工民主管理意识，鼓励职工参与管理是物流企业建设企业文化的一个重要原则，也是国内外企业文化建设的一条根本经验。

四、物流企业文化建设的程序

物流企业可以分为4步建设企业文化，如图8-1所示。

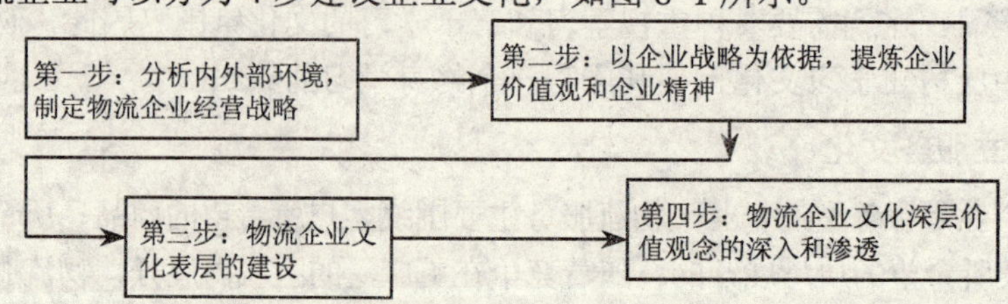

图8-1　物流企业文化建设程序图

第一步，分析内外部环境，制定物流企业经营战略。企业文化培育要适应物流企业经营战略的要求，物流企业文化建设首先应当从内部和外部环境分析入手，规划企业未来一定时期内所要达到的目标及为实现目标打算采取的基本策略。

第二步，提炼企业价值观和企业精神。合理和有效的企业价值观和企业精神一般不会自发地产生，必须进行提炼。

第三步，进行物流企业文化表层的建设。物流企业文化表层的建设主要是指物质层和制度层的建设，从硬件设施和环境因素方面为精神层的建设作准备。

第四步，向企业员工进行企业文化深层价值观念的导入和渗透，这是整个建设中最为重要的部分。

五、物流企业文化建设的措施

物流企业文化建设的措施如下。

1．调查分析，确立目标

物流企业对企业经营的社会经济背景及所处的市场文化环境进行调查分析，在此基础上确立物流企业价值体系、经营理念和道德规范等文化建设目标，并就目标实现的措施与方法进行规划设计。

2．广泛宣传，形成共识

物流企业通过有组织、有计划的宣传、灌输和强化企业文化，逐步达到被员工知晓、理解和接受进而自觉遵循的目的。

3．领导示范，全员参与

物流企业要塑造和维护企业的共同价值观。领导者本身应成为这种价值观的化身，并通过自己的行动向全体成员灌输企业倡导的价值观，并通过全员的努力才能最终形成和完善。

4．完善制度，规范管理

企业文化建设的过程也是企业制度健全、规范和落实的过程；企业制度落实的过程也就是企业文化建设的过程。物流企业在建设企业文化时，必须按照企业文化的精神，建立和健全必要的规章制度，规范管理使员工既有价值观的导向，又有制度化的规范。

5．典型引导，过程结合

发挥榜样的作用是物流企业建设企业文化的有效措施。通过典型的培养、宣传和示范，让职工看到企业倡导什么、崇尚什么和追求什么，形成学习先进和积极向上的良好氛围。另外，物流企业还需要把企业文化建设贯穿于物流服务的全过程。

第三节 物流企业的社会服务意识

物流企业文化的内涵首先表现为社会服务意识。不同类型的物流企业，其社会服务意识的具体内容会不同。本节仅介绍运输型物流企业在进行企业文化建设时应特别重视的4种意识。

从我国的实际情况看，有4种物流意识在促成传统道路货运企业向现代物流企业转化的过程中起到了关键性作用，而且也是运输型物流企业在进行企业文化建设时应特别重视的4种意识。他们是位居制高点的责任意识、“拥有”所有权的主人翁意识、找准切入点的针对意识和追求多赢的利益意识。

一、位居制高点的责任意识

物流企业的物流服务主要表现为仓储、运输、包装和简单加工等几种具体形式，其中运输占据了物流的制高点。因为，从成本和收入看，在物流企业的成本中50%以上由运输环节占用，同样，在收入中运输服务的贡献也大；从“零库存”看，物流服务高度发达的一个重要标志是“零库存”，其真实内涵并非没有库存，而是指库存在运输过程中动态的存在，而不再是主要在仓储设施中存在，即运输实现了“零库存”；从“最后几公里”看，现代物流服务中的核心难题是“最后几公里”服务，显然是公路运输解决了这个核心难题。因此，运输型物流企业要认识到“运输是物流的制高点”，要有位居制高点的责任意识。

二、“拥有”所有权的主人翁意识

无论是西方发达国家还是我国，物流可以划分为自主物流和第三方物流两大类。自主物流是指大型的生产型企业和商业企业拥有自己的物而办的物流。第三方物流又称契约物流，可以理解为是设法“拥有”别人的物而办的物流。然而，我国传统的道路货运公司并不拥有被运货物的所有权，仅仅提供运输服务，因为它是以运输为主业，采用的是“你托我运”的经营方式，追求的是运输量的最大化，服务空间基本局限在由起点站到终点站所构成的两点一线上。从传统“货运”到现代“物流”，表面上看只是以“物”代“货”和以“流”代“运”；质的差别在于是否“拥有”物品的所有权。自己的东西称“物”，而别人的东西则称“货”，“物”会主动地“流”，“货”需要被动地“运”。不拥有物品的所有权，仅仅提供运输服务的是货运企业；货运企业设法“拥有”物品的所有权，参与物流过程，也就成了物流企业。因此，运输型物流企业要认识到：“拥有”物品的所有权是物流的基础，它不仅是划分物流种类的依据，更是区分货运与物流的关键。它准确地抓住了物流的本质，折射出的是一种“拥有”所有权的主人翁意识。运输型物流企业要有“拥有”所有权的主人翁意识。

三、找准切入点的针对意识

物流需求的产生来源于大型的生产企业和商业企业“成长中的烦恼”。当生产性或商业性企业足够壮大和业务日趋复杂，特别是在制造业中当必须采用 JIT 即时库存管理，在商业零售业中则由大型连锁商场和超市集团形成了新的供应渠道和配送方式，并广泛采用的 POS 技术和快速反应（QR）货源跟踪战略时，便产生了对物流服务的强大需求，甚至是对物流的依赖。因此，寻找“烦恼了”的企业并为其提供物流服务就是运输型物流企业开展物流服务的切入点，运输型物流企业要有这种找准切入点的针对意识。

四、追求多赢的利益意识

物流企业以客户为中心、以“降低客户的经营成本”为目标、以“伙伴式、双赢策略”为境界和以“服务社会、服务国家”为价值取向。这是一种在飞速变化的时代里主动适应和求得发展的意识，更是一种主动出击并且负责任的精神。物流所体现的这种意识和精神，是一种能够影响企业精神世界内质的意识和精神，反映出物流企业的目的是在多赢中实现自赢，可以把这种意识和精神表达为“追求多赢的利益意识”。因此，运输型物流企业要有这种追求多赢的利益意识。

上述 4 种物流意识在促成传统道路货运企业向现代物流企业转化的过程中起到了关键性作用，因为它们分别是反映“转变”迫切性和重要性的“位居制高点的责任意识”、体现“转变”标志的“‘拥有’所有权的主人翁意识”、描述“转变”方法的“找准切入点的针对性意识”和说明“转变”最高境界的追求多赢的利益意识。因此，运输型物流企业在进行企业文化建设时应特别重视这 4 种意识。

第四节　物流企业形象战略

物流企业准确地导入和实施企业形象战略，全方位、多角度和多层次地塑造企业形象意义重大。

一、企业形象

企业形象是指企业的各类公众对该企业综合认识后形成的印象。企业形象是一种综合认识的结果，是留给人们的一种总的印象，各类公众是企业形象的感受者。

企业形象具有社会性、客观性、整体性、稳定性、传播性、可变性和独特性等特征。

企业形象分为企业战略形象、企业行为形象、企业文化形象、企业视觉形象、企业员工形象和企业品牌形象等种类，如图 8-2 所示。

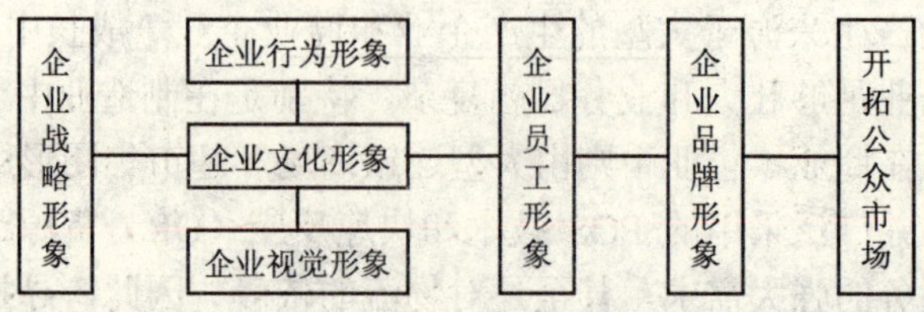

图 8-2　企业形象类别及关系图

企业形象的要素包括认知度、美誉度和和谐度三个要素。认知度是指一个社会组织被社会公众所认识和知晓的程度，包含被认识的深度和被知晓的广度两个方面。美誉度是指一个社会组织获得赞美和称誉的程度，是组织形象受公众给予的美丑和好坏评价的舆论倾向性指标。和谐度是指一个社会组织在发展运行过程中，获得目标公众态度认可、情感亲和、言语宣传和行为合作的程度。认知度等级、认知度区域等级、美誉度等级及和谐度等级的合成，就是公共关系状况的等级或形象等级，简称为“形象等级”。

二、企业形象战略的构成要素

企业形象战略是企业对自身的理念文化、行为方式及视觉识别进行系统地整合和统一的传播，塑造出富有个性的良好的企业形象，以获得企业内外公众认同的经营战略。

企业形象战略识别系统的设计开发包括企业理念识别系统、企业行为识别系统和企业视觉识别系统三个系统的设计开发。因此，企业形象战略由三大要素构成，即理念识别（MI）、行为识别（BI）和视觉识别（VI），如图 8-3 所示。

1．理念识别（MI）

企业的理念是指经营企业的指导思想，它是企业的灵魂。企业只有在正确的经营理念的指导下，才能有效地实现企业经营宗旨、经营目标和发展战略，才能使企业员工形成一个整体，并为之而奋斗，才能使良好的企业形象得到巩固和深入持久的发展。确立企业经营理念是塑造企业形象的开端。

2．行为识别（BI）

行为识别又称活动识别。行为识别是识别具体化的渠道之一，通过行为识别将企业的个性和特色广泛传播给外界，形成与众不同的行为规范，才能在公众中树立起独一无二的企业形象。企业行为识别分为两部分：一是对内部，包括员工教育、领导培训、设备更新、新产品开发、生产环境治理、福利实施、文明礼貌规范和未来发展前景等；二是对外部，包括市场调研、公共关系、促销活动、售后服务、公益性事业、广告活动、各种展示活动和慈善活动等。

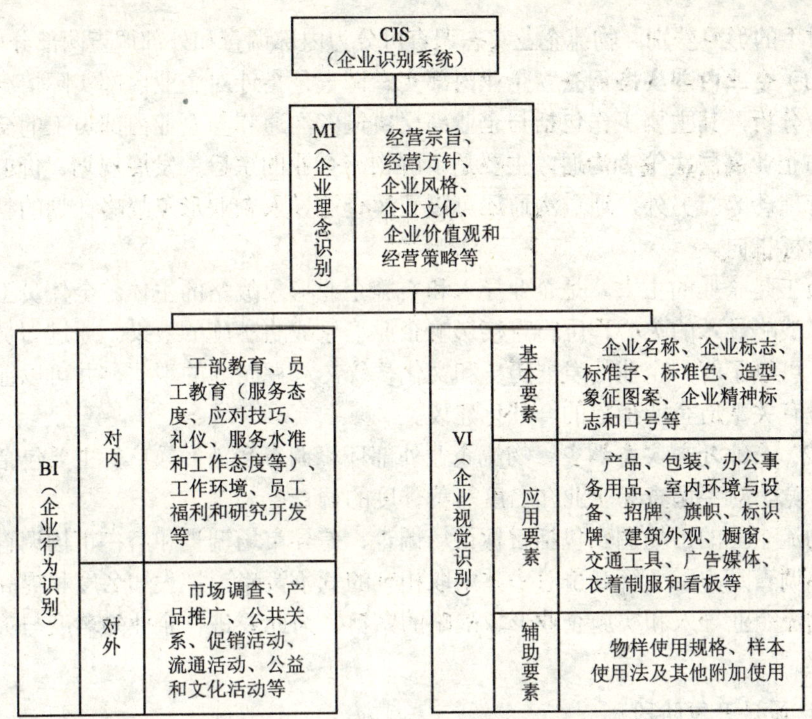

图 8-3　企业形象战略识别系统组成图

3．视觉识别（VI）

企业的视觉识别就是把抽象的企业理念形象化和视觉化，也就是把企业名称、企业商标、品牌、标志、企业色彩、企业象征图案、企业专用印刷字体以及企业口号、符号和吉祥物等，以规范统一的视觉表现，将企业富有个性的形象，具体、简明和生动地展示出来，给消费者和社会公众心目中留下深刻的视觉印象，从而加深对本企业的了解和认识，产生对企业的信赖和好感。

三、物流企业的企业形象战略实施程序

1．启动阶段

为确保实施企业形象战略的成功导入和顺利实施，物流企业需要做深入细致和切实有效的导入前期准备工作，包括沟通决策层的意见且形成共识，强化企业员工的参与意识，营造导入企业形象战略的宣传氛围，开展导入企业形象战略的可行性论证，拟订企业形象战略导入计划等。

2．企业实态调查阶段

物流企业只有通过实态调查，才能明晰企业实态与内外部期望的落差，找到与

竞争对手的形象差别。物流企业实态调查可分为内部调查和外部调查两部分内容。

（1）**企业内部实态调查** 企业内部实态调查是指针对企业内部实际情况而做的调查分析，其主要工作包括与企业高层决策者沟通和与企业内部员工的交流。

与企业高层决策者沟通，主要是了解物流企业的宗旨、发展规划、价值取向和经营理念等。另外，通过沟通还可以了解企业导入企业形象战略计划的整体思路和目标指向。

员工是企业的主人，是企业导入和实施企业形象战略的主体。全体员工对企业形象战略导入的关心程度将直接影响企业形象战略实施的效果。通过与员工的交流，可以了解到企业的发展历史和文化传统，掌握企业的现状，并可以征集到员工对有关塑造企业形象的合理化建议。

（2）**企业外部实态调查** 物流企业外部环境调查涵盖面较广，主要包括市场调查、竞争对手调查和企业知名度与美誉度的调查。

物流企业的市场调查包括目标市场调查、差异市场调查和潜在市场调查。竞争对手调查是为了了解竞争对手并采取相宜的竞争策略。扩大知名度和提高美誉度是物流企业导入和实施企业形象战略的宗旨，为此要进行企业知名度与美誉度的调查。

3. 设计开发阶段

企业形象战略设计开发阶段，是物流企业导入和实施企业形象战略的重点，它主要分两个步骤进行。

（1）**企业形象塑造的理论定位** 企业形象塑造理念定位的确认，取决于三个方面的内容：培育颇具个性的企业精神；确立与众不同的经营理念；体现企业价值追求的形象口号。此外，企业形象塑造的理念定位还涉及企业的经营方针、企业风格和员工的行为规范等方面的内容。

物流企业经营理念定位：时刻掌握环境的变化，创造顾客（物流需求者）所需要的价值并让其满意，以使企业存活。即通过创造商品的附加值方法，既使顾客满意，又保证物流企业的合理收入，形成双赢的局面。因此，未来的经营战略应定位在“价值的创造”而不是“利润的创造”。

（2）**企业形象战略识别系统的设计开发** 按照国际惯例，企业形象战略识别系统的设计开发包括企业基本要素的设计开发和企业形象战略识别系统的设计开发。具体内容如图 8-3 所示。

4. 实施管理阶段

实施企业形象战略，管理阶段极其重要，因为企业形象战略的推进运作是否规范，员工培训是否到位，企业上下的行动是否协调一致，都关系到企业形象战略实施的成败。此阶段的主要工作包括以下内容。

（1）**企业形象战略成果的发表** 通过发表企业形象战略成果，真正做到让企业外部公众和企业内部员工，都来认识和感知企业的新形象和企业经营的新理念。对内发布有利于激发企业员工的热情，强化员工的参与意识，使员工自觉地执行各项企业形象战略计划。对外发布企业形象战略成果，可以通过社会公众和媒体的宣传扩大影响，得到社会的理解和支持。

（2）**对企业内部员工的教育与培训** 为有效地推广企业形象战略成果，在对内发布企业形象战略成果的基础上，应通过编印员工手册、编制企业形象战略指南手册和组织视听教育等多种途径，及时地对企业内部员工进行企业形象战略导入内容的教育和培训。

（3）**企业形象战略各系统的实施管理**

1）识别系统的实施管理。识别系统的实施管理包括企业理念识别系统、企业行为识别系统和企业视觉识别系统等三大系统的实施管理。

2）企业形象战略导入计划的完善管理。企业形象战略导入计划在完成预期规定的程序之后，只说明企业形象战略的企划作业结束，但并不意味着企业形象战略的结束，以后要加强对企业形象战略导入计划的完善和管理工作。其中包括建立发展企业形象战略的部门或机构，企业形象战略设计系统的管理和修正和企业理念效应的定期观测等。

3）企业形象战略效果评估。物流企业在导入企业形象战略以后，必须进行企业形象战略效果的评估。评估可采取企业内部评估、外部公众评估和根据企业经营业绩上升情况评估等方式，来检测和衡量导入企业形象战略的最终效果，并总结经验，收集反馈信息，为塑造良好的企业形象，完成企业形象战略的终极目标提供有价值的参考依据。

四、物流企业的企业文化与企业形象战略的关系

1. 物流企业的企业文化建设是实施企业形象战略的基础

（1）**企业文化建设为实施企业形象战略奠定了思想基础** 企业精神文化、行为文化和物质文化对企业识别系统的理念识别、行为识别和视觉识别的确立和实施，都具有一定的指导作用。另外，企业文化强调价值观等精神力量所形成的文化优势对人的作用，重视人的思想感情及人的个性和价值，并通过一系列的文化形式形成企业的群体意识，发挥整体优势，用共同的理想和目标把全体员工凝聚成一个整体，企业文化建设为企业形象战略的实施注入了精神动力。

（2）**企业文化建设为实施企业形象战略营造了氛围条件** 企业文化具有导向、凝聚、激励和调适等功能，例如企业文化建设能用共同的价值观引导企业成员的价值取向和行为取向，自觉把企业的目标当做自己的目标，企业文化建设为企业与职工的协调发展创造良好的文化环境和氛围等。因此，企业文化建设能通

过各种文化形式为企业形象战略的实施营造一个团结和谐、亲切友善和奋发向上的文化氛围。

2．物流企业实施企业形象战略是企业文化建设的基本途径

（1）**企业形象战略的实施传播了企业文化** 企业形象战略的各种应用要素都以不同形式传播着企业文化；企业形象战略的实施是要运用一切传播媒介对内对外广泛地宣传本企业的企业文化；良好的企业形象本身就起着传播企业文化的作用。

（2）**企业形象战略的实施促进了企业文化建设** 一方面，企业形象战略的实施过程就是推动企业文化建设的过程。从企业理念的确立到形成群体再到表现于行为举止，从视觉识别的设计到传播，都要进行大量的企业文化建设工作。企业形象战略的实施要求全员参与，这有利于营造"大家庭氛围"和培养团体精神，而这种效果正是企业文化建设的任务之一。另一方面，企业形象战略的实施与企业文化建设良性互动。良好的企业形象能增强员工的向心力、归属感和自豪感，激发奋发向上的进取精神和强烈的事业心和责任感，从而更加注重自身的综合素质提高自我约束。企业形象竞争实质上是企业文化的竞争，文化因素在企业形象竞争中所产生的影响正日益扩大，要使企业形象升华也必须推进企业文化建设。

总之，物流企业的企业文化建设为实施企业形象战略奠定了基础，实施企业形象战略是企业文化建设的基本途径，实施企业形象战略必须与企业文化建设相结合，使二者相得益彰。

案例

中国航空服务有限公司提升形象策划

中国航空服务有限公司（以下简称中航服）成立于 1987 年，公司总部设在北京，并相继在国内外建立起 9 处分支机构和合资企业，是中国内地第一家从事运输销售代理业务的国有企业，也是国际航空运输协会（IATA）中国地区首批会员。中航服作为"中体产业股份有限公司"的子公司已成功上市，业务范围已由最初单一的公务旅客服务扩展为航空机票、货物运送、酒店预订、地面接待、商务考察、护照签证、翻译、导游和电子商务等系列产品一条龙服务。中航服并与全球著名的 CWT 旅游集团实施战略合作，成为其在中国地区的唯一合作伙伴。中航服具备了在全球范围内为客户提供全方位和多功能服务的能力。截至 1999 年底，仅客运代理销售额累计超过 50 亿元人民币，销售业绩在国内外 10 余家航空公司销售代理排行榜上名列前茅，在中国航空销售代理市场处于领先地位。

当以服务为主导的国内航空运输销售代理市场已进入成熟阶段时，市场竞争激烈，而且竞争方式已从服务竞争、价格竞争转至企业形象竞争。中航服运用 CI 战略参与市场竞争，已形成品牌效应，竞争优势和市场领导地位明显。其经历了

以下三个阶段。

第一阶段，1993 年以前，企业品牌形象基本是主观的设计，并没有考虑设计所产生的营销力，设计缺乏明确的理念指导，当时的设计是“地下和机尾”，使消费者误以为中航服是一家航空公司而非航空服务公司，与这个品牌设计相关的其他广告宣传品设计也十分混乱，各种颜色和图案五花八门。

第二阶段，1993 年改进企业徽标采用中国传统的“如意”图形的弧线动静结合，行业个性与理念内涵统一，象征“中航服使您如意，吉祥云伴您远行”，民族特色鲜明，使中航服进入 CI 之门，这个设计对品牌形象的建设起到了积极作用。

第三阶段，2000 年初，当公司业务已经扩展为全方位商务旅行管理服务，但其品牌形象和广告宣传仍是单一的销售机票，严重影响了客户和潜在客户对中航服真实目的的认知。易难公司着手对中航服进行二次 CI 导入。此次 CI 导入以营销为主导，以创建独具个性的形象符号为目标，实现了视觉美学与营销的有机结合。在设计提升企业徽标时根据中航服的经营目标，保留了主设计标志“如意”，增加了“盘长”的辅助图形。“盘长”是中国民间广为流传的吉祥图案，是佛教“八宝”（也称“八吉祥”）之一，有“四环贯彻，一切通明”的含义，象征网络经济时代中航服“服务至美、时刻伴随”的服务理念及无穷的生命力。

复习思考题

1. 物流企业的企业文化主要包括哪些方面的内容？
2. 物流企业文化建设的内容有哪些？
3. 物流企业文化建设一般应遵循哪些原则？
4. 企业形象战略的构成要素有哪些？
5. 简述物流企业的企业形象战略实施程序。
6. 物流企业的企业文化与企业形象战略的关系。
7. 在同质化竞争时代，为什么企业形象力是最大的竞争因素？
8. 为什么中国航空服务公司的“如意”加“盘长”的企业徽标能反映企业的服务特色？

第九章　物流企业人力资源开发与管理

学习目标

能叙述物流企业人力资源开发与管理的基本内容、员工招聘与培训的途径和方式以及物流企业的激励方法；能将相关的理论运用到物流企业的人力资源管理中，特别是员工招聘、培训工作、绩酬管理和员工激励等工作中。

第一节　物流企业人力资源开发与管理概述

人力资源是指在一定时间和空间条件下，现实和潜在的劳动力的数量和质量的总和。人力资源的内涵至少包括劳动者的体质、智力、知识、经验和技能等方面的内容。物流企业人力资源开发与管理有其自身的特征。

一、物流企业人力资源现状

我国物流企业在人力资源管理方面既存在我国企业较普遍存在的问题，更存在物流企业自身特有的问题，与物流企业在我国的地位和作用极其不相称，不适应其自身发展的需要，迫切需要加强其人力资源管理。

1．普遍存在的问题

我国企业在人力资源管理方面普遍存在的问题主要有以下几方面。

1）人力资源不足。由于历史原因，人才的年龄结构出现断层，各级各类人员都不同程度出现年龄老化的现象，尤其是老企业，为压缩人员不招或少招新人，后备人才的开发、培养和储备明显地呈现滞后于企业发展的需要。

2）人才知识结构不合理。一般老企业的人才知识结构上偏技术、轻管理、偏主业和轻其他，知识结构单一，能够适应企业发展和改革的管理人才奇缺。

3）人力资源使用欠合理。人才使用的不合理产生组合错位，致使人才不能发挥作用，造成人才积压和外流。

4）人才培养缓慢。随着经济技术的迅速发展和国际竞争的不断加剧，社会产业结构的高度信息化和智能化，需要企业尽快更新现有人才的知识，提高知识水平，跟上世界迅速发展的步伐。而企业目前在人才培养上行动缓慢，只注重眼前利益，不注意人才培养。

2．物流企业自身特有的问题

物流企业人力资源管理更存在自身特有的问题。20 世纪 80 年代末期以来，随着经济发展和改革深化，市场竞争加剧，作为物流企业前身的货运企业和仓储企业等，在我国大部分地区已经出现了“技术档次、管理水平和服务质量比较低，人才匮乏、设备落后和信息不灵，在市场竞争中处于明显的劣势”的现状，企业人才大量流失。同时，随着我国加入 WTO，许多国外大企业和大财团看好我国物流业发展的良好市场前景，纷纷投入资金和车辆与国内企业合资经营物流企业。中、外物流企业的员工在收入方面相差悬殊，工作环境和培训提高等诸多方面的差距巨大，优秀人才“跳槽”是必然的，也是不争的事实。

二、物流企业人力资源开发的特点

培养和开发一名合格的物流从业人员，除了必须具备的道德素养、相关专业知识和一般技能外，还应注意以下能力的开发。

1）物流从业管理者要具有开拓和创新能力。物流作为新兴的行业，一些制度和法规还不健全。这要求物流管理者必须善于总结经验，敢于创新。企业的快速响应能力和客户服务水平也是开拓和创新能力的反映。

2）物流从业人员要有综合思维能力和全局观念。物流管理水平的高低取决于整个物流系统的运作水平，涉及诸多方面的因素。它们之间相互牵制，存在效益背反的关系。这就要求物流人员必须具有全局的眼光，学会从整个物流系统的角度思考问题。

3）要具备快速收集、处理和分析信息的能力。当今物流业高速发展，信息系统已成为物流系统中必不可少的重要组成部分，各种物流活动过程中都以信息处理为基础，它对物流运作起着支持、保障和实时监控的作用。这要求物流人员必须具备一定的信息系统分析能力，要从整体上理解信息系统内部处理流程和数据之间的关系，只有这样，才能真正、全面和有效地理解整个物流系统的运作过程。

4）物流从业人员应具有吃苦耐劳，爱岗敬业的奉献精神。具体的物流作业（如订单处理、运输、装卸和加工等）是一个较为繁重、单调和乏味的劳动过程，因此，要求物流从业人员应具有吃苦耐劳和爱岗敬业的奉献精神。

三、物流企业人力资源管理及其特点

物流企业人力资源管理是指物流企业为了实现既定的目标，运用现代管理措施和手段，对人力资源的取得、开发、培训、使用和激励等方面管理的一系列活动的总称。物流企业人力资源管理包括以下含义。① 物流企业人力资源管理的目的是为了满足企业发展战略的要求；② 物流企业人力资源管理不仅强调人力资源数量的配置，而且强调要通过组织、培训、评价和激励等过程管理手段，实现人力资源质量的提高；③ 物流企业人力资源管理强调通过调动员工的积极性，充分发挥员工潜能，进而为企业创造更大的价值。

物流企业人力资源管理具有以下特征。

（1）**系统性** 人力资源管理是物流企业管理的主要职能，其对象是有思想、有作为和处于一定组织环境中的“复杂人”。要想全面提升物流企业中所有员工的素质和能力，需要对涉及人力资源效能发挥的各个要素和整个过程进行全面系统的开发和管理。

（2）**战略性** 人力资源管理以确保企业战略目标的实现为宗旨，也就是将人力资源整合到战略管理中，以寻求员工对组织目标的忠诚。

（3）**实践性** 由于人力资源依附于具有主观能动性的人而存在，所以人力资源管理强调实践性，强调针对员工特点创造适合人力资源充分发挥其潜能的氛围，在实践中提高人力资源管理水平。

（4）**开发性** 人力资源管理强调利用系统的和科学的人力资源开发与管理技术与方法，主动地适应外部环境的变化，迎接环境变化对企业的挑战。

（5）**民族性** 不同民族具有不同的文化传统，不同民族的人们具有不同的心理需求。一个民族的思想价值观念和文化必然会影响到组织中员工的价值观和行为方式。为此，人力资源管理必须强调其民族性。

四、物流企业人力资源开发与管理的基本内容

物流企业的人力资源开发与管理是在企业发展战略的指导下，通过人力资源规划与配置，人才的招聘与选择，制定和实施适合企业自身情况的绩效管理制度、薪酬分配体系和有效的员工培训，再加上员工的有效激励和员工关系的高效管理，以最大限度地实现企业的远景目标。物流企业人力资源开发与管理的基本内容如图 9-1 所示。

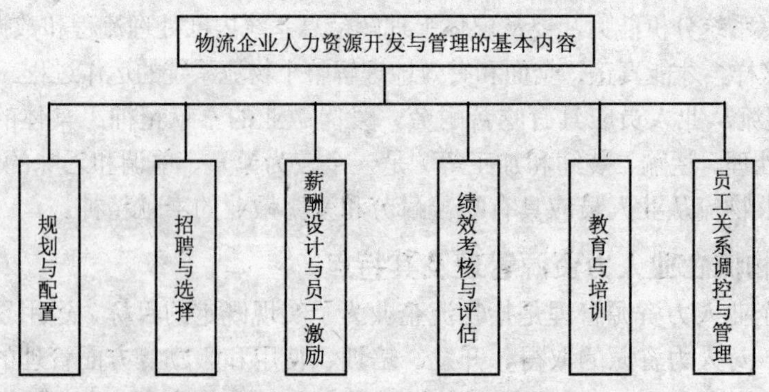

图 9-1 物流企业人力资源开发与管理的基本内容

1. 人力资源规划与配置

物流企业人力资源规划是整个企业战略规划的主要组成部分之一。它是为了实现企业的远景目标，获得市场竞争优势，由企业高层决策者组织领导的，由各职能经理人员参与制定并实施的企业人力资源开发与管理活动的系统计划方案。通过制定和实施人力资源规划，一方面保证人力资源管理活动与企业的战略方向和目标相一致；另一方面保证人力资源管理活动的各个环节互相协调，避免互相冲突，有效地满足企业目前和将来对人力资源的需求。

2. 人力资源招聘与选择

物流企业人力资源招聘与选择既是企业持续发展的需要，又是市场竞争的需要。招聘是为物流企业补充所缺员工而采取的寻找和发现合乎工作要求的申请者的主要途径，也是企业人力资源管理部门的重要职能。首先，物流企业要根据企业人力资源规划，结合目前企业人力资源需求所面临的内外部环境，就所需招聘的人员的数量和质量作出分析与预测，并在此基础上制订招聘计划，进行人才招聘。然后，企业从申请者中挑选合适的求职者，并经过测试和判断，选择录用。

3. 工作绩效考核与评估

绩效考评在物流企业人力资源管理中扮演着非常重要的角色，它是企业人力资源开发与管理的基础。通过绩效考评，可以判别不同员工的劳动支出、努力程度和贡献大小，有针对性地进行激励和约束，促使员工调整其努力方向和行为方式。只有公平、公正的绩效考评制度，并公正地运行，才能发现人才，实现员工的有效激励，实现人力资源的有效配置，创造企业积极向上的文化氛围。

4. 薪酬体系设计与员工激励

薪酬是企业员工主要工作动机之一，也是决定人力资源激励有效性的关键因素。物流企业应根据行业的竞争环境和自身特点，建立良好的薪酬体系，保证员工所获薪酬与其贡献正相关，并配合有效合理的激励制度，实现对员工的正激励。当然，激励不仅仅只有薪酬激励一种形式，它包含三个方面的主要内容：目标激励、精神激励和物质激励。目标激励旨在激发企业员工的事业心，使其有所追求和不断创新；精神激励即通过给予企业员工各种精神奖励，培养其荣誉感，为其工作提供精神动力；最后才是物质激励，即为企业员工提供与其付出相适应的薪酬与奖励。

5. 员工教育与培训

员工教育与培训是物流企业通过有计划的活动，使员工掌握旨在提高工作绩效的知识和技能，修正员工的态度与行为。通过培训，一方面可以使员工尽快掌握必要的知识、技能和应具备的态度，不断开发员工的潜能，培养员工与企业的互信；另一方面还可以提高整个组织的绩效，塑造企业文化。员工培训是物流企业人力资源管理的核心策略。

6. 员工关系调控与管理

员工关系是决定企业人力资源效率的重要因素，员工关系的调控与管理是物流企业人力资源开发与管理的重要职责。通过员工与企业、员工与所有者、员工与管理者、员工之间关系的调控与改善，可以培养员工对企业的忠诚度，发挥员工的积极性与主动性，从而提高整个企业的绩效。

五、物流企业人力资源开发与管理的目标

有效的人力资源管理能够吸引人才，充分发挥人的潜能，提高劳动者素质，促进生产力发展，提高企业的经济效益。企业的竞争将日益表现为人才的竞争，企业的成功将越来越依靠更好地吸引、留住、使用和激励有用的人才，因而人力资源管理对企业越来越具有战略性的意义。

物流企业人力资源开发与管理的目标：探索最大限度地利用人力资源的规律和方法，正确处理和协调生产经营过程中人和人的关系，人和事、人和物的关系，使人与人、人与事、人与物在时间和空间上达到协调，实现最优结合，做到人事相宜、人尽其才、才尽其用，充分调动职工的积极性，合理利用人力资源，实现企业的经营目标，取得良好的经济效益。

六、物流企业人力资源开发与管理的基本原理

1. 同素异构原理

同素异构原理一般是指事物的成分在空间关系（排列次序和结构形成）上的变化而引起不同的结果，甚至发生质的变化。它原是化学中的一个原理，将此原理引入到人力资源管理领域是指在群体成员的组合上，同样数量和素质的一群人，由于组织网络及其动能的差异，形成不同的权责结构和协作关系，产生不同的协同效应。在生产经营过程中，同样数量和素质的劳动力，因组合方式不同会产生不同的劳动效率。

2. 能位匹配原理

能位匹配原理是指根据人的才能和特长，把人安排到相应的职位上，尽量保证工作岗位的要求与人的实际能力相对应和相一致，尽量做到人尽其才、才尽其用、用其所长、避其所短。“能”主要指人的才能、素质和特长，“位”主要指工作岗位和职位等。为使人力资源管理效率最大化，要求企业在进行组织设计时，应建立一定的层次结构，并制定相应的标准和规范，形成高效的组织网络；然后将各具特色和才能各异的人员配置到合适的岗位上，授予相应的职权，完成相应的组织目标。

3. 互补优化原理

互补优化原理是指充分发挥每个员工的特长，采用协调优化的方法，扬长避短，

从而形成整体优势，完成组织目标。在实施互补优化原理时，应特别注意协调和优化。所谓协调，就是要保证群体结构与工作目标协调，与组织的总任务协调，与组织内外部条件协调；与一定时期的工作重点协调。所谓优化，就是经过比较分析选择最优结合的方案，以最少的成本获得最大的效益。互补的内容主要包括知识互补、能力互补、年龄互补、性格互补、性别互补、地缘互补和关系互补等。

4. 动态适应原理

动态适应原理是指在动态中使人的才能与其岗位相适应，以达到充分开发利用人力资源潜能，提高组织效能的目标。在人力资源管理中，人与事、人与岗位的适应是相对的，不适应是绝对的，从不适应到适应是在运动中实现的，是一个动态的适应过程。随着社会经济的迅猛发展，企业的内部条件和外部环境也在不断发生变化，这就要求人力资源管理应保持动态的适应性，要根据企业生产经营的需要，对岗位和人员进行动态调整，灵活调节人力资源；要做到合理用才，促进人员的合理流动；对人力资源的使用要留有余地，管理要有弹性，使人力资源能得到合理的使用和保护。

5. 激励强化原理

激励强化原理是指通过奖励和惩罚，使员工明辨是非，对员工的劳动行为实现有效激励。激励是指激发人的动机，鼓励人充分发挥内在动力，朝着所期望的目标采取行动的过程。通过外在激励，如合理的奖酬、工作保障和有效监督等，引导人们从事各种工作；通过内在激励，使工作本身具有吸引力，使员工努力谋求上进，并充分发挥自己的才能。

6. 公平竞争原理

公平竞争原理是指对竞争各方从同样的起点和用同样的规划，公正地进行考核、录用和奖惩。把竞争机制引入人力资源管理是保证企业获得优秀人才的必要条件，也是激励员工提高自身素质，增强劳动积极性、主动性和创造性的重要手段。市场经济的本质是一种竞争机制，在人力资源市场上，公平竞争是起码的要求。在竞争中应贯彻“效率优先、公平竞争”的原则，坚持公平竞争、适度竞争和良性竞争。

第二节　物流企业人员招聘与培训

一、物流企业人员招聘

人力资源规划是物流企业招聘人员的基本前提，人力资源规划的结果决定了企业招聘人员的数量、结构和类型，决定了企业人员招聘的途径。物流企业在开展人员招聘之前，应制定人力资源规范，并据此进行人员招聘。

1．招聘的目的

招聘是指物流企业吸引应聘者，并从中选拔和录用企业需要的人员的过程。招聘的直接目的是获得物流企业需要的人员。除此之外，招聘还可以达到树立企业形象、降低受雇用者在短期内离开企业的可能性和履行企业的社会义务等目标。

2．招聘的原则

有一批高素质的物流从业人员是保证物流企业各项工作顺利开展，并不断创新发展的重要保证。招聘是人力资源开发与管理的基础，为保证招聘工作的科学和高效，需要在人力资源招聘工作中遵循以下原则。

（1）**双向选择**　在劳动力市场上招聘者要寻找令他们满意的劳动者，而求职者也想寻找满意的用人单位，双方应处于平等的法律地位，双方相互选择，是一种双向选择。

（2）**公开公正**　招聘信息和招聘方法应公之于众，阳光操作。这样既可将录用工作置于公开监督之下，以防止不正之风，又可以吸引大批的应聘者，从而有利于招到一流人才。

（3）**平等竞争**　对所有应聘者一视同仁，不得人为地制造各种不平等的限制。要通过考核和竞争公平地选拔企业所需的人才。

（4）**用人所长**　在招聘中，必须考虑有关人选的专长，量才使用，做到“人尽其才、事得其人”，这对应聘者个人以及企业都非常重要。

3．招聘的途径

物流企业人员招聘的途径主要包括内部招聘和外部招聘，根据需要也可以采取内外部结合招聘。

（1）**内部招聘**　内部招聘主要是向企业现有职工招聘，其方法有公开招募、内部提拔、横向调动、岗位轮换、重新雇用或召回以前的雇员等。

内部招聘具有应聘者了解企业情况，可以更快地适应工作，可以鼓舞士气、激励员工进取和招聘成功率较高等优点。内部招聘也有应聘者局限于企业内部，难以保证需要，容易造成“近亲繁殖”，可能会因操作不公或员工心理原因造成内部矛盾等不足之处。

（2）**外部招聘**　外部招聘包括到大专院校、人才交流会、专业协会或通过职业介绍所去物色对象，也可通过报纸、专业杂志和广播电视等媒体上刊登广告公开招聘。要使外部招聘有效实施，对组织空缺职务的能力和资格要求必须描述清楚，否则将会增加许多不必要的工作量。此外，组织内部成员引荐也是一个有效的方法。

外部招聘的最大优点是人选来源广泛，有选择余地，甚至有可能找到一流的和有潜力的人才。当然，外部招聘也有费用高和对求职者全面真实的了解困难等不足之处。

4．招聘的步骤

无论是内部招聘，还是外部招聘，大体包括以下几个步骤。

（1）**审查简历材料，评价求职申请表**　求职者通常需填写求职申请表，提交个人资料。求职申请表中应包括受教育程度、工作经历及有关具体任务的信息。人力资源管理部门可根据简历和求职申请表提供的资料，对求职者进行初选。

（2）**笔试**　笔试是让求职者在试卷上笔答事先拟好的试题，然后由主考人员根据求职者解答的正确程度予以评定成绩的一种测试方法。通过笔试，可以测验求职者的基本知识、专业知识、管理知识和相关知识的掌握情况，以及综合分析问题的能力和文字表达能力等。

（3）**面试**　面试是获取求职者有关个人资料最常见的方法之一，是一种面对面，通过口头交谈、亲身观察与亲身审核求职者的方法。一般说来，面谈不只是管理者获得资料的方法，也是求职者了解企业有关情况的一种方法。因此，面试也可说是双向的沟通。

（4）**工作样本测试**　工作样本测试即实地操作工作的某一部分或某一段落，以事实说明其工作的能力，如司机的执照考试和打字员的打字测验等。在物流企业技术性的职业领域内，采用这种测试的方法相当普遍。

（5）**核实材料**　许多组织对求职者的履历和背景资料通常还有一个审查过程，目的是为了更全面地了解求职者的情况。通过侧面核实有关求职者的信息，可确保求职者关于学历、工作经验及其他信息真实无误。通常从求职者的前雇主处了解其经验、表现和人际关系等内容较为有效。

（6）**心理测试**　心理测试是指通过一系列的科学方法来测量被测试者的能力和个性等方面差异的一种科学方法。心理测试在西方国家企业人员招聘录用中应用十分广泛，许多组织不但用心理测试挑选员工，而且也用来确定哪些员工有比现任职位更高的能力。心理测试有许多类型，能力测试和人格测试是其两个主要组成部分。能力测试试图根据个人能做的事情对他们进行分类。而人格测试则是根据个人是什么类型的人来对他们进行归类。

（7）**体检**　体检通常要委托医院进行，目的是要判断求职者的身体状况是否能够适应工作的要求，特别是能否满足工作对求职者身体素质的特殊要求。因此，其结论并不是“健康”或“不健康”所能表达的。

二、物流企业员工培训

员工培训是企业为了使员工获得或改进与工作有关的知识、技能、动机、态度和行为，以利于提高员工的绩效和对企业的贡献，所进行的有计划、有组织和有系统的各种活动。员工培训是物流企业提高员工整体素质的重要途径，企业应依据已有的人力资源规划开展员工培训工作。

1. 培训的原则

物流企业员工培训应遵循以下原则。

（1）**战略原则** 物流企业员工培训要服从于企业的整体发展战略。企业在实施员工培训时，要认真分析企业的发展战略，依据企业人力资源规划，使得各培训项目之间相互关联，每一培训项目都应做好培训要求、培训内容、培训形式与方法和培训评估等一系列工作，真正构建起企业人力资源培训体系，为企业的发展战略服务。

（2）**联系实际的原则** 物流企业员工培训要从实际工作的需要出发，与职位特点、培训对象的年龄、知识结构和能力结构等紧密结合，有针对性地决定培训内容，选择合适的培训形式和方法。

（3）**投入产出原则** 物流企业员工培训是企业的一种投资行为，和其他投资一样，也要考虑投入产出问题。为了保证产出大于投入，使员工培训取得良好的经济效益，企业必须提高培训的效率，增强培训的效果，加强培训的评估和论证工作。

（4）**培训方式和方法多样性原则** 物流企业一线员工是以技术应用和实际操作为主，高级管理人员是以分析、判断和决策为主。不同的知识和能力结构，要求培训的内容、方式和方法不一样。物流企业要根据培训的对象和培训的内容，采取灵活多样的培训方式和方法，以求得实效。

（5）**全员培训和重点提高相结合的原则** 全员培训就是有计划、有步骤地对企业在职的各级各类人员都进行培训，这是提高物流企业人员素质的重要举措。但全员培训并不意味着对企业所有员工都必须平均分摊培训资金，平均使用力量。物流企业要在全员培训的基础上，分清主次先后和轻重缓急，加强重点培训。重点培训企业急需的或对企业的兴衰有着重大影响力的技术和管理骨干，特别是中高层管理人员。

（6）**严格考核和择优奖励的原则** 培训工作与其他工作一样，严格考核和择优奖励是不可缺少的管理环节。严格考核是保证培训质量的必要措施，也是检验培训质量的重要手段。只有考核合格，才能择优录用或提拔。鉴于一些培训只是为了提高人员素质，并不涉及录用和提拔问题，因此对受训人员择优奖励成为调动其积极性的有力杠杆。

2. 员工培训的种类

物流企业员工培训的方式方法多种多样，而且可以从不同的角度分类，常见的有如下几种。

（1）**按培训与工作的关系划分** 按培训与工作的关系划分，物流企业员工培训可分为职前培训和在职培训。

职前培训是指对新进人员在任职之前进行的培训，或企业内员工轮换到新的工作岗位前进行的培训。这种培训的目的主要是让培训者通过培训掌握新工作岗位所必备的一些技能。对于新员工来说，还有助于了解企业的整体情况。

在职培训是指对现职人员予以补充培训。在职培训又可分为脱产培训和在岗培训两类。脱产培训是指受训者脱离工作岗位去接受培训。在岗培训是指受训者不离开工作岗位，通过实际参与某项工作和操作某种设备，并接受相应的现场指导来学习有关技能。

（2）**按培训目的划分** 按培训目的划分，物流企业员工培训可分为过渡性教育培训、知识更新培训、提高业务能力培训和人员晋升培训。

过渡性教育培训是指企业在录用大专院校应届毕业生后，帮助其完成由学习生活向职业生活过渡的教育培训。

知识更新培训是指随着科学技术的快速发展，知识更新的周期越来越短，为了适应企业发展的需要，企业员工要及时开展知识更新培训。

提高业务能力培训是指企业办了不断提高竞争能力和获利能力，对员工所进行的以提高其业务能力和综合素质的培训。

人员晋升培训是指企业在员工晋升之前，对其进行相关知识、技能和态度等方面的培训，以满足其即将就任的更高层职位的需要。

（3）**按培训对象划分** 按培训对象划分，物流企业员工培训可分为一般员工培训、专业技术人员培训和管理人员培训。

一般员工培训主要是依据工作性质使其掌握必要的工作技能，让员工了解企业的文化理念和规则章程等，开发员工未来适应不同岗位的工作要求。员工培训一般又分为一般性教育培训和工作培训，工作培训又分为机器操作技能的开发、智力的开发、专业技术知识教育及态度的转变。

专业技术人员培训的重点是专业知识的更新、及时了解物流行业最新动态和最新知识，以及国家出台的新的政策等，跟上社会经济技术发展的步伐。同时，要培训专业技术人员的沟通协调能力和团结协作能力，更好地发挥团队的作用。

管理人员培训在物流企业中占有举足轻重的地位。管理人员一般分为高层、中层与基层管理人员三个层次，管理人员的培训应根据各层次管理人员的岗位职责不同，采取不同的培训内容和培方法。

（4）**按培训内容划分** 按培训内容划分，物流企业员工培训可分为知识培训、技能培训、思维培训、观念培训和心理培训。

知识培训。通过培训使受训者具备完成本职工作所必需的基本知识，主要解决“知”的问题。

技能培训。技能培训的主要任务是对培训对象所应具有的能力加以培训和补充，主要解决“会”的问题。

思维培训。思维培训的主要任务是使受训者固有的、传统的和陈腐的思维方式得以改变，培养其从新角度看问题的能力，主要解决“创”的问题。

观念培训。观念培训的主要任务是为了改变员工某些固有的思想观念而开展的培训，使员工及时接受新知识、新思想和新观念，主要解决“适”的问题。

心理培训。心理培训的主要任务是对培训对象进行心理方面的训练，开发受训者潜能，主要解决“悟”的问题。

3. 员工培训的方法

物流企业员工培训的方法有很多种，主要有学徒培训、角色扮演、案例研究、网上培训和工作轮换。

（1）**学徒培训** 学徒培训是指将课堂教学与在职培训结合起来的方法。在物流企业中，技术性的或半技术性的工作，特别是技术工人与低层的工程师多经由学徒方式进行培训。

（2）**角色扮演** 角色扮演是指培训者给一组人或某一人提出一组情景，让参加者身处模拟的日常工作环境中，并按他在实际工作中应有的权责来担当与其实际工作类似的角色，模拟性地处理工作事务，从而提高处理各种问题的能力。在物流企业中，角色扮演法常被用于管理人员的培训与开发。

（3）**案例研究** 案例研究法是指先由培训者按培训需要向受训者展示真实性背景，提供大量背景材料，并作出相关解释后，由培训对象依据背景材料来分析研究问题，提出解决问题的各种方案，找出最佳的方案，达到训练人员解决企业实际问题能力的目的。

（4）**网上培训** 网上培训是指将现代网络技术应用于人力资源培训与开发领域而创造出来的一种培训方式。它以其无可比拟的优势受到越来越多的物流公司和受训者的青睐。

（5）**工作轮换** 工作轮换是指将员工由一个岗位调到另一个岗位以扩展其经验的培训方法。轮换培训可以扩展在职员工的知识和技能，增强工作的挑战性和乐趣，使其胜任多方面的工作和更高层次的工作。对新员工的工作轮换可以帮助他们了解所工作单位的各种工作。

4. 员工培训的目标

员工培训的目标：思想上，树立正确的人生观、世界观和全心全意为人民服务的思想；文化素质上，具有牢固的经济意识和分析能力，以及高节奏、高效率和扎扎实实的工作作风等特征；心理品格上，对企业具有一种强烈的事业心和责任感，对事提倡实事求是、刻苦勤奋和锲而不舍，对人讲究诚实、团结和信用；知识结构上，具有较扎实的基础知识和较高的专业技能。

5．员工培训的重点

物流企业员工培训目前以如下几项工作为重点。

（1）**专业培训**　为提高专业业务水平，使物流服务跟上世界步伐，对专业技术人员开展知识更新和继续教育。尤其应该对员工进行物流培训，使他们掌握物流基本理论，了解物流业的发展趋势与产业地位，尽快转变观念，拥有专业素质与实践技能。

（2）**新增知识培训**　由于人才知识结构的失衡，企业的工程技术人员较多，这部分人员综合管理能力较差，为适应企业的发展，必须强化他们在经济、管理、财务、税收、金融、法律和国际贸易等方面的培训。对于经济管理人员，同时也要强化他们在工程技术和科学技术上的培训。这样，企业的这两部分人才能逐步培养成为符合企业需要的复合型人才。

（3）**能力培养**　对干部来说，主要培养各级领导干部的领导能力，重点培训执行方针政策的能力；调查研究、综合分析和判断的能力；组织领导和决策的能力；正确的思想方法；学会领导艺术；具有较强的文字语言表达能力。对一般职工来说，主要培养他们自学能力、动手能力和创造能力。

第三节　物流企业绩酬管理

物流企业的绩酬管理是指对物流企业员工工作绩效的考评和工作报酬、福利等方面的管理。绩酬管理是物流企业人力资源管理的重要环节。

一、物流企业员工绩效考评

1．绩效考评的含义

绩效一般包括两个方面的含义：一方面是指员工的工作结果；另一方面是指影响员工工作结果的行为、表现及素质。绩效考评是指企业按一定的标准，采用科学的方法对员工的思想、品德、业务、学识、工作能力、工作态度和成绩以及身体状况等方面进行的考核和评定。

2．绩效考评的作用

绩效考评作为人力资源管理的一个职能，为各项人事决策提供客观依据，是人力资源管理不可缺少的一个环节。其主要作用有：通过绩效考评，反映员工的贡献程度，有助于提高企业的生产率和竞争力。同时为员工的薪酬和职务调整提供依据，为培训工作提供方向，并有助于更好地进行自我管理。

3．绩效考评的原则

根据国内外企业管理的实践经验，物流企业在绩效考评中应注意把握以下原则。

（1）**透明原则** 考评前公布考评标准细则，让员工知道考评的条件与过程，对考评工作产生信任感，对考评结果抱理解和接受的态度。

（2）**具体可衡量原则** 考评目标要具体明确绝不含糊，绩效管理的指标应当是可以衡量的。考核的目标应当分解为一个个可以度量的指标。

（3）**反馈原则** 考核与员工的收入挂钩，更重要的是改善员工的工作绩效，使员工认识到工作上的不足并加以改善。所以，结果应反馈给员工以明确其努力方向。

（4）**客观和公正原则** 在制定绩效考评标准时，应从客观和公正的原则出发，坚持定量与定性相结合的方法，建立科学适用的绩效指标评价体系。

（5）**定期化与制度化原则** 绩效考评既是对物流企业员工能力、工作绩效和工作态度的评价，也是对他们未来行为表现的一种预测。因此，只有程序化和制度化地进行绩效考评，才能真正了解员工的潜能，发现企业自身的问题，从而有利于企业的有效管理。

4．实绩考评的主要方法

物流企业对员工开展实绩考评的方法有很多种，各种方法都有一定的适用范围，各有自己的优点和局限性。

（1）**排列法** 排列法又称排除法，是一种以被考评人的总的表现为基础，在考评人之间进行相互比较，对其工作的总体表现进行排列比较，分为最好的、次好的、中等的和最差的实绩考评方法。这种方法简便，也常被广泛采用。其缺点在于考评人不是拿被评人的工作实绩与每项考评标准进行对照比较打分，而是根据总的表现进行被评人之间的比较，这种比较缺乏信度和效度；无法鉴别处于中间状态的人员之间的差别；在同一物流企业中的不同单位或小组之间无法进行排列比较。

（2）**等级法** 首先，明确考评项目，它应该是与工作密切相联系的项目；然后，明确地制定出每个项目具体的衡量标准和要求（如对中级管理人员进行考评时，一般制定的考评项目有政策水平、责任心、决策能力、组织能力、协调能力、管理能力、应变能力和社交能力等方面）并对每项又设立评分级数，一般评分等级为5级（最优为5分，次之为4分，依次类推）；最后，把各项得分加权相加，总评分越高，工作实绩就越好。此种方法适用于对同一种或类似工种的人员的考评，比排列法要科学。

（3）**因素比较法** 因素比较法又称要素比较法。这种方法是把被考评者的工作表现分为若干因素或要求（或项目），将每个要素方面的评分又分成若干等级，一般分为3个等级或5个等级。3个等级即好、中、差，5个等级为优、良、中、及格和差。使用因素比较法时，评委们根据自己对被考评者的了解，在每一个等级中，选择一个最符合被考评人实际情况的答案，并在该等级中作标记。这种考评法适用范围很广，既可用来对管理干部的工作实绩作考评，也可用来对一般工人或职员的工作表现作考评；既可用来考评一个人的全面工作表现，也可用来考评其业务水平和业务能力等。

（4）**自我—他人考评法**　自我—他人考评法是指在工作实绩考评过程中，首先，由被评者本人对自己在某一时期内（如一年或半年）的工作表现情况进行自我对照总结和自我考评；然后，考评人的直接上司根据自己对被考评人的了解，对被考评人的自评提出意见；最后，由上一级主管人根据被考评人的自评和其直接上司的意见提出最后的考评意见。采用这种方法的好处是：一是被考评人通过自我考评可以看到自己的工作成绩和存在的问题；二是小组民主评议中可以当面听取他人对自己的意见和看法，有利于自己发挥成绩和明确今后的努力方向。一般来说，只要制定的考评标准合理，这种方法的考评准确性高。

5. 绩效考评的程序

绩效考评一般包括以下 4 个步骤。

（1）**制定绩效考评标准**　绩效考评要发挥作用，首先要有合理的绩效标准。这种标准必须得到考核者与被考核者的共同认可，标准的内容必须准确化、具体化和定量化。

（2）**评定绩效**　将员工实际工作绩效与工作期望进行对比和衡量，然后依照对比的结果来评定员工的工作绩效。

（3）**绩效考评反馈**　绩效考评反馈是指考评的意见反馈给被考评者。考评结果的反馈具有两个主要特征：一是向员工传递相关的信息；二是激励和警醒。

（4）**考评结果的运用**　绩效考评的一个重要任务是分析绩效形成的原因，把握其内在规律，寻找提高绩效的方法，从而使工作得以改进。

二、物流企业员工的报酬与福利

报酬与福利都是物流企业激励员工的重要手段。合理而具有吸引力的报酬与福利不仅能有效地激发员工的积极性，促进员工努力去完成组织的目标，提高企业的效益，而且能在人力资源竞争日益激烈的环境中吸引和保留住一支素质良好，且具有竞争力的员工队伍。

1. 报酬与福利的内容与形式

物流企业员工报酬与福利包括直接薪酬、间接薪酬和非财务报酬三类。直接薪酬包括工资、奖金、津贴、利润分享和股票期权；间接薪酬即福利；非财务报酬包括偏爱的办公室装潢、宽裕的午餐时间、特定的停车位置、喜欢的工作、业务用名片、私人秘书和动听的头衔等。本节所说的员工报酬与福利是物流企业因使用员工的劳动而付给员工的钱或实物，主要包括直接薪酬和间接薪酬。其具体内容如下。

（1）**工资** 工资是根据劳动者所提供的劳动数量和质量，按照事先规定的标准付给劳动者的劳动报酬，即劳动的价格。工资是以货币形式支付给劳动者的劳动报酬。工资的形式主要有计时工资和计件工资两种。计时工资是根据员工的劳动时间来计量工资的数额，主要有小时工资制、日工资制、周工资制和月工资制4种。计件工资是指预先规定好计件单价，根据员工生产的合格产品的数量或完成的工作量来计量工资的数额。

从工资的内容来看，我国目前的工资制度可以分为职务工资制、职能工资制和结构工资制三种。职务工资制是根据员工的职务等级来确定工资等级的一种工资制度。职能工资制是根据员工的技术知识、业务水平、体力和智力等自身条件来确定工资等级的一种工资制度。结构工资制是职务工资制和职能工资制的综合，同时从工作内容和工作能力两个方面对工资等级进行划分。结构工资主要是由基础工资、工龄工资、技能工资和岗位工资等4个部分组成。

（2）**奖金** 奖金是指企业为员工超额完成任务或取得优异工作成绩而支付的劳动报酬。企业中常见的有全勤奖金、生产奖金、安全奖金、创造发明奖金、贡献奖金、年终奖金和效益奖金等多种形式。

（3）**津贴** 津贴是对员工在特殊劳动条件、工作环境中的额外劳动消耗和额外的生活费用付出进行的补偿。津贴只将艰苦和特殊的环境作为衡量的唯一标准，而与员工的能力和业绩无关。根据津贴的实施目的不同，津贴可分为地域性津贴、生活性津贴和劳动性津贴三类。

（4）**利润分享** 利润分享是指员工工资与企业利润挂钩，即企业利润下降时，员工的工资也会随之下降；企业利润上升时，员工的工资也会随之上升。利润分享制度包括两种形式：一是员工工资完全取决于企业业绩；二是员工有一部分保障的工资，其余部分工资与企业利润挂钩。

（5）**股票期权** 股票期权作为一种薪酬制度，不同于人们通常所说的作为金融衍生工具的股票期权。作为薪酬制度的股票期权是指企业给予员工的一种权利，即员工可以凭此权利在一定时间内以一个固定的价格购买该企业一定数量的股票。根据实施对象的不同，股票期权有两种形式：员工持股与经营者持股。员工持股在国外比较常见，不过其目的是弥合劳资矛盾，而经营者持股是人力资本的投入，给经营者期权是资本所有者给经营者努力的奖励。当企业对全体员工实行股票期权时，不仅企业会收到长期激励的巨大效果，员工个人也会从中得到好处。

（6）**福利** 福利是企业为了实现自己的目的，在改善直接的劳动条件之外，从生活的诸多侧面，确保和提高职工及家属生活而开展的活动和措施的总称。根据我国劳动法的有关规定，员工福利可分为社会保险福利和用人单位集体福利两大类。社会保险福利是为了保障员工的合法权利，而由政府统一管理的福利措施，主要包括社会养老保险、社会失业保险、社会医疗保险和工伤保险等。用人单位集体福利是指用人单位为了吸引人才或稳定员工而自行为员工采取的福利措施，如工作餐、工作服、健康体检、带薪休假、住房津贴、交通费和疗养等。

2. 工资与报酬的相关政策和原则

（1）**工资的相关政策与原则**　物流企业员工的工资报酬工作应依据国家有关法律进行，主要体现在以下几方面：坚持多劳多得的按劳分配原则；坚持在提高劳动生产率的基础上，遵循兼顾国家、集体和个人利益的原则，逐步提高员工的工资报酬水平；工资标准的确定和工资的增长，应全面考虑各方面的关系，统筹兼顾和适当安排，以处理好各种差别，增加员工之间的团结；坚持精神鼓励与物质激励相结合的原则。在确定工资标准时，应考虑以下因素：经济实力、员工的生活费用、劳动质量和程度和劳动力的供求状况。

（2）**福利的相关政策与原则**　在劳动保护方面应注意：坚持安全第一，预防为主的原则；坚持“安全教育”先行的原则；坚持安全检查制度的原则；坚持伤亡事故逐级上报的原则；坚持“先培训、后上岗”的原则；坚持员工劳逸结合，保证劳动者的娱乐和休息时间；对女工和残废员工实行特殊劳动保护的原则；坚持劳动保险的原则。

在员工的文化娱乐方面应坚持内容和形式多样化，有利于培养员工高尚情操的原则；坚持少花钱和多办实事的原则；坚持有组织与自愿选择参加相结合的原则。

第四节　物流企业员工激励

激励有助于企业吸引人才，有助于实现组织目标、可以提高员工的工作效率与业绩、有利于激发员工的创造力和提高员工的素质。激励是物流企业人力资源管理与开发的重要内容。

一、物流企业员工激励所运用的激励理论

物流企业只有在真正理解激励过程的基础上，主动运用激励理论，才能把企业员工的激励工作做好。物流企业员工激励所运用的激励理论主要有马斯洛的需要层次理论和弗鲁姆的期望几率模式理论。激励过程如图 9-2 所示。

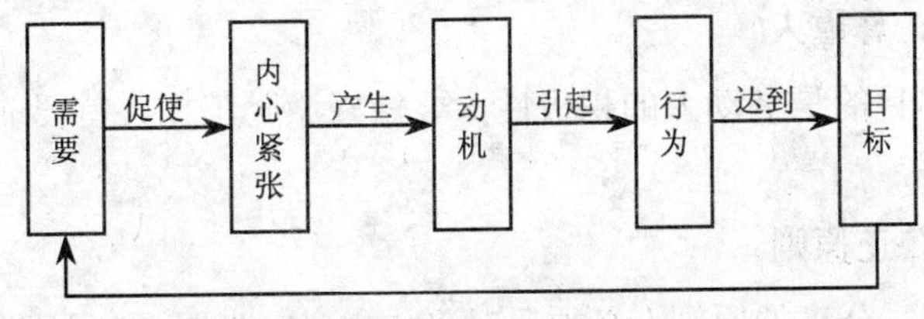

图 9-2　激励过程示意图

（1）**马斯洛的需要层次理论** 马斯洛首创人类有5种基本需要：生理需要、安全需要、自尊需要、社交需要和自我实现需要，如图9-3所示。

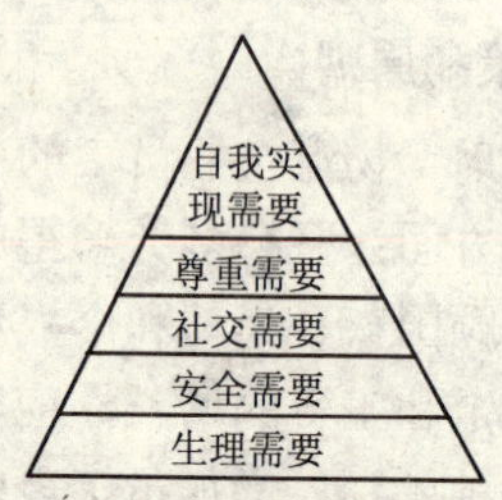

图9-3 需要层次图

需要层次理论认为，人的动机是有一定顺序的一个体系，其最低层是生理需要（活着就是生存）。当生理需要获得满足时，会产生更高一层的安全需要（希望不受威胁或不被伤害），这是眼前受到危险寻求保护自己的需要。当生理和安全两种需要获得某种程度满足时，社交需要（与喜欢的人在一起）就会受重视。第4层次是尊重的需要（被其他人敬重和赏识），想交际，想要别人尊重，寻求友爱的欲望就会愈高。第5层次是“自我实现的需要（做我们想要做的事）”。

马斯洛的需要层次理论对物流企业员工激励工作的理论指导就在于：发现企业员工的需要究竟处在什么层次上，并针对这种需要提出激励的对策。

（2）**弗鲁姆的期望几率模式理论** 维克托·弗鲁姆认为：

$$激励力=选择性行动成果的强度\times期望机率$$

其中的激励力是指促使一个人采取某一行动的内驱力的强度。选择性行动成果的强度是指一个人对某一行动成果的评价高低。期望几率是指一个人对某一行动导致某一成果的可能性大小的判断。

物流企业为了激励职工，企业领导应该一方面使职工知道行动成果的强度，并加大这个强度；另一方面要帮助职工实现其期望，即提高其期望几率。

物流企业员工激励所运用的激励理论还有赫茨伯格的双因素理论等。

二、物流企业员工激励的原则

物流企业为了搞好激励应遵循以下原则。

1．理解人、尊重人

激励的根本目的是调动人的积极性，要做好激励工作，首要前提就是要理解人、尊重人。

2．公平、公正原则

为实现公平、公正的原则，必须反对平均主义，克服“一刀切”的简单做法。

实现公平、公正激励，还必须对全体员工一视同仁，不偏不倚。

3．时效原则

时效原则是指奖励必须及时，不能拖延。一旦时过境迁，奖励就会失去作用。

4．以奖为主，以罚为辅

奖励和惩罚都属于激励，但应执行以奖为主，以罚为辅的原则。因为完成企业的目标，最终还要靠调动人的积极性和创造性，要激励员工努力工作。

5．物质激励与精神激励相结合的原则

物质利益是人们行为的基本动力，但不是唯一的动力。任何人都不可能仅为物资利益而活着，激励必须注意物质激励与精神激励相结合。

6．应注意降低激励成本

企业采取激励措施，必须支付一定的费用。在进行员工激励时，也要将其作为一项管理活动加以考虑，注意降低成本。

三、物流企业员工激励的方法

1．奖惩激励

有效的激励方案既能调动员工的积极行为，也可以惩罚有害的行为。因此，奖惩激励主要包括奖励和惩罚两种激励手段。

（1）**奖励及其技巧** 通常人们的行为是遵照奖励的取向而定的。对人们取得的工作成效给予奖励，会给人们的动机起到强化作用。奖励包括物质的和精神的，物质的如奖金、晋升工资、奖励实物和提供生活条件等，这些都属于人们的基本需求。精神奖励如对于成效的认可、记功命名、表彰、授予称号和提级升职等。奖励方式多种多样，可根据人们取得的成绩和他们对不同需要的追求程度而定，要把物质奖励和精神奖励结合起来，并与思想工作结合起来运用。任何一个成功的企业必然拥有一套严密的奖励制度，并且能够在实际的执行中遵循，如奖励要有针对性和目的性；不是员工做的所有事情都需要奖励；奖励要扩大影响范围；要选择好奖励的时机；奖励要有层次性；奖励方式要不断地创新等。

（2）**惩罚的技巧** 惩罚通常是被认为属于抑制性控制措施。管理者要认识到惩罚是一种教育手段，合理的惩罚教育才能取得较好的效果，同时，惩罚还必须坚持公平和适度的原则，面对因懒散、失职或渎职造成的不良后果，控制反感和恼火的情绪，保持理智和冷静的态度，作出合情合理的判断和处罚。在实际中实施惩罚时应注意以下原则：惩微原则，做到未雨绸缪；沟通原则，了解事实真相；及时原则，及时给予惩罚；反馈原则，指明错误行为；综合原则，要综合运用多种惩罚方式等。

2. 特殊激励

（1）**参与激励** 通过参与可以把组织的目标变成每个成员自己的目标，把管理者的决策变成大家共同的决定，把命令转变成员工的自觉行为。而激励的目的也正在于此。因此，参与激励是一种很重要也很有效的激励方式。在实践中，管理者要充分调动全体员工的积极性和主动性，通过广泛征询意见，加强沟通联络，吸收员工参与管理等多种方式，使员工真正参与到企业的生产经营活动中来。

（2）**晋升激励** 职务晋升对员工是一种内在激励，使其产生较强的成就感、责任感和事业心。同时，通过晋升可提供包括工资和地位的上升、待遇的改善、名誉的提高以及进一步晋升或外部选择机会的增加等优惠。因此，在管理实践中，管理者要让员工看到晋升的希望，要营造良好的竞争环境，充分调动员工的积极性。只要自己的业绩突出，就会有一个良好的晋升机会。

（3）**目标激励** 企业目标是企业凝聚力的核心，是一面号召和指引全体员工的旗帜。一个振奋人心、经过努力可以实现的奋斗目标，可以起到鼓舞和激励全体员工的作用。因此，为了使目标制定得更切合实际，能更好地起到激励作用，在实践中要做到：目标要明确具体、难度适宜、有灵活性和确立要有企业员工的参与。

（4）**授权激励** 授权是上级委授给下属一定的权力，使下级在一定的监督之下，有相当的自主权和行动权。授权可以使员工放开手脚，释放出更大的工作热情，激励员工努力工作。

（5）**情感激励** 情感激励就是管理者以真挚的情感，通过增强管理者与员工之间的情感联系和思想沟通，满足员工的心理需求，从而形成和谐融洽的工作氛围，激发员工的积极性、主动性和创造性。情感激励说到底是一种文化激励，是一项重要的亲和工程。它注重的是员工的内心世界，其核心是激发员工正确向上的情感，消除员工的消极情绪。

（6）**工作丰富化激励** 工作丰富化是指试图把一种更高的挑战性和成就感体现在工作中。它不同于工作内容的扩大，它可以通过赋予多样化的内容而使一个工作丰富起来，还可以利用给员工以更大的自由、加强相互交往、让员工参与管理、让员工有责任感和成就感等，使工作内容丰富起来。丰富的工作内容能改善员工对工作的态度，提高满意度，从而进一步激发员工的积极性、主动性和创造性，为企业的发展作出更大的贡献。

四、物流企业员工激励的发展趋势

1. 激励取决于组织的环境

一种环境在某个时候可能压制人们的动机，而另一个时候可能激发起人们的动机。创造适宜的激励环境是有效激励的重要内容。所谓创造环境，就是管理人员应创造一种扭转，通过激励者的努力，形成有利于被激励者发挥积极性的气氛，在不知不觉和潜移默化中贡献出个体的内在力量。

2．激励的复杂性

经济环境的变化增加了企业员工激励的变量，使得未来企业的员工激励变得更为复杂。激励的复杂性主要表现为：组织目标的多元化要求企业的激励措施也要作相应的改变；企业组织结构由金字塔形向扁平化方向的变迁，对激励提出了更大的挑战；经济全球化和各国文化差异对管理提出了新的挑战。

3．激励的层次性

在企业中报酬和激励相互联系，不仅来自于人力资本价值补偿的需要，更来自人力资本消耗的差异。这种差异的不同要求则是对于不同人力资本的所有者要有不同的报酬与激励。因此企业的激励应分层次进行。针对企业的普通员工、专业技术人员、管理人员和高级管理人员应采取不同的激励方法。

第五节　需要层次理论在物流企业中的应用

员工是物流企业的人力资源，是企业智慧与活力的源泉。企业管理者的天职在于不断开发人力资源和充分使用人力资源。

物流企业人力资源的开发可采取吸收新的人才。优化企业的人力资源结构的办法，更主要、更有效的途径在于利用和开发企业现有的人力资源。

利用和开发企业现有的人力资源的措施，包含两个方面。其一，运用科学方法培训员工，使一般的劳动者转化为人才，使低层次的人才转化为高层次的人才；其二，采用相应的措施，充分使用好现有的人力资源，发挥其才能服务于企业。

现代行为科学中，由马斯洛提出的需要层次理论，其中心内容是强调在管理中应重视人的作用，并且通过满足人的不同层次需求来激化人的动机，目的是为了调动人的积极性，需要层次理论是最适合物流企业人力资源管理的管理理论。在物流企业员工培训和使用中，综合运用这一理论，采取制度化、标准化、沟通、竞争和激励等多种措施，可以创建一个能提高员工素质并激发员工积极性的人力资源开发新机制。

一、制度化和标准化是物流企业人力资源管理的基础

物流企业应在人力资源管理方面实施制度化工作，以维护正常的游戏规则，确立能够保证公平竞争和优胜劣汰的工作环境。因为权力在滥用的时候，对游戏

规则造成一些破坏，就好比人们在市场当中，投资也好，消费也好，是根据某种预期进行的。如果政府官员任意行使权力，就会搅乱人们的预期，这样大家对未来很不确定，那么大家更多追求短期的利益，而不考虑长远利益。我国目前的物流企业呈现出从个人化企业到制度化企业转型的特点，企业决策和运作也从随意性转向正规化，从独断性转向民主化，物流企业实施制度化工作已经具备条件，这就要求制度更完善、更稳定。

实施标准化工作，一方面能提高工作效率，另一方面，也是更重要的方面，能形成“对事不对人”的好管理方式，有利于营造宽松、自由、兼收并蓄、鼓励个性发展和创造的文化氛围。没有实施标准化工作的企业，在遇到问题时，管理者第一反应往往就是追究某人的责任。这是一种“对人不对事”的方式，长此以往，就会促使人们在问题面前首先考虑到的是要逃避责任、保护自己，而不是如何去解决问题。实施标准化工作的企业遇到了问题，他们关注的是找出产生问题的原因，针对所发现的原因来制定解决问题的对策。如果对策是有效的，则通过标准化将之固定下来，成为新的工作方式，从而彻底消除同类问题再次发生的根源，这是一种“对事不对人”的管理方式。

制度化和标准化是物流企业人力资源管理的基础。物流企业实施制度化和标准化工作有利于确立能够保证公平竞争和优胜劣汰的工作环境，营造宽松、自由、鼓励个性发展和创造的文化氛围，从而充分调动员工的聪明才智，为物流企业的发展作出创造性的贡献。

二、“沟通”是物流企业人力资源管理的“联轴器”

沟通包括认识的沟通和情感的沟通。管理者要用良好的品德、能力和作风等非权力影响对员工产生影响，并且有义务提高员工的认识水平，使员工和管理者对事物的认识取得共识，实现认识的沟通；管理者应善于情感投资，建立起管理者和员工之间的正常交流，实现两者的情感沟通。

当前，物流企业的管理者最主要的是应从以下几方面加强与员工沟通：对企业方针政策的宣传；员工价值取向的确定；具体管理方式方法的解释；开座谈会、走家串户和个别谈心等了解员工在想什么、最需要什么，使员工有话愿和管理者讲、有事愿和管理者商量。

认识的沟通与情感的沟通，两者相辅相成，共同促使物流企业的员工和管理者团结协作，共同努力。沟通是人力资源管理的前提，是物流企业人力资源管理系统这台机器中的“联轮器”。

三、“良性竞争”是物流企业调动员工积极性的“助推器”

企业没有竞争机制，如同死水一潭。“企业兴衰，与我何干”的“帮工”观念盛行。在这样的企业中，员工的工作质量被模糊、劳动的价值被模糊以及地位和作用被模糊。其实员工需要竞争，也乐于公平竞争，在竞争中能发现自我，同时实现自我。

当前，物流企业的管理者在完善游戏规则的前提下，应采取“双向选择、竞争上岗；分配上拉大档次，体现多劳多得；敢于树立榜样，鞭策后进”等竞争办法，真正实现能者上庸者下、多劳多得和人岗匹配的良性循环。

竞争机制中，考核是关键，是对工作质量的检验和评价，它直接为员工的使用和待遇提供基本依据。要建立起严格的考核制度和科学的考核评价机制，保证考核正确。评价机制不科学，其直接后果是造成评价结果不公正，进而造成使用和待遇不公正，起到挫伤员工积极性的负效应。

“良性竞争”能激发员工的积极性和创造性，是强者的游戏，如快马加鞭，能使强者恒强。在物流企业人力资源管理系统这台机器中，“良性竞争”是调动员工积极性的“助推器”。

四、“激励”是物流企业调动员工积极性的“牵引机”

事业激励表现为关心爱护员工、放手使用员工和系统培训员工，形成“惜人、育人和用人”一体化的事业激励模式。基础是惜人，关键是强化人才培训工作，目的是支持一切有能力和愿望的人在岗位上成就自己的事业。

事业激励关键是员工的培训工作。培训能提高员工的业务水平，能增强员工工作的信心和竞争的能力。培训的直接受益者是员工，但最终受益者是企业，因而应该视为企业对未来的智力投资。物流企业的管理者应该为员工提供培训的资金、时间和机会。

培训应做到“有的放矢、按需施教和学以致用”，为此明确企业员工培训的目标以及采用何种切实可行的方式显得特别重要。

事业激励，更为迫切和重要的是企业应该充分信任员工和放手使用员工，营造出良好的员工在工作中成才的“软环境”。放手使用是最大的信任，企业应该经常邀请员工参加企业重大问题的决策，把员工的要求和愿望反映到企业的目标和计划中，充分发挥员工当家做主的精神，并在具体工作岗位上做到疑人不用、用人不疑，充分发挥员工的聪明才智。

使用和待遇是起利益驱动作用的环节，是一体化的事业激励模式保持正常运转的关键。企业应建立一个符合现代企业管理的劳动用工、人事和分配制度，使职工利益与能力挂钩，形成以岗定酬、凭能力择岗就业和能力依赖培训的良性循环。

“事业激励”是对员工的“理解与宽容”。员工在为企业的发展忘我地工作，同时也在自己的岗位上成才和在工作中致富。它使强者恒强，更能使弱者变强，提高了员工的总体素质。“事业激励”是物流企业人力资源管理系统这台机器中，调动员工积极性的“牵引机”。

总之，物流企业在实施制度化和标准化工作的基础上，运用“沟通”、“竞争”和“激励”创建的人力资源开发与管理机制，是一个能提高员工素质，激发员工的工作激情的人力资源开发新机制。这种机制使人有安定、愉快和清新的感觉。它给人带来朝气，使人始终充满了希望。这种机制支持一切有能力和愿望的人在自己的岗位上成就自己的事业，从而充分调动员工的聪明才智。这种机制，从最高的角度看，是一种能够长期地、稳定地保护人们的个人利益的制度。这样的机制是推进物流技术进步和物流企业发展最强大的动力。

案例

中国宝洁的人力资源管理

始创于1837年的宝洁公司（P&G），是世界最大的日用消费品公司之一。自1988年公司在广州成立了广州宝洁有限公司后，到目前在内地已设有十几家合资和独资企业。宝洁的飘柔、海飞丝、潘婷、舒肤佳、玉兰油、护舒佳、碧浪、汰渍和佳洁士等产品深受消费者的喜爱，已成为家喻户晓的品牌。在某种程度上可以说，极具特色并富有成效的宝洁人力资源管理是宝洁公司成功的关键。

1. 宝洁对应届大学毕业生情有独钟

在用人方面中国宝洁是众多外企中最为独特的。与其他外企注重有工作经验的人才不同，宝洁最爱应届大学毕业生。

首先，宝洁看中的是应届大学毕业生的可塑性。应届毕业生刚出校门，思维没有条条框框，容易接受宝洁的管理模式。宝洁公司不惜每年花费2 000万～4 000万美元从美国本土派遣100多名美国人进驻中国。这100多名美国人带着美国宝洁的商业观念，来中国招兵买马，用优厚的薪金在中国最优秀的大学招聘最优秀的大学生。这些大学生进入宝洁后便要“洗脑”，接受美国企业管理的思维方式。现在，经美国宝洁训练出的中国员工，已为宝洁公司在中国攻占市场立下了汗马功劳。

其次，宝洁喜欢招收应届毕业生与其内部提升机制密切相关。内部提升机制是宝洁文化中重要的一部分，所有高级经理都是从加入公司的新人做起，一步一步成长起来的。据中国宝洁北京地区人力资源部经理傅旭明介绍，由于宝洁实行从内部提升的制度，所有的人都是从大学中刚出来，处在同一个起跑线，竞争与升迁的条件是均等的。在宝洁，毕业生只要有能力、肯努力，便会很快得到升迁。

2. 宝洁讲究团队合作和个人能力

宝洁在人才招聘过程中，录用标准也很有见地。它不看专业，不看学校的牌子，也不唯高学历，而是注重毕业生是否有进取心和合作精神，在领导能力、沟通能力和分析能力等方面表现如何，人品是否正直。而正是这些基本品格、素质和能力，确保了该毕业生进入公司后具有发展潜力和培养前景。

3. **企业教练，学无止境**

内部提升机制的确立使得宝洁公司十分注重员工的培训工作。宝洁是一家学无止境的公司，对于员工而言，公司是最好的教练。在宝洁，员工能源源不断地得到公司各种完善的培训，并建立了专司培训的“P&G 学院”。宝洁公司人力资源部最重要的工作就是员工培训的安排，其独具特色的培训贯穿在整个员工的职业发展生涯中，主要包括以下几个部分。

（1）**入职培训** 大学生进入宝洁后，首先要接受短期的入职培训。其目的是让新员工了解公司的宗旨、企业文化、政策及公司各部门的职能和运作方式。

（2）**管理技能和商业知识培训** 公司内部有许多关于管理技能和商业知识的培训课程，如提高管理水平、沟通技巧和领导技能培训等，他们结合员工个人发展的需要，帮助新员工在短期内成为称职的职员。同时，公司还经常邀请 P&G 其他分部的高级经理和外国机构的专家来华讲学，以便公司员工能够及时了解国际先进的管理技术和信息。通过公司高层经理讲授课程，确保公司管理人员参加学习并了解他们所需要的管理策略和技术。

（3）**海外培训及委任** 公司根据工作需要，选派各部门工作表现优秀的年轻管理人员到美国、英国、日本和新加坡等地的 P&G 分支机构进行培训和工作，使他们具有在不同国家和工作环境下工作的经验，有更全面的发展。

（4）**语言培训** 英语是宝洁的工作语言。公司在员工的不同发展阶段，根据员工的实际情况及工作的要求，聘请国际知名的英语培训机构设计并教授英语课程。新员工还参加集中的短期英语岗前培训。

（5）**专业技术的在职培训** 从新员工加入公司开始，宝洁便派一位经验丰富的经理悉心对其日常工作加以指导和培训。公司为每一位新员工都制订了个人培训和工作发展计划，由其上级经理定期与员工回顾，这一做法将在职培训与日常工作实践结合在一起，最终使他们成为本部门和本领域的专家能手。在宝洁公司的培训制度中，著名的做法是备忘录。公司要求员工必须养成一种习惯，清楚而简单地将信息呈给上司。备忘录主要分成两种：信息备忘录和建议备忘录。信息备忘录内容包括研究分析、现状报告、业务和市场占有率摘要以及竞争分析；建议备忘录则是一种说服性的文件，这是宝洁内部沟通的重要形式，管理人员如果想要升迁，最好先学会怎样写建议备忘录。其内容主要包括目的、背景材料、建议方案，以及背后的逻辑、讨论，和下一步该怎么做，大多不超过 4 页。在宝洁，如果员工知道怎么写备忘录，大概也就知道怎么思考。因此，备忘录的写作甚至被当做一种训练的工具。

在录用大学生后，宝洁不会要求他们签订一个“必须为宝洁服务几年”的保证书。宝洁人力资源部道出了他们的心声："如果他要走，就不会给你好好地干，我们要通过自身的魅力吸引每一位人才——给你合适的待遇，并帮助你达到你能力的极限。"

复习思考题

1．物流企业人力资源开发与管理的特征是什么？

2．物流企业人力资源开发与管理包括哪些内容？

3．物流企业员工培训应遵循哪些原则？

4．如何理解需求层次理论在物流企业中的应用？

5．中国宝洁公司为什么对应届大学毕业生情有独钟？

6．中国宝洁公司采取了哪些措施将员工培训贯穿于员工整个的职业发展生涯？

第十章　物流企业信息管理

学习目标

能叙述物流信息的概念、内容、特点及信息与决策的关系；能利用信息收集与传递技术进行信息收集与传递；在正确陈述物流信息系统的系统结构、功能及类型的基础上，能正确操作物流企业管理信息系统。

第一节　物流信息与信息技术

一、物流企业的物流信息

1. 物流信息的定义

物流信息是反映物流各种活动内容的知识、资料、图像、数据和文件的总称（中华人民共和国国家标准·物流术语）。

物流信息是物流活动中各个环节生成的信息，一般是随着从生产到消费的物流活动的产生而产生的信息流，与物流过程中的运输、保管、装卸和包装等各种职能有机结合在一起，是整个物流活动顺利进行所不可缺少的。只有从狭义的范围和广义的范围两个方面入手，才能真正理解物流信息的定义。

从狭义的范围来看，物流信息是指与物流活动（如运输、保管、包装、装卸、配送和流通加工等）有关的信息。在物流活动的管理和决策中，如运输工具的选择、运输线路的确定、在途货物的追踪、仓库的有效利用和订单管理等，都需要详细和准确的物流信息，因为物流信息对运输管理、库存管理和订单管理等物流活动具有支持保证的功能。

从广义的范围来看，物流信息不仅是指与物流活动有关，而且包含与其他活动有关的信息，如商品交易信息和市场信息等。商品交易信息是指与买卖双方的交易过程有关的信息，如销售、购买、订货、发货和收款等信息。市场信息是指与市场活动有关的信息，如消费者的需求信息、竞争者或竞争性商品的信息和促销活动的信息等。在现代经营管理活动中，物流信息与商品交易信息、市场信息相互交叉和融合，有着密切的联系。例如，零售商根据市场需求信息预测和库存情况制订订货计划，向批发商或生产厂家发出订货信息。批发商收到信息后，在确认现有库存水平的情况能满足订单要求的基础上，向物流企业（部门）发出配送信息。

2．物流信息的特征

物流信息与其他信息相比具有以下特征。

（1）**信息量大** 物流信息随着物流活动以及商品交易活动的展开而大量发生，特别是多品种少批量生产和多频度小数量配送、库存和运输等物流活动的信息大量增加。加上零售商广泛应用 POS（Point of Sale System，销售时点信息系统）系统读取销售时点的商品品种、价格和数量等即时销售信息，并对这些销售加工整理，通过 EDI（Electric Data Interchange，电子数据交换）向相关企业传送。同时为了使库存补充作业合理化，许多企业采用 EOS（Electronic Ordering System，电子订货系统）。随着企业之间合作倾向的增强和信息技术的发展，物流信息的信息量在今后将会越来越大。

（2）**更新快** 物流信息的更新速度快。多品种小批量生产、多频度小数量配送，利用 POS 系统即时销售使得各种作业频繁发生，从而要求物流信息不断更新，而且更新的速度越来越快。

（3）**来源多样化** 物流信息不仅包括企业内部的物流信息（如生产信息和库存信息等），还包括企业间的物流信息和与物流信息活动有关的基础设施的信息，而且信息的发生源、处理地点和传达单位分散在广泛的区域。企业竞争优势的获得需要供应链各参与企业间相互协调合作，协调合作的手段之一是信息即时交换和共享。许多企业把物流信息标准化和格式化，利用 EDI 在相关企业进行传送，实现信息分享。另外，物流活动往往利用道路、港湾和机场等基础设施，还须掌握与基础设施有关的信息，如在国际物流过程中必须掌握报关所需信息和港湾作业信息，还要注意和商流等其他部门保持密切的联系。

（4）**物流信息趋于标准化** 随着信息处理手段电子化的发展，要求物流信息趋于标准化。

3．物流企业信息与决策的关系

物流企业的经营决策按决策问题所处的条件分为确定型决策、不确定型决策和风险型决策。确定型决策是在对影响因素充分掌握的基础上作出决策；不确定决策是在对影响方案实施的因素与结果之间缺乏必然的认识的基础上作出决策；风险型决策是在了解由于某一因素的影响而出现某一结果的概率的基础上作出决策。因此，每一种决策都与对决策方案影响因素的掌握程度有关，对有关这些因素的信息掌握越充分，对实施的结果越有把握，因而越容易作出决策，可见信息为决策提供了依据。

物流企业的经营决策按决策者所处的管理层次分为高层决策、中层决策和基层决策。信息与决策的关系还表现在不同的决策所需要的信息不同。

1）高层决策所需要的信息。高层决策一般是战略性决策，其任务是研究企业自身目标所应采取的战略。用于辅助决策的信息系统应提供对企业能力的评价，对企业未来潜力的预测，对本地区、全国乃至全世界市场要求的估计，企业投资风险的推算等。战略层要求对广泛的概括性数据进行加工处理，不仅需要内部的信息，还需要外部的相关信息加以支持以作出正确全面的判断和决策。这类问题的主要特征在于结构化程度低和规律性不强，即问题的相关要素以及要素之间的关联关系和制约关系是难以描述的和不确定的，甚至影响问题的要素都不确定，例如，市场预测和企业投资方向决策等。

2）中层决策所需要的信息。中层决策一般是战术性决策，其主要活动是对经营管理中的数据进行各种分析，多发生在战术管理层。例如，物流企业配送中心编制月度采购计划决策的过程，就是只根据本月末预计的商品库存、商品销售量和用户需求（包括合同和市场需求预测），来确定下月计划采购的商品品种、数量和日期，其在编制中用到的部分信息（如市场需求预测和本月末预计的商品库存等）准确度就较差。同时，物流活动过程中也存在着相当大的不确定因素，所以，这一处理过程和得出的结果就只有部分是比较确定的。

3）基层决策所需要的信息。基层决策一般是日常业务活动决策，通常是确定型的管理决策问题，即问题的相关要素以及要素之间的关系和制约关系是可知、可描述的和确定的，多发生在操作管理层。信息量大、更新频率高、规律性强、内容具体和结构化程度高是这类决策的主要特征。物流企业的主要日常业务活动有进货、合同、出入库、统计数据汇总、各种台账报表和数据查询等。通过管理信息系统，完成日常业务活动基础数据处理，对数据进行简单加工。

二、物流企业信息收集与传递技术

物流企业通过采用一些先进的技术手段，实现人们对各类物体、设备、人员和物品的相关信息的自动识别、收集和管理。物流企业目前应用最广泛的信息收集与传递技术有物流条形码技术、电子数据交换技术（EDI）以及包括地理信息系统（GIS）和全球定位系统（GPS）的自动跟踪技术。

1. 条形码技术

在物流活动中，条形码技术由于输入速度快、准确率高、成本低和可靠性强等优点被广泛使用。

（1）**条形码原理** 条形码技术可以大量、快速地采集信息，非常适应物流管理信息系统对大量化和高速化信息采集的要求。条形码技术包括条形码的编码技术、条形符号设计技术、快速识别技术和计算机管理技术，是实现计算机管理和电子数据交换不可少的开端技术。

条形码是由一组黑白相间和粗细不同的条状符号组成，条码隐含着数字信息、字母信息、标志信息和符号信息，主要用以表示商品的名称、产地、价格和种类等是全世界通用的商品代码的表示方法。

条码由一组黑白相间的条纹构成。其中，黑色条对光的反射率低而白色的空对光的反射率高，再加上条与空的宽度不同，就能使扫描光线产生不同的反射接收效果。在光电转换设备上转换成不同的电脉冲，形成了可以传输的电子信息。由于光的运动速度极快，因此可以准确无误地对运动中的条码予以识别。

（2）**条形码编码方案** EAN条码是国际上通用的通用商品代码，我国通用商品条码标准也采用EAN条码结构。主版是由13位数字及相应的条码符号组成，在较小的商品上也采用8位数字码及相应的条码符号。条形码编码方案主要组成如下。

1）前缀码。前缀码由3位数字组成，表示国家的代码，我国为690，是国际物品编码会统一决定的。

2）制造厂商代码。制造厂商代码由4位数字组成，是我国物品编码中心统一分配并统一注册，一厂一码。

3）商品代码。商品代码由5位数字组成，表示每个制造厂商的商品，由厂商确定，可标识10万种商品。

4）校验码。校验码由1位数字组成，用以校验前面各码的正误。

（3）**条码识别** 条码识别装置采用各种光电扫描设备，主要有以下几种。

1）光笔扫描器。光笔扫描器似笔形的手持小型扫描器。

2）台式扫描器。台式扫描器是固定的扫描装置，手持带有条码的卡片或证件字扫描器上移动、完成扫描。

3）手持式扫描器。手持式扫描器是指能手持作用和移动使用的较大的扫描器，用于静态物品扫描。

4）固定式光电及激光快速扫描器。固定式光电及激光快速扫描器是由光学扫描器和光电转换器组成，是现在物流领域应用较多的固定式扫描设备，安装在物品运动的通道边，对物品进行逐个扫描。

·各种扫描设备都和后续的电光转换、信息信号放大及计算机联机形成完整的扫描阅读系统，完成了电子信息的采集。

条码技术是在计算机的应用实践中产生和发展起来的一种自动识别技术，是为实现对信息的自动扫描而设计的，是实现快速、准确而可靠地采集数据的有效手段。条码技术的应用解决了数据录入和数据采集的瓶颈问题，为物流管理提供了有力的技术支持。

（4）**时点销售** 时点销售系统（POS）是具备自动信息识别和处理能力的零售系统。通过对审判条形码的扫描，把销售商品的相关信息立即输入管理信息系统，不仅用于零售商本身的内部管理，而且可以将相应信息传输给合作伙伴。这样，就可以将产品的销售信息和最终顾客的需求趋势等尽快地反馈给制造商和供应商，从而更好地进行预测，及时生产所需要的商品，降低库存水平，缩短订货周期，最终提高整个物流和供应系统的工作效率。

2．射频技术

（1）**射频技术的特点** 射频（Radio Frequency，简称 RF）的基本原理是电磁理论。射频系统的优点在于不局限视线，识别距离比光学系统远，射频识别卡可具有读写能力，可携大量数据，难以伪造，并且有一定智能性。射频识别适合物料的跟踪、运载工具和货架识别等要求非接触数据的采集和交换场合。

（2）**便携式数据终端的操作** 便携式数据终端（Portable Data Terminal，简称 PDT）可把采集到的有用数据存储起来，并可随时通过射频通信技术传送到计算机管理信息系统。其操作是先扫描位置标签，货架号码和产品数量就都输入到 PDT，再通过射频识别技术把这些数据传送到计算机管理系统，就可以得到客户产品清单、发票、发运标签、该地所存产品代码和数量等。

（3）**射频识别系统的组成** 射频识别系统一般包括两部分：电子标签和阅读器。电子标签中一般保存有约定格式的电子数据，在实际应用中，电子标签附着在待识别物体的表面。阅读器又称读出装置，可无接触地读取并识别电子标签中所保存的电子数据，从而达到自动识别物体的目的，进一步通过计算机及计算机网实现对物体识别信息的采集、处理及远程传输等管理功能。

（4）**射频识别技术的分类**

1）射频识别技术根据频率的不同分为低频系统和高频系统。

低频系统的工作频率通常小于 30MHz，典型的工作频率有 125kHz、225kHz 和 13.56MHz 等。其特点是电子标签的成本较低、标签内保存的数据较少、阅读距离较短、电子标签外形多样和阅读天线方向性不敏感。

高频系统一般指其工作频率大于 400MHz、典型的工作频率有 915MHz、2 450MHz 和 5 800MHz 等。其基本特点是电子标签及阅读器成本均较高、标签内保存的数据量较大、阅读距离较远、适应物体高速运动性能好、外形一般为卡状、阅读天线及电子标签均有较强的方向性。

2）根据电子标签内是否装有电池为其供电，又可将其分为有源系统和无源系统。

有源电子标签内装有电池，因此，具有较远的阅读距离，但是电池的寿命都有一定的年限。

无源电子标签内无电池，它接收到阅读器发出的微波信息后，将部分微波能量转化为直流电供自己工作，从而可以做到免维护。当然，相比有源系统，无源系统在阅读距离及适应物体运动速度方面存在一些限制。

3）从电子标签内保存的信息写入方式可分为集成电路固化式、现场有线改写式和现场无线改写式。

集成电路固化式电子标签内的信息，在集成电路生产时，就将信息通过只读存储器工艺模式写入。因此，其中保存的信息是一成不变的。

现场有线改写式电子标签，将电子标签保存信息写入其内部存贮区中，改写时需要专用的编程器或写入器，改写过程中必须为其供电。

现场无线改写式电子标签一般适用于有源类电子标签，通过特定的指令进行改写。改写电子标签数据所需要的时间远大于读取电子标签数据所需的时间，一般情况下，改写所需时间为秒级，阅读时间为毫秒级。

4）根据读取电子标签数据的技术实现手段，可将其分为广播发射式、倍频式和反射调制式。

广播发射式射频识别系统实现起来最简单。电子标签必须采用有源方式工作，并实时将其存贮的标识信息向外广播，阅读器相当于一个只收不发的接受器。这种系统的缺点是电子标签要不断地向外发射信息。

在倍频式射频识别系统中，阅读器发出射频查询信号，电子标签返回的信号载频为阅读器发出射频的倍频。这种工作模式对阅读器接收处理回波信号提供了便利。但是，对无源电子标签来说，电子标签将接收的阅读器射频能量转换为倍频回波载频时，必须提高转换效率，从而造成电子标签成本过高。

在反射调制式射频识别系统中，阅读器发出微波查询信号，无源电子标签将部分接收到的微波查询能量信号整流为直流电供电子标签内的电路工作，另一部分微波能量信号被电子标签内保存的数据信息调制后反射回阅读器。阅读器接收到反射回的幅度调制信号后，从中解出电子标签所保存的标识性数据信息。

3. 电子数据交换（EDI）

EDI 是指不同的企业间为了提高经营活动效率，在标准的基础上通过计算机网络进行数据转输和交换的方法。

（1）EDI 的三个基本组成要素

1）计算机应用系统是生成和处理电子单证的真正实体。

2）通信网络是传输电子单证的载体。

3）标准化是应用系统生成统一规范电子单证的依据，以适应计算机应用系统之间的传输、识别和处理。

（2）EDI 在物流管理中的一般流程 物流管理中的 EDI 的一般流程为：发送货物业主（如生产厂家）在接到订货后制订货物运送计划，并把运送货物的清单及运送时间安排等信息通过 EDI 发送给物流运输业主和接收货物业主（如零售商），以便物流运输业主预先制订车辆调配计划和接收货物业主制订的货物接收计划。

随后发送货物业主依据顾客订货的要求和货物运送计划下达发货指令，分拣配货，打印出物流条形码的货物标签并贴在货物包装上，同时把运送货物品种、数量和包装等信息通过 EDI 发送给物流运输业主和接收货物业主，根据此请示下达车辆调配指令。

然后，物流运输业主在向发货货物业主取运货物时，利用车载扫描读数仪读取货物标签的物流条形码，并与先前收到的货物运输数据进行核对，确认运送货物。物流运输业主在物流中心对货物进行整理、集装、做成送货清单并通过 EDI 向收货业主发送信息，在货物运送的同时进行货物跟踪管理，并在货物交给收货业主之后，通过 EDI 向发货业主发送完成运送业务信息和运费请示信息。

最后收货业主在货物到达时，利用扫描读取仪读取货物标签的物流条形码，并与先前收到的货物运输数据进行核对确认，开出收货发票，货物入库；同时通过 EDI 向物流运输业主和发货业主发送收货确认信息。

（3）**物流管理中运用 EDI 系统的优点**　在物流管理中，运用 EDI 系统的优点在于供应链组成各方基于标准化的信息格式和处理方法，通过 EDI 共同分享信息、提高流通效率和降低物流成本。EDI 的好处已日益明显，运输和海关单据使用 EDI，使承运人、货运代理和跨国的产品流大大受益。在零库存的作业中使用 EDI，使运作效率有了很大的提高，在销售环节中使用 EDI 能减少交易费用并降低存货。目前，EDI 对采购业务有着很重要的影响，它不仅是一种通信用的业务交易工具，也是一种联合设计、计划和交换预测数据等与其他组织协调的方式。

第二节　物流信息系统

物流信息系统是物流企业管理信息系统的子系统，物流信息系统是物流领域的神经网络。建立和完善物流信息系统，对于物流企业构建物流系统，开展现代物流活动是极其重要的一项工作。

一、物流信息系统的系统结构

1．物流信息系统的概念结构

物流信息系统的概念结构由物流信息源、物流信息处理器、物流信息用户和物流信息管理者等 4 个部件组成，如图 10-1 所示。物流信息源是物流信息产生地，也是物流信息系统的基础；物流信息处理器担负物流信息的传播、加工和保存等任务；物流信息用户是物流信息系统的服务对象，利用所得到的物流信息进行决策；物流信息管理者负责物流信息系统的设计与实现，并在实现以后负责系统的运行和维护。

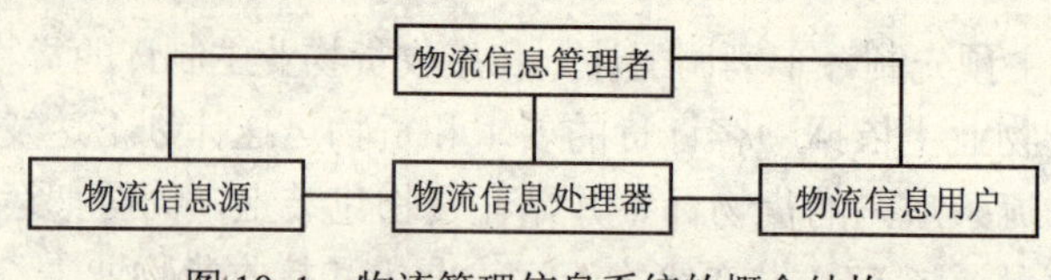

图 10-1 物流管理信息系统的概念结构

2．物流信息系统的层次结构

根据处理的内容及决策的层次来看，可以把物流信息系统分为战略计划层次、管理控制层次、运行控制层次、业务处理层次和数据库支持系统层次等 5 个层次。

战略计划层负责建立各种物流系统的分析模型，辅助高层管理人员指定物流战略计划，解决中长期决策问题。管理控制层负责建立物流系统的特征和评价标准，建立控制和评价模型，根据运行信息监测物流系统的状况。运行控制包括载运工具路径的选择和优化、仓库作业计划和库存管理等一些关系物流系统当前运行方面的短期决策。业务处理层对订单、合同、票据和报表等进行日常处理。数据库层负责收集、加工和存储各种数据和信息，以供物流信息系统的检索和查询时用。

3．物流信息系统的功能结构

从使用者的角度看，物流信息系统具有明确的目标，并且具有多种功能，各种功能之间又有各种信息联系，构成一个有机结合的整体，形成一个功能结构。

物流信息系统的功能，可以根据物流性质划分为供应、生产、销售和回收流等，也可以从流通环节划分为包装、装卸搬运、存储和运输等。

根据功能将物流信息系统划分为一系列子系统。这些子系统下面还要划分子系统，称为二级子系统。职能往往是通过过程来完成的，过程是逻辑上相关活动的集合，可以把管理信息系统的功能结构表示成为一个功能过程结构。这样，从垂直方向进行层次划分，从水平方向进行功能划分，物流信息系统形成一种金字塔结构，如图 10-2 所示。

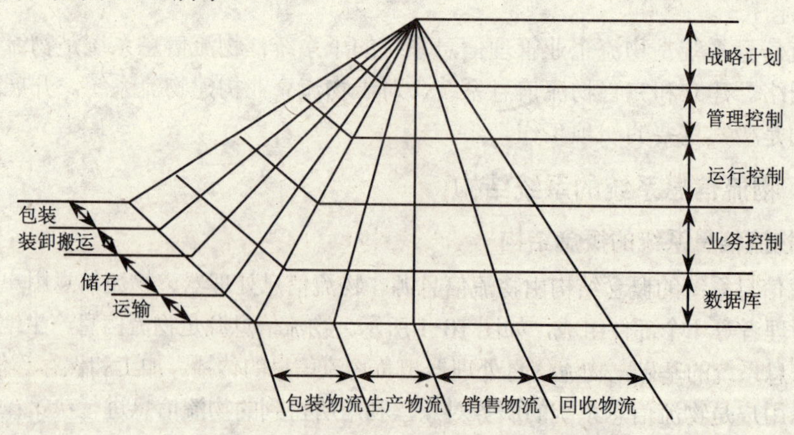

图 10-2 物流信息系统的金字塔结构

4．物流信息系统的软件结构

支持物流信息系统各种功能的软件或软件模块所组成的结构，就是物流信息系统的软件结构。可用“功能 — 层次”矩阵表示，在水平方向列出包装、装卸搬运、存储和运输等管理职能，在垂直方向列出战略计划、管理控制、运行控制和业务处理等管理层次，如图 10-3 所示。

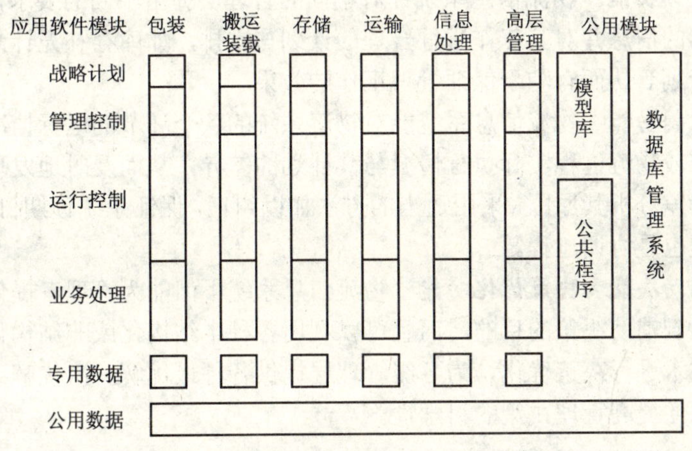

图 10-3 物流管理信息系统的软件结构

例如，对应于运输管理，物流信息系统中的相关软件模块组成一个软件结构，该软件结构由支持战略计划的模块、支持管理控制的模块、业务处理模块以及它自己的专用数据文件所组成。

此外，物流信息系统的软件结构中还包括为全系统所共享的数据和程序，包括公用数据文件、公用程序、公用模型库以及数据库管理系统等。

5．物流信息系统的硬件与网络结构

物流信息系统的硬件与网络结构说明硬件与网络的组成及其连接方式，并说明硬件所能达到的功能。硬件结构首先可以区分为主机结构，还是微机网络结构。在微机网络结构中，又可以分为总线结构和星型结构。

二、物流信息系统的主要功能及类型

1．物流信息系统的主要功能

（1）**信息处理功能** 物流信息系统能对各种形式的信息进行收集、加工整理、存储和传输，以便向管理者及时、准确和全面地提供各种信息服务。

（2）**事务处理功能** 物流信息系统能够从事部分日常事务管理工作，如账务处理和统计报表处理等。同时，它能将部分员工和领导从繁琐和单调的事务中解脱出来，既节省了人力资源，又提高了管理效率。

（3）**预测功能** 物流信息系统不仅能实测物流状况，而且能利用历史数据运用适当的数学方法和科学的预测模型来预测物流的发展。物流规模、物流服务水平与区域经济包括经济规模、经济结构和市场运作状况是密切相关的，通过这些相关因素可以对物流发展作出宏观和微观的预测。

（4）**计划功能** 物流信息系统针对不同的管理层提出不同的要求，能为各部门提供不同的信息并对其工作进行合理的计划与安排，如库存补充计划、运输计划和配送计划等从而有利于保证管理工作的效果。

（5）**控制功能** 物流信息系统能对物流系统的各个环节的运行情况进行监测和检查，比较物流过程实际执行情况与其计划的差异，从而及时地发现问题。然后再根据偏差分析其原因，采用适当的方法加以纠正，保证系统预期目标的实现。控制的过程也是协调过程。

（6）**辅助决策和决策优化功能** 物流信息系统不但能为管理者提供相关的决策信息，达到辅助决策的目的，而且可以利用各种半结构化或非结构化的决策模型及相关技术进行决策优化，为各级管理层提供各种最优解、次优解或满意解、可行解，以便提高管理决策的科学性。

2．物流信息系统的类型

（1）**按功能结构分类** 按系统的功能结构分类，物流信息系统可分为单功能系统和多功能系统。

1）单功能系统。单功能系统只能完成单一的工作，例如物流合同管理系统和物资分配系统等。

2）多功能系统。多功能系统能够完成一个物流企业或者其中一个部门的全部信息管理工作，例如仓储信息管理系统和运输信息管理系统等。

（2）**按功能性质分类** 按系统功能的性质分类，物流信息系统可以分为操作型系统和决策支持型系统。

1）操作型系统。操作型系统是按照某个既定模式对数据或者信息进行固定的处理和加工的系统，这类系统的输入、输出和处理的方式是不可变的。

2）决策支持型系统。决策支持系统可以辅助管理人员就某些物流管理问题进行决策。

（3）**按计算机系统配置进行分类** 按计算机系统的配置情况来分类，物流信息系统可以分为单机系统和分布式系统。

1）单机系统。单机系统仅能在一台计算机上运行，有时虽然有多个终端，但主机只有一个，仍然是集中式结构。

2）分布式系统。分布式系统使用多台地理位置上分隔的计算机系统，相互之间采用通讯网络连接起来，各个计算机既可以处理不同内容的信息，又可以进行信息的共享和交流。

三、信息系统操作程序

物流企业信息系统涉及的范围大，现以立体仓库管理信息系统操作为例加以说明。

物流企业立体仓库管理信息系统操作的基本程序分为系统数据准备、系统启动运行、运行过程中的故障处理和系统停止运行等 4 类操作，每一类的操作都应遵守相应的操作规程。考虑到有时系统可能会只要进行立体仓库入库运行而不启动装配线，系统则提供了启动系统只进行自动入库的运行方式。

1．系统运行的数据准备

每次启动系统自动运行前必须准备的数据，包括立体仓库货物及货位情况等数据、装配工艺数据、缓冲站状态数据、立体仓库及缓冲站等数据。此外，还有生产计划数据。

2．系统运行

运行操作是通过菜单提示选择各种选项进行的，操作较简单。在启动管理信息系统运行前，必须先启动相关的底层设备（装备线除外）。该系统有三种系统运行方式：自动运行、自动入库和半自动运行。

3．故障及意外情况处理

在系统运行过程中，可能出现的故障及意外情况主要有两种：底层设备故障和运输任务执行时间过长。

对于底层设备故障，要由管理操作人员及时了解故障原因，根据实际情况选择等待故障排除或停止与该设备有关的操作等处理方式。

对于运输任务执行时间长，同样需要由管理操作人员及时了解故障原因，根据实际情况选择等待故障排除或选择该任务实际已完成等处理方式。

4．系统停止运行

在系统运行的画面上可以选择暂停系统或停止系统运行。

系统可以在任何时候任何条件下暂停。暂停系统运行的含义为不再向管理信息系统发送新的命令，而在此之前的命令将继续执行，因而其他设备仍处在正常运行状态。

系统停止运行的操作只应在要停止整个管理信息系统运行时进行，如下班或出现重大故障时。若系统处于自动运行状态，且装配线上还存在在制品，则必须先停止装备线运行。正常情况下，最好等待已有任务全部完成后，进行停止系统运行的操作。

物流企业立体仓库管理信息系统操作界面结构，如图 10-4 所示。

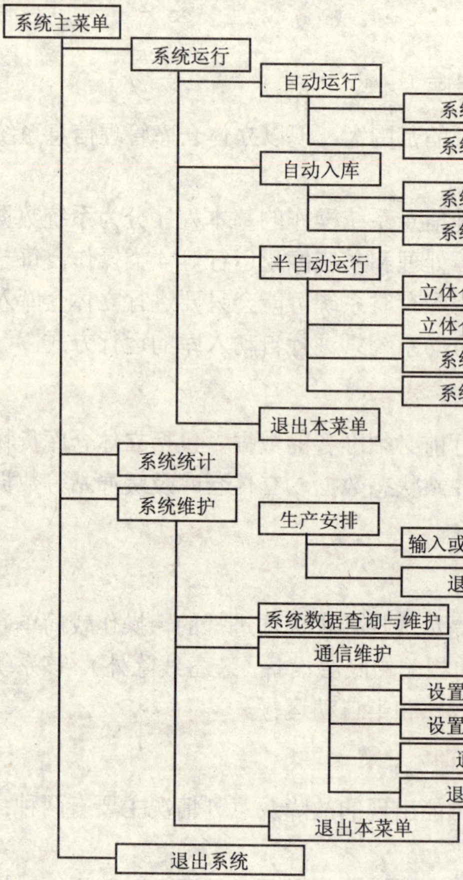

- 系统主菜单
  - 系统运行
    - 自动运行
      - 系统暂停运行
      - 系统停止运行
    - 自动入库
      - 系统暂停运行
      - 系统停止运行
    - 半自动运行
      - 立体仓库入库作业
      - 立体仓库出库作业
      - 系统暂停运行
      - 系统停止运行
    - 退出本菜单
  - 系统统计
  - 系统维护
    - 生产安排
      - 输入或修改生产计划
      - 退出本菜单
    - 系统数据查询与维护
    - 通信维护
      - 设置发送口参数
      - 设置接受口参数
      - 通信测试
      - 退出本菜单
    - 退出本菜单
  - 退出系统

图 10-4 物流企业立体仓库信息系统操作界面结构

案例

UPS 公司利用物流管理信息系统进行全球竞争

UPS 联合邮递物流公司是世界上最大的航空和陆地邮件运输公司。它成立于 1907 年，当时的办公室设在一间狭小的地下室中。两个来自西雅图的年轻人——Jim Casey 和 Claude Ryan 用两辆自行车和一部电话成立了这家公司，他们的承诺是“收取最低的费用，提供最佳的服务。”UPS 已成功地运用这一原则经营了近百年。现在 UPS 仍然依靠这一承诺，每年他们将近 30 亿件邮件和信函发往美国各地及世界上至少 185 个国家和地区。这家公司不仅在传统的邮递业务中处于领先地位，而且他们正同联邦快递公司的夜间快递业务方面展开竞争。

UPS 联合邮递物流公司成功的关键是采用了先进的信息技术，建立了一套科学的管理信息系统。在 1992～1996 年间，UPS 预计在管理信息系统建设方面投入 18 亿美元，以保持其在世界上的领先地位。管理信息系统的建立使得 UPS 提高了客户服务质量，同时保持低成本并使整个服务成为一个整体。

通过使用一种叫做邮递信息获取设备（DIAD）的便携电脑，UPS 的司机可以自动获取有关客户的签字、收取、交货和时间记录卡等信息，然后，司机将 DIAD 接到载货汽车上的适配器上，此适配器是个与蜂窝电话网相连的信息发送装置。此时邮件的跟踪信息就被发送到 UPS 的计算机网络中，以便 UPS 设在新泽西州总部的主机进行存储和处理。世界各地的机构都可以使用这些信息，以便给客户提供交付的证据。对于客户的询问，此系统还可以打印出回函。

通过总体跟踪——自动化的邮件跟踪系统，UPS 可以监视邮件的交递。在货物从发送人到收货人这一过程的许多点上，条码装置会将货物标签上的运输信息扫描下来；然后输入中心的计算机。客户服务代表可以利用与主机相连的台式电脑查验货物的状态，并能立即回答客户的询问。此外，UPS 的客户也可以通过他们自己的微机，使用 UPS 提供的专用货物跟踪软件直到查到这些信息。

UPS 的仓储配送业务始于 1991 年，它可以将客户的产品存在仓库中，一旦客户需要则可以在一夜间将货物送到其业务范围内客户要求的任何地方。使用这种服务，客户可以在凌晨 1:00 通过电子设备将运输指令传给 UPS 公司，并要求当天上午 10:30 将货送到。

1988 年，UPS 大力开拓海外市场并建立了自己的全球通信网，以处理世界各地业务的信息。UPS 网可以为开账单和交货确认提供信息，也可以跟踪国际运输，并加速清关，从而扩大了其开展国际业务的能力。使用自己的网络，UPS 可以在货物抵达之前就将每一个单据文件以电子的方式直接传送到海关官员那里，之后海关官员决定准予清关或作标记以备检查。

UPS 目前正在加强其物流管理信息系统的能力，以使其能够保证某一邮件或一组邮件将会在特定的时间抵达目的地。如果客户需要的话，UPS 将能在货物抵达目的地前截住他们，并将其运回或转运其他的地方。最终，UPS 甚至可以使它的系统实现客户彼此之间直接传递电子信件。

复习思考题

1. 简述条形码的主要组成。
2. 论述条形码在管理中的应用。
3. 物流企业管理系统有哪些主要功能？

4．简述 EDI 在物流管理中的一般流程。

5．简述物流信息系统的主要功能。

6．为什么说科学的管理信息系统是 UPS 成功的关键？

7．UPS 的管理信息系统与其“收取最低的费用、提供最佳的服务”的承诺有何关系？

参考文献

[1] 薛威，孙鸿．物流企业管理[M]．北京：机械工业出版社，2004.

[2] 曾剑，王景锋，邹敏．物流管理基础[M]．北京：机械工业出版社，2004.

[3] 李晓龙，李锦瑾，孙慧．物流企业管理[M]．北京：北京大学出版社，2004.

[4] 王之泰．现代物流学[M]．北京：中国物资出版社，2002.

[5] 张亚，郑予捷．现代企业管理[M]．北京：科学出版社，2004.

[6] 王斌义，李冬青．现代物流实务[M]．北京：对外经济贸易大学出版社，2003.

[7] 李永生，郑文岭．仓储与配送管理[M]．北京：机械工业出版社，2004.

[8] 涂盛善，丁烨，孟俊．物流经营管理实务[M]．沈阳：辽宁科学技术出版社，2004.

[9] 孟建华．现代物流管理概论[M]．北京：清华大学出版社，2005.

[10] 蒋祖星，孟初阳．物流设施与设备[M]．北京：机械工业出版社，2004.

[11] 朱伟生，张洪革．物流成本管理[M]．北京：机械工业出版社，2004.

[12] 易华．物流成本管理[M]．北京：清华大学出版社，2005.

[13] 连桂兰．如何进行物流成本管理[M]．北京：北京大学出版社，2004.

[14] 伍双双．人力资源开发与管理[M]．北京：北京大学出版社，2004.

[15] 谭任绩．传统货运向现代物流转变的四种物流意识[J]．交通企业管理，2006.